军队高等教育自学考试船舶工程技术（专科）专业指定教材

舰 船 概 论

闵少松　牟金磊　王展智　高化超　主　编

彭　飞　主　审

华中科技大学出版社

中国·武汉

内 容 简 介

　　本书主要是对舰船基本技术原理进行概要性介绍。第1章介绍船舶的形成、分化与类别,舰船的地位与使命,舰船的系统构成及特点,以帮助读者建立对舰船的宏观认识;第2章介绍舰船的外形、主要参数、内部空间布置的一般规律,以帮助读者建立对舰船形貌和内部构造的认识;第3章介绍水面舰船船体结构与强度、潜艇结构与强度,以帮助读者建立对舰船船体骨架结构的认识;第4章介绍舰船的静力学性能和运动学性能,静力学性能包括浮性、稳性和不沉性,运动学性能包括快速性、操纵性和适航性,以帮助读者建立对舰船内在航行性能的认识;第5章介绍舵装置、系船装置、减摇装置等舰船装置和舱底系统、消防系统、日用水系统等舰船系统;第6章介绍现代舰船的主要特点和发展趋势,供读者理解舰船装备技术发展的内在动力和外在因素。

　　本书主要供船舶工程技术专业学生使用,也可供其他想了解舰船基本原理的工程技术人员使用。

图书在版编目(CIP)数据

舰船概论/闵少松等主编.—武汉:华中科技大学出版社,2019.6(2025.7 重印)

军队高等教育自学考试船舶工程技术(专科)专业指定教材

ISBN 978-7-5680-3139-4

Ⅰ.①舰⋯　Ⅱ.①闵⋯　Ⅲ.①军用船-概论-军事院校-教材　Ⅳ.①U674.7

中国版本图书馆 CIP 数据核字(2019)第 126628 号

舰船概论	闵少松　牟金磊　王展智　高化超　主编

Jianchuan Gailun

策划编辑:张少奇　宋　超

责任编辑:姚同梅

封面设计:刘　婷

责任监印:周治超

出版发行:华中科技大学出版社(中国·武汉)　　电话:(027)81321913

　　　　　武汉市东湖新技术开发区华工科技园　　邮编:430223

录　　排:华中科技大学惠友文印中心

印　　刷:武汉邮科印务有限公司

开　　本:787mm×1092mm　1/16

印　　张:11.75

字　　数:303 千字

版　　次:2025 年 7 月第 1 版第 8 次印刷

定　　价:45.00 元

序　言

军队高等教育自学考试(下称军队自学考试)作为军事职业教育的重要组成部分,兼顾军队建设需要和官兵职业发展需求,是体现官兵终身教育和学习型军队特点的教育形式,是提升官兵科学文化水平和岗位履职能力的重要途径,对于大规模培养高素质军事人才、推进学习型军队和学习型军营建设具有重要意义。军队自学考试自1989年开办以来培养了大批人才,为军队建设做出了积极贡献。

根据调整改革后院校发展定位和主体任务,中央军委训练管理部改建和新增军兵种部队建设急需、培训需求较大的专业,并遴选专业特色优势明显的军队院校承担相应自学考试专业主考任务,充分依托军队院校优质学历教育资源发展军队自学考试。改革后的军队自学考试专业有30个,其中本科专业15个、专科专业15个。按照"专业名称军地通用化、专业课程军队特色化"的原则,海军工程大学承担船舶与海洋工程(本科)、船舶工程技术(专科)两个自学考试专业课程的建设工作。

当改革后的军队自学考试遇上蓬勃发展的网络在线学习,新的助学模式应运而生。为了更好地帮助报考该专业的考生学习和备考,我校教员在开展本职教学科研工作的同时,将所学知识和技术,按照自学考试教学的要求,以在线课程的方式通过网络共享,并出版了该专业系列课程配套的专业教材,让优质教学资源得以更广泛地传播利用。

本套教材根据军队自学考试船舶与海洋工程、船舶工程技术两个专业考生学习的实际需求编写,《舰艇总体技术》《舰艇静力学与快速性》《舰船结构与强度》《舰船原理》《舰艇结构》《舰艇修造工艺》《舰船概论》《舰艇电气设备》《舰艇动力装置》九本教材涵盖舰艇基础知识、专业知识、操作使用、维护保养等各方面内容,同时还增加了《舰船海洋环境概论》和《军事管理基础》两本专业基础课教材,使得丛书更加符合考生的认知规律,富有启发性,便于考生学习。教材充分吸纳新理论和新技术,具有一定学术性;文字表达简明流畅、深入浅出、逻辑严密,章节编排考虑到了教学对象的基础,由浅入深,由简单装置逐步延伸到复杂系统,基本满足了军队自学考试船舶与海洋工程、船舶工程技术两个专业考生的学习需求,也为所有船海相关专业学习者和从业者提供了优质的学习资源。

鉴于此,我们精心推出的系列教材和即将上线的配套慕课课程,必将为翻开此书的你加油续航,助你早日实现知识的积累和自身的蜕变!也就此机会,谨向付出了艰辛劳动的全体编写人员致以敬意,向本套教材的出版单位和慕课制作人员表示感谢。

编写组
2019年4月

前　言

21世纪是海洋的世纪，舰船发展水平是一个国家综合国力的集中体现。近年来，大量新型舰艇入列，极大地增强了我国民众的爱国热情，在广大民众中掀起了一股"舰船热"，舰船的相关知识受关注的程度也越来越高。

现代舰船是一个庞大而复杂的系统，由不同的分系统组成。本书旨在从总体上对舰船进行概要介绍，以舰船总体技术为主线，以外形特征、内部区划、船体结构为基本要点，形成舰船基本知识网络体系；以原理分析为基础，注重知识的实际应用；以水面舰船为基础，突出潜艇特色。

本书的编者都是海军工程大学舰船与海洋学院长期从事"舰船概论"课程教学的老师，具有丰富的教学实践经验。本书由闵少松、牟金磊、王展智、高化超主编。具体编写分工如下：闵少松编写第1章和第2章，牟金磊编写第3章，王展智编写第4章，高化超编写第5章和第6章。全书由闵少松统稿。海军工程大学舰船与海洋学院彭飞副教授对全书内容进行了审查。

海军工程大学舰船与海洋学院熊鹰教授对本书内容提出了大量的修改意见，付出了辛勤的劳动，在此表示感谢！

同时，在本书的编写过程中，参考或引用了一些专家学者的论著，在此一并表示感谢！

由于编者经验不足、水平有限，书中难免有错误和不妥之处，敬请广大同行和读者予以批评指正。

编　者

2019年2月20日

考 试 大 纲

Ⅰ 课程性质与设置目的

"舰船概论"是船舶工程技术(专科)专业的专业基础课程,是其他专业基础课的前导课程。

设置本课程的目的是使自学者能系统地掌握舰船相关基本概念和原理,为从事各类舰船设计、维修及管理相关工作打下理论知识基础,为后续专业课程的学习奠定前导知识基础。

通过本课程的学习,应达到以下要求:

(1)掌握船舶形式历史及发展演化过程;

(2)了解舰船种类和其使命任务,并能辨别航空母舰、驱逐舰、护卫舰、潜艇等当代主要舰艇的特征;

(3)掌握舰船的系统构成;

(4)掌握舰船外形的特点,掌握舰船的主要参数,理解舰船内部区划的基本要求;

(5)掌握水面舰船和潜艇结构的组成及特点,掌握船体建造基本工艺流程;

(6)掌握舰船航海性能基本指标的内涵;

(7)掌握舰船装置的功能特点及工作原理,掌握各舰船辅助系统的功能特点。

其中,重点内容是主要舰船的特征、系统构成、舰船要素、舰船结构组成特点、舰船航海性能等五部分。

本课程的先修课程是高中数学和物理课程,掌握相关教学、物理知识可为航行性能中浮性、稳性学习提供必要的基础。

Ⅱ 考 核 目 标

本大纲在考核目标中,按照识记、领会、简单应用和综合应用四个层次规定了应达到的能力层次要求。四个能力层次是递升的关系,后者建立在前者的基础上。各能力层次的含义是:

(1)识记。要求考生能够识别和记忆本课程中有关概念及规律的主要内容(如定义、表达式、公式、结论、方法的步骤、特点、性质及应用范围等),并能够根据考核的不同要求,做出正确表达、选择和判断。

(2)领会。要求考生能够领悟和理解本课程中的概念及规律的内涵及外延,理解它们的确切含义,能够鉴别关于它们的似是而非的说法;理解它们与相关知识的区别和联系,并能够根据考核的不同要求做出正确的判断、解释和说明。

(3)简单应用。要求考生能够根据已知的条件,运用本课程中的少量知识点,分析和解决一般应用问题,如简单计算、绘图和分析、论证等。

（4）综合应用。要求考生能够运用本课程中的较多知识点，分析和解决较复杂的应用问题，如计算、绘图和分析、论证等。

Ⅲ　课程内容与考核要求

第1章　绪　　论

一、课程内容

- 船舶的形成、分化与类别
- 舰船的地位与使命
- 舰船的系统构成及特点

二、学习的目的与要求

从总体的角度培养对舰船的基本认识，一是从历史纵向的角度了解船舶的形成过程，二是从当今横向的角度了解有哪些种类的舰船，三是从共性的角度了解舰船由哪些分系统构成。

学习要求：

（1）了解舰船技术的发展历程。

（2）理解舰船在不同分类准则下的分类体系以及在该分类下各类舰船的特性、用途等基本内容。

（3）深刻理解水面舰船和潜艇的系统构成。

本章重点是舰船技术的发展历程、各类舰船的特征和舰船的系统构成。

三、考核内容与考核要求

1. 船舶的形成与发展分化

识记：舰船形成过程中逐步解决的问题；古代、近代、现代舰船的特点。

领会：生产力对船舶形成发展的影响。

2. 舰船使命任务与分类

识记：舰船种类、各种舰船的特征。

领会：我国舰船型号、舷号、舰名的命名知识；现代舰船分类划分标准。

综合应用：未来舰船的发展趋势。

3. 舰船的系统构成

领会：水面舰船和潜艇的系统构成。

第2章　舰船外形与内部区划

一、课程内容

- 舰船的外形
- 舰船的主要参数
- 舰船内部空间分层分舱

• 舰船内部安全区划和功能区划

二、学习目的与要求

舰船的外形和主要参数是舰船的主要特征形式,它们是描述舰艇几何形状的一些最基本的特征数据。通过学习本部分知识,读者应掌握舰船的主要外形特征和舰船内部的舱室划分规律。

学习要求:

(1) 掌握水面舰船外形特征(水面舰船船型、主船体外形)和潜艇外形特征;

(2) 掌握舰船主要参数的定义及内涵;

(3) 掌握水面舰船和潜艇内部分层分舱的规律及要求;

(4) 理解舰船内部安全区划和功能区划及布置要求;

(5) 理解船体型线图的基本含义。

本章重点是水面舰船外形特征、舰船主要参数。

三、考核内容与考核要求

1. 船体外形

识记:各类船型特征,主船体及上层建筑外形特征,舰船艏、舯、艉外形特征。

领会:船体型线图表达含义;不同舰型优缺点,不同舰船艏柱及艉型特点;四种舰型特征,潜艇外形的变化。

简单应用:能够利用型线图和型值表读取船体外形数据。

2. 舰船的主要参数

识记:排水量、主尺度。

领会:船型系数。

简单应用:能够根据给出的数据简单计算船型系数。

3. 舰船内部空间分层分舱

领会:水面舰船内部空间划分规律,潜艇分层与耐压壳体直径的关系。

4. 舰船内部安全区划和功能区划

识记:不沉性要求。

领会:抗沉区划的布置要求;防火区划的布置要求;三防区划的布置要求;舰船内部功能区划的布置要求。

第 3 章　船体结构与强度

一、课程内容

• 船体结构的基本要求

• 水面舰船船体结构与强度

• 潜艇结构与强度

二、学习目的与要求

水面舰船船体结构和潜艇艇体结构统称船体结构,是组成平台的基本结构,承受各种外力,形成密闭的海上漂浮结构,既是武器系统的发射平台,又是各种机械装备的装载平台。通过各种类型船体结构的组合,可建造满足不同使用需求的船体结构。通过本部分知识的学习,读者可认识船体结构的组成、作用,为辅助船体结构维修及决策提供知识基础。

学习要求:

(1) 熟练掌握舰船结构组成、骨架形式、板架构成和基本结构特点;

(2) 熟练掌握舰船结构受力特点和强度概念;

(3) 熟练掌握舰船结构外形及尺寸的变化规律及各种结构的不同受力状况、危险状态分布;

(4) 熟练掌握耐压和非耐压艇体结构功用和结构要求、潜艇的受力特点;

本章重点是舰船结构组成与受力特点分析。

三、考核内容与考核要求

1. 水面舰船船体结构

识记:船体基本结构和船体特殊结构的构成;各种结构的名称与定义;骨架的形式、板架的构成。

领会:船体结构尺寸的变化规律;各种结构的不同受力状况;船体结构的几种危险状态;纵、横骨架形式各自的优缺点;提高舰船强度的措施。

简单应用:能分析船体不同部位的受力特点。

2. 潜艇结构

识记:潜艇结构的组成、结构形式,各种结构的名称与定义;耐压艇体结构功用、一般形状、尺寸要求;非耐压艇体功用。

领会:潜艇耐压结构与非耐压结构的异同;潜艇耐压结构承力特点;耐压艇体结构要求;非耐压艇体结构要求。

第 4 章　舰船航行性能

一、课程内容

- 浮性
- 稳性
- 不沉性
- 快速性
- 操纵性
- 适航性

二、学习目的与要求

舰船表现出的航行性能,反映的是舰船与海洋相互作用的规律。学习该部分内容,有助于读者理解舰船设计、指导舰船安全使用和辅助制定维修方案。

学习要求:

(1) 从舰船的航行性能出发,掌握舰船浮性、稳性、不沉性、快速性、操纵性、适航性等相关概念;

（2）理解舰船浮、稳性的相关衡量指标,领会舰船平衡条件和初稳性的相关计算;

（3）了解静稳性曲线的相关概念,理解体会提高稳性的措施;

（4）理解舰船不沉性的相关概念,掌握舰船抗沉原则;

（5）理解舰船快速性中阻力的成因和减阻措施,掌握推进器的种类及特点;

（6）理解舰船操纵性中航向稳定性和回转性能的要求;

（7）理解舰船适航性的基本概念;

本章重点是舰船浮性、稳性、不沉性和快速性。

三、考核内容与考核要求

1. 浮性

识记:舰船浮性的基本概念、四种漂浮状态、潜艇水下平衡的特点。

领会:保证良好浮性的措施。

简单应用:能读懂静水力曲线图。

2. 稳性

识记:舰船稳性的基本概念、平衡位置稳定性的计算。

领会:保证良好稳性的措施;理解静稳性曲线图。

3. 不沉性

识记:舰船不沉性的基本概念。

领会:舰船抗沉三原则。

4. 快速性

识记:舰船快速性的基本概念,舰船阻力的分类、成因;舰船推进器的种类、螺旋桨的组成、螺旋桨空泡现象。

领会:舰船减小阻力的各种措施;螺旋桨空泡的产生原理和危害。

简单应用:能够根据舰船外形判断舰船的主要阻力类型。

5. 操纵性

识记:舰船操纵性的基本概念、航行稳定性、回转性、应舵性和惯性停船的基本概念。

领会:区分各类航向稳定性的含义。

6. 适航性

识记:舰船适航性的基本概念,海浪要素、舰船在波浪中的几种运动形式。

第5章 舰船装置与系统

一、课程内容

- 舰船装置
- 舰船系统

二、学习目的与要求

舰船装置和系统是舰船顺利完成各项使命任务的重要保证。该部分内容是本课程的难点之一。通过该部分内容的学习,读者可进一步了解舰船组成原理。

学习要求:

（1）熟练掌握舰船装置的分类，以及舵装置、系船装置、锚装置、减摇装置、救生设备和补给方式的相关内容，其中舵装置、锚装置、减摇装置、消防系统应重点掌握；

（2）熟练掌握舱底系统、消防系统、日用水系统和通风、空调与供暖系统等舰船辅助系统的特点及应用。

三、考核内容与考核要求

1．舰船装置

识记：舵装置组成、分类；系船装置种类；锚装置组成、分类；减摇装置种类；舰船补给方式。

领会：不同锚装置的适应情形。

2．舰船辅助系统

识记：舱底系统的基本功能、组成及工作方式；消防系统的基本功能、灭火原理、种类；日用水系统的基本功能、工作特点；通风空调供暖系统的基本功能。

领会：舱底各分系统的区别、不同种类灭火系统的区别。

简单应用：能够根据船上火灾类型合理选用灭火措施和手段。

Ⅳ　关于大纲的说明与考核实施要求

一、自学考试大纲的目的和作用

自学考试大纲是根据专业自学考试计划的要求，结合自学考试的特点制定的。其目的是对个人自学、社会助学和课程考试命题进行指导和规定。

自学考试大纲明确了课程自学内容及其深度和广度，规定出课程自学考试的范围和标准，是编写自学考试教材的依据，是社会助学的依据，是个人自学的依据，也是进行自学考试命题的依据。

二、关于自学教材

自学教材：《舰船概论》，闵少松、牟金磊、王展智、高化超主编，华中科技大学出版社 2019年出版。

三、关于考核内容及考核要求的说明

（1）课程中各章的内容均由若干知识点组成，在自学考试命题中知识点就是考核点。因此，自学考试大纲中规定的考核内容是以知识点分解的形式给出的。因各知识点在课程中的地位、作用以及知识自身的特点不同，自学考试将对各知识点分别按四个能力层次确定其考核要求（能力层次的具体描述请参看第Ⅱ部分"考核目标"）。

（2）按照重要性程度不同，考核内容分为重点内容和一般内容。为有效地指导个人自学和社会助学，本大纲已指明了课程的重点内容，在各章的"学习目的与要求"中一般也指明了本章内容的重点。在本课程试卷中重点内容所占分值一般不少于60%。

（3）课程考核内容分为五个部分（自学教材中第 6 章不属于考核内容），分别为：绪论、舰船外形与内部区划、船体结构与强度、舰船航行性能、舰船装置与系统。各部分在考试试卷中所占的比例大致为 15%、15%、25%、35%、10%。

本课程共 4 学分。

四、自学方法指导

"舰船概论"是军队高等教育自学考试船舶工程技术(专科)专业的军队特色课程。本课程的主要内容是按照总-分的顺序安排的。首先从总体上对舰船的外形、区划、航海性能进行阐述,然后,分别对各舰船装置与系统相关内容进行详细介绍,使读者系统地掌握舰船基本知识及其技术原理、作战使用要求和发展趋势,理解舰船总体与舰船分系统、舰船分系统与分系统之间的关系。因此,在学习过程中需要注意以下几个问题:

(1)在开始学习某一章时,应先阅读考试大纲的相关章节,了解该章各知识点的考核要求,做到心中有数。

(2)学完一章后,应对照大纲检查是否达到了大纲所规定的要求。

(3)由于自学教材中各部分内容的联系较为紧密,各部分章节的知识具有相互影响的变量关系,在整体思维上把握前一章节的内容后才方便理解下一个章节的内容。特别是,舰船结构与基本性能的部分内容是整门课程的灵魂,牢牢掌握此部分内容,有助于后面知识点的学习和所有知识点的融会贯通。

(4)不做一定量的练习不可能深入理解领会舰船概论的相关知识。但也不能盲目多做题,要善于在做题中发现问题,找出规律,提高分析和解决问题的能力。建议各章的练习题数见下表:

章号	内容	习题数
1	绪论	20
2	舰船外形与内部区划	20
3	船体结构与强度	20
4	舰船航行性能	30
5	舰船装置与系统	20
合计		110

(5)保证并合理安排学习时间是很重要的。由于自学者情况的差异,各章节所需的学习时间也不同。下表是建议的各章学习实践时间(包括做习题时间),仅供参考。

章号	内容	学习实践时间/h
1	绪论	6
2	舰船外形与内部区划	6
3	船体结构与强度	10
4	舰船航行性能	14
5	舰船装置与系统	4
合计		40

五、考试指导

1. 有计划的学习是考试成功的必要条件

良好的计划和组织是学习成功的法宝。如果你正在接受培训学习,一定要跟紧课程并完成作业。若有不理解的内容或不会做的题，要及时请教教师。若有缺漏需及时补上。如果你是自学者，要制订切实可行的学习计划，制定出学习计划表，并按计划学习。遇到不理解的问题可向学过的人请教或利用网络等工具解决。

2. 如何考试

卷面整洁非常重要。书写工整，段落与间距合理，卷面清晰整洁有助于教师评分，教师只能为他看得懂的内容打分。对于选择题，可先把明显错误或不合理的选项排除，再考虑余下的选项。做题时，一般先做简单的题。做题时要看清题目要求，理清解题思路再做题。注意不要漏题。

3. 如何处理紧张情绪

正确处理紧张又惧怕失败的情绪，要正面思考。如果可能，向已经通过该考试科目的人请教经验。考试前合理饮食，保持旺盛的精力。在考试中，若看到试卷后出现脉搏加快、慌张失措等现象，不要急于动笔，先强迫自己冷静下来，做深呼吸放松，这有助于使头脑清醒，缓解紧张情绪。

4. 答题技巧

考试前可根据考试大纲的要求将课程内容总结为"记忆线索"，当你阅读试卷时一旦有思路就快速记下。按自己的步骤进行答卷。为每个考题或部分考题合理分配时间，并按时间安排进行答卷。

六、对社会助学的要求

(1) 要熟悉考试大纲对本课程总的要求和各章的知识点，准确理解各知识点要求达到的认知层次和考核要求，并在辅助过程中帮助考生掌握这些要求，不要随意增删内容和提高或降低要求。

(2) 要结合经典例题，讲清楚基本概念、定理、公式和方法步骤，重点和难点要讲透，引导考生注意基本理论的学习；要重视基本的计算方法和计算技巧的讲解，帮助考生真正达到考核要求，并培养良好的学风，提高自学能力。不猜题、押题。

(3) 要使考生认识到辅导课只能起到"领进门"的作用，听懂不等于真懂，关键还在于自己学习，应要求考生课后抓紧复习，认真做题。

(4) 助学单位在安排本课程辅导时，授课时间建议不少于 20 h。

七、关于考试命题的若干规定

(1) 考试时间为 120 min，闭卷考试，允许携带计算器。

(2) 本大纲各章所规定的基本要求、知识点及各知识点下的知识细目，都属于考核的内容。考试命题既要覆盖到章(第 1 章除外)，又要避免面面俱到。要注意突出课程的重点，加大重点内容的覆盖度。

(3) 不应命制超过大纲考核知识点范围的题目，考核目标不得高于大纲中所规定的最高能力层次要求。命题应看重自学者对基本概念、基本知识和基本理论是否了解或掌握，对基本方法是否会用或熟练。不应命制偏题或怪题。

(4) 本课程在试卷中对不同能力层次要求的分数比例大致为：识记占 15%，领会占 20%，简单应用占 30%，综合应用占 35%。

(5) 要合理安排考试的难易程度，考试的难度可分为易、较易、较难和难四个等级。每份试卷中不同难度的试题的分数比例一般为 2：5：2：1，即易的占 20％，较易的占 50％，较难的占 20％，难的占 10％。

必须注意试卷的难易程度与能力层次有一定的联系，但二者不是同等的概念，在各个能力层次都应有不同难度的试题。

（6）课程考试命题的主要题型一般有单项选择题、填空题、简答题、计算题、分析计算题等。

目　录

第1章 绪 论

1.1 舰船的形成、分化与类别

舰船发展水平是一个国家综合国力的集中体现,舰船担负着维护国家海洋权益的重要使命任务。本章主要介绍舰船的形成、分化与类别,舰船的地位与使命,舰船的系统构成及特点。

1.1.1 船舶的形成

船舶是一种在水中活动的人造工具,具有与水相适应的特殊外形、结构和部件,这是它区别于其他人造物的本质特征之一。船舶的外形、结构与部件是随着生产力的发展逐渐完善起来的,反映了一种科学的认识与创造过程,并受到政治、军事、经济和文化的影响与制约。重温这些过程,有助于掌握舰船的基本原理,也有助于科学历史观的建立。下面对船舶形成过程中的一些重要节点与相关原理进行介绍。

1. 对浮力的认识与运用

中国古代的人民究竟是在什么时候创造了舟船已很难考证了,但在渡水过程中,首先要实现的目标是浮在水上,所以人们对浮力的认识和利用是了解舰船起源的第一个线索。至少在新石器时代我们的祖先就已广泛使用了独木舟和筏,即证明他们此时已对浮力有所认识并掌握了浮力的运用。古书中有如下描述:"古者观落叶因以为舟"(刘向《世本》);"燧人氏以匏济水,伏羲氏始乘桴"(罗顾《物原》)。匏是葫芦的意思,以匏济水是指抱着葫芦渡水。这说明此时人们已懂得利用有固有浮力的物体了。为增加浮力,古代人民"并木以渡"。筏是舟船发明前的第一种水上运载工具。筏易于取材,制作简便,能多载,行驶平稳,不怕水浅流急,是很好的水上工具,如图1-1所示。这种古代人民创造的交通工具在今天的生活中仍起着重要作用。

人类进入新石器时代以后,不仅获得了更多的经验与知识,而且已能制造石斧、石锛等生产工具了,也能钻木取火了。"古人见窾木浮而知为舟"(刘安《淮南子·说山训》);《易经·系辞下传》中有"刳木为舟,剡木为楫"的记载,这是我国最早的关于独木舟及桨制造的文字记载。具体的方法是:选一根直径大的树干,用石斧或石刀砍、削一个长度和深度合适的长槽。2003年在浙江省杭州市萧山地区发现了一艘在地下沉睡了约7 500年的独木舟,舟体长超过了2 m,宽0.7 m,深0.15 m。图1-2是在江苏省武进县出土的春秋时期的独木舟。继独木舟之后,又出现了其他形式的小舟,如图1-3所示的牦牛皮船、桦树皮船。

由于独木舟等小船载重量小,很难满足人们日益提高的需求,人们开始对独木舟、筏进行革新。在独木舟的四周加上木板,以增加容量,原来的独木舟就逐渐变成船底了,如图1-4所示。在长期的演变过程中,圆底独木舟逐步变成了船底中线处连通艏艉的主要纵材,即"龙骨",从而形成了尖底或圆底的木板船。人们又在筏的四周及底部安上木板,这样筏也演变成

图 1-1 筏

图 1-2 在江苏省武进县出土的春秋时期的独木舟

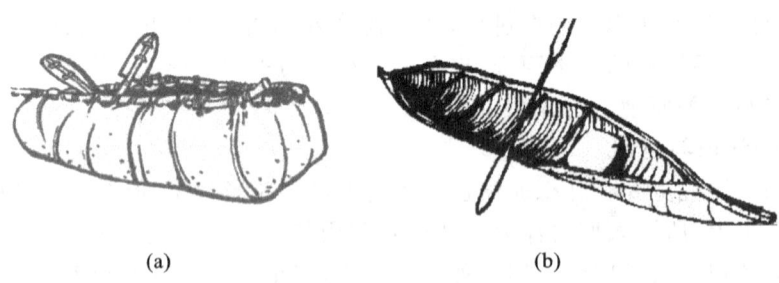

(a)   (b)

图 1-3 牦牛皮船、桦树皮船

(a)牦牛皮船;(b)桦树皮船

了(平底的)木板船。独木舟和筏发展成较小的木板船后,又发展成大木板船及舫,所受浮力越来越大,载重量相应地越来越大,其外形也逐渐成形。

图 1-4 独木舟上加板

2. 对稳性的认识和应用

进入奴隶社会以后,木板船迅速向稳定性好、装载面积大的大型化船只发展。在单体船发展受技术限制的情况下,人们发明了舫。"舫,并舟也。"由于用皮条、藤萝、绳索等把两船的船舷连起来的舫增加的宽度有限,稳性改善亦有限,因此后来造船者又对舫做了进一步改造,"比船于水,加板于上"(郭璞注《尔雅·释水》),由此而得到的舫如图 1-5 所示,这种舫可以说是现代双体船的雏形。舫的出现说明当时人们已懂得通过增加船的宽度来改善船的横稳性。在现代舰船稳性设计中,船的宽度、设备和装置的重心高度是控制舰船静横稳性的主要设计参数。

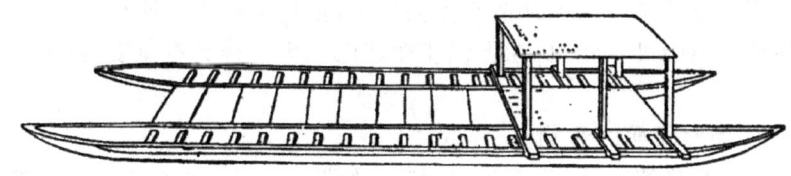

图 1-5　舫

3. 对不沉性的认识与运用

对不沉性的认识是对浮力认识的高级阶段。古代人民是从什么时候开始使用船的舱壁(船内部的一面垂直的墙)来分隔、加强船壳的外板的,也已很难考证,但我们可以从商代甲骨文中的"舟"字来窥得一斑:方头方尾与方架肋骨(横舱壁)结构。这说明至少在商代,人们已经知道用肋骨、横舱壁来加强船体横向强度,以提高船的不沉性了。

4. 对动力和操纵性的认识与运用

古代人民根据陆上的经验,采用了篙来撑船渡水,进而发明了桨、纤绳。1973 年,在浙江余姚县河姆渡村发现了一处距今约 7 000 年的新石器时期远古居民遗址。遗址中发现了六支木桨,它们都是用整块木板制成的。其中有一支残长 0.6 m,宽 0.12 m,叶长 0.5 m,柄上刻有由横线与斜线组成的几何花纹。此桨经测定是 7 000 年前的遗物。关于帆的发明,传说是"夏夷作帆"。据说,帆的发明是受到了鲨鱼的启发。鲨鱼的形状很奇特,是一种有甲壳的鱼,身体扁而宽,像螃蟹,有 12 只脚,尾巴细长,像剑一样,眼睛长在背上,嘴长在肚腹之下,而背上还生有高七八尺的鳍。每当有风吹来的时候,鲨鱼的鳍就高高挺起,使得鲨鱼能借助风力前进;没有风的时候,鲨鱼的鳍就收拢起来了。在鲨鱼鳍的启示下,古代人民发明了帆。不论以上说法是否属实,都可以肯定:帆的发明是古代人民对自然现象仔细考察,并不断实践的结果,是生产力发展到一定阶段的产物。在殷墟出土的甲骨文资料中,帆的字形很像船的帆。

甲骨文中的"帆"字在楷书中写作"凡",应该是风帆的象形字。甲骨文资料中还有这样的记载:"戊戌卜,方其凡。"它的意思就是说在戊戌日占卜,船("方"就是舫、船之意)上是否必须挂帆。可见最迟到商代,我国已发明并使用了风帆。

人们在划桨的过程中,发现在船侧划桨不仅能推进船前进,而且可以改变船前进的方向,要保持航向必须在船两侧用同样方向的力划桨,反之则用不同方向的力划桨。在实践中还发现,在船侧的不同位置,同样大小、方向的力会产生不同的转向效果。把一只桨放在船艉能很好地控制船的航向,船艉的桨由此演化成舵与橹。这两者均是我国古代人民了不起的发明。橹兼有推进及控制的特性,是非常独特的工具,至今还有使用。

5. 对船舶作用的认识与运用

捕鱼、运人是船舶初始的基本用途,随着社会发展,其商业用途、军事用途、统治与文化的用途便应运而生。当舟发展到乘一人以上时,便可运物及运货物去交换。从上海博物馆所藏殷商时饕餮纹大铜鼎上铭文中的"盨"字可知当时商品交换和水上运输的关系。这个字形告诉人们在木板船上乘着两个人,其中一个人以手执楫在撑船,一个人挑着贝币或货物,这说明当时生产和交换已发展到需要经常使用木板船的水平了。在军事方面,殷商时期的帝王们已经可以用大量船只追捕逃亡的奴隶了。

在统治文化方面,船只成为地位的一种标志。《尔雅·释水》记载:"天子造舟,诸侯维舟,大夫方舟,士特舟,庶人乘桴。"造舟是由多条船并列而成的;维舟是由四条船并列而成的;方舟是两条船并列而成的;特舟是单船;桴是木筏。《诗经》中也记载,周文王结婚时"亲迎于渭,造舟为梁,丕显其光"。意思是周文王到渭水旁去迎亲,把造舟作为一座桥梁,显示其王者气派。

从船舶的各种使用中可以看出,在古代船舶就已成为一种具有重要、巨大作用的涉水工具系统。

6. 生产力的发展对船舶的影响

生产力涉及对自然规律的认识、工具、材料以及建立在其上的技术。对自然规律的认识在前面已有叙述,在此仅叙述工具、材料和技术对船舶的影响。

在新石器时代,人们已经能够制造磨制石器,有了磨制石器,才有制造别种器物的可能。此时出现了石锛、石斧、石刀,加上火的作用,独木舟、桨就可以制作了。到了青铜器时代(我国的夏、商朝时期),出现的青铜工具有刀、斧、铲、犁、针、锯、凿、钻等,同时,据《史记·夏本经》,当时已有了规、矩、准绳等木工量具,这样木板的拼接就有了条件。《竹书纪年》记载,夏第八世帝芒"东狩于海,获大鱼",帝王在海中狩猎、获大鱼,考虑到其帝王地位及大鱼的运输,其所使用的应为木板船。铁的发现是在商代,到西周时期铁器已成为人们习见之物。但那时人们还只会使用锻铁,铁的生产量少,应用不广。到了春秋时代才有铸铁,此时铁器才逐步推广到各个社会生产领域。铁器代替以前的生产工具是在春秋时代逐步完成的。此时,在木工工具方面,也有了测量铅垂线的悬锤、测量水平线用的水(水平),以及压直曲木和弯曲直木的方法,这为木板船的大量制造、木板船的大型化创造了条件。我国河北省平山县曾出土战国时期中山国国王生前所用的随葬游艇三艘,这三艘游艇约建造于公元前 310 年,连接船板边缝用的是铁箍。铁箍宽 20 mm,用厚约 3 mm 的长铁片绕制而成。铁箍穿处填有木片,铁箍钉处注铅液封固。铁箍按外板型线定其形状。现今船用的"蚂蟥钉",有学者认为就是由昔日铁箍演化而来的。在我国出土的西汉船模上,有模拟的钉孔、拼板,钉比箍牢,这时木船的大型化条件已具备。除此之外,还有其他的船板连接技术。据皇甫谧《帝王世纪》记载,"(周昭王)以德衰南征,及济于汉,船人恶之,以胶船进王。王御船至中流,胶溶船解,王及祭公俱没水而崩。"这件事反映,楚国人不仅会用榫卯结构,而且还会用胶来捻缝,并且了解胶在水力作用下的特性,可见此时的楚国人对船板连接技术已有较深的认识。在下水工艺方面:船小时可用人力拖拉入水;船大后则用船坞、滑道下水。至于造船场地,《越绝书》记载,造船时人们会在海滩筑堤,在堤内造船。船成掘渠破堤通海,而后顺渠放船入水。这可看成是现代船坞造船的先驱。

1.1.2　船舶的分化

船舶一直处于发展变化之中,分化是船舶的一个重大发展。船舶作为一种生产工具,是随着社会生产力的发展而发展的。它的分化取决于对更高生产力的追求,这种追求促使生产力发展,生产力的发展又提供了船舶分化、进步的可能,两种因素共同作用于船舶的分化。

船舶功能具有多样性。即使是独木舟也可以作运输、渔猎、追击逃犯等之用。但由于独木舟非常简陋,把其说成是某一种用途的独木舟,没有什么实质性的意义,只有等船舶的外形和结构具有不同的形式,并有众多船舶属具时,船舶分类才有现实的意义。从甲骨文和金文资料中可知,殷商水运工具有三种:木板船、方舟、独木舟。其中的方舟是并起来的两条船。所以殷商时期就有不同种类的船了。到了春秋战国时期,军民用船已经分化,民船有扁舟、轻舟、船等,军用船有大翼、中翼、小翼、突冒、楼船、桥船、戈船、艅艎等。艅艎是王侯乘坐的大型战船;大、中、小翼是水军的主力战船,由于其桨多船快,所以称为翼。图 1-6 和图 1-7 所示是我国古战船。

图 1-6　大翼

图 1-7　楼船

当造船技术发展到能造多层木板船(如楼船、艅艎等)时,船舶也发生了其他的变化,如:为增加航速,船侧的桨数从一排变成两排、三排(图 1-8 所示是亚述双排战船,图 1-9 所示是希腊三排战船),船帆也从单帆发展到多帆。为提高强度,船体局部包裹铁甲,因而发展出混合材料的船。船舶设备也逐渐增多,如弩、抛石机,乃至火炮、发动机都成为了船舶设备。根据船上设备的不同,船可以分成不同的种类。

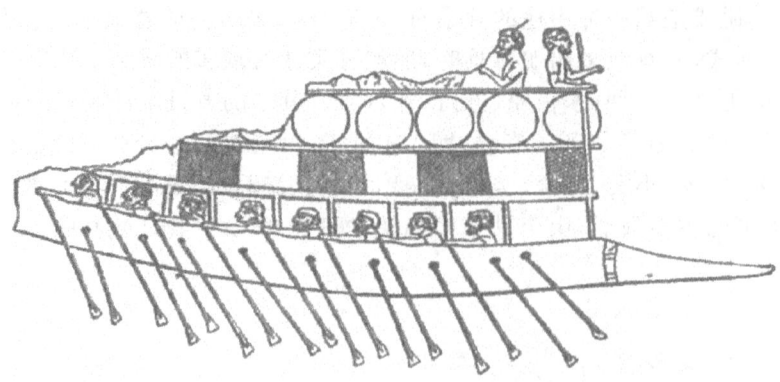

图 1-8　亚述双排战船

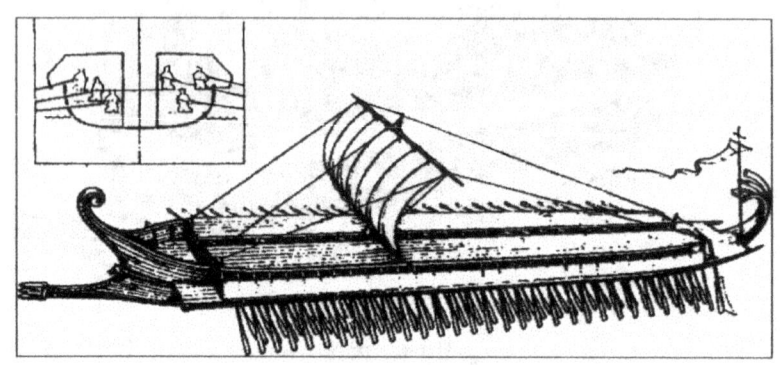

图 1-9　希腊三排战船

环境及技术发展的不平衡性,也造就了不同船型的船,如我国古代的沙船、福船、广船,其他国家的船,包括罗马商船、北欧的维京长船、阿拉伯缝合船等。到了现代,船舶种类更多了,在水上航行的有水面船,在水里钻的有潜艇,在空中飞的有冲翼艇等;按用途船舶更可以分成许许多多的种类。

1.1.3　舰船的类别

按照使用的特点,舰船有多种分法,下面分别进行介绍。

1. 按支承力的特性分

舰船具有重量,按支承力的特性进行分类,可以将舰船分为空气动力支承型、空气静力支承型、水动力支承型和静水力支承型(排水型)这几大类,图 1-10 是其分类图。

静水力支承型舰船(简称静水力船)航行于水面时,其重量全靠水的浮力平衡;静水力支承排水型船是舰船中数量最多的,包括航空母舰、巡洋舰、驱逐舰、护卫舰等。

水动力支承型舰船(简称水动力船)的船体下装有水翼,高速航行时靠水翼产生的升力支持船体,因此这种船又称为水翼艇(见图 1-11)。水翼艇达到一定速度时船体将被抬离水面,由于水阻力减小速度将加快。早期的水翼艇采用 U 形的水翼(见图 1-12(a)),这种水翼被称为半浸式或割划式水翼,因为在飞航时,U 形水翼会有部分浸在水中,而部分则会割破水面露在空中。较新的水翼船则采用倒 T 形的水翼,这种水翼被称为全浸式水翼,因为它经常保持

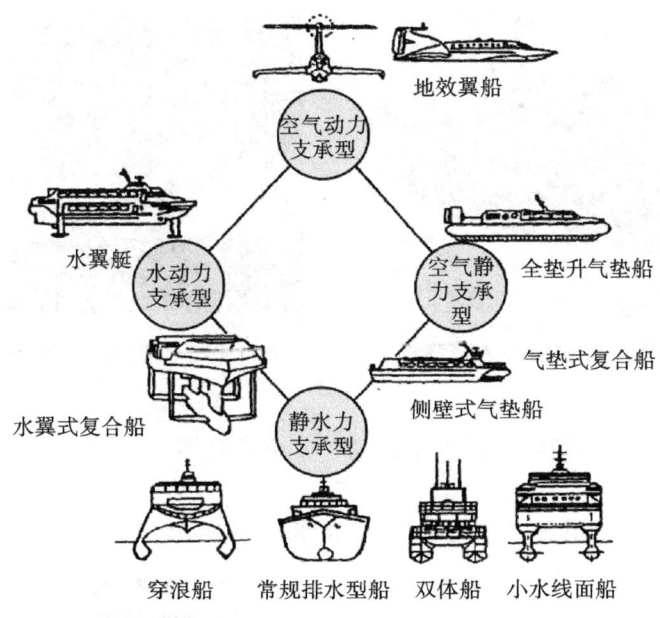

图1-10 舰船按支承力特性分类图

在水下。全浸式水翼受海浪的影响比半浸式小,因此全浸式水翼船在风浪中航行时更为稳定,亦更为舒适。

图1-11 水翼艇

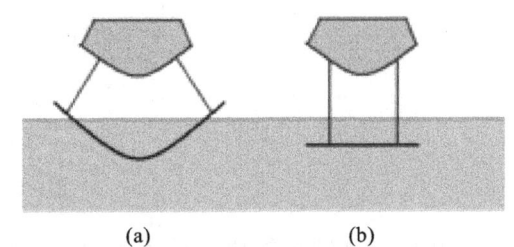

图1-12 水翼示意图

(a)半浸式水翼;(b)全浸式水翼

空气静力支承型舰船简称空气静力船,它利用高于大气压的空气产生"气垫"使船体脱离支承表面而高速航行。如气垫船(又叫"腾空船",见图1-13)就是一种以空气在船只底部衬垫承托的交通工具。气垫通常是由持续不断供应的高压气体形成的。气垫船除了在水上航行外,还可以在某些比较平滑的陆地上行驶。

空气动力支承型舰船简称空气动力船。依靠空气动力支承的地效翼船,其外形类似于飞机,如图1-14所示。地效翼船可分为冲翼艇和气翼艇两种,其中冲翼艇由提供浮力的船体和一定展弦比的机翼组成。利用机翼贴近表面运动时表面对气流的影响产生表面效应,使机翼升阻比增加,既可以减小推进功率,又可以保持离开地面的航行。

2. 按主要装备来分

舰船按主要装备来分,可分为柴油机船、核动力船、导弹舰艇、火炮舰艇、鱼雷快艇等。

图 1-13　空气静力支承型舰船(美国 LCAC 气垫船)　　图 1-14　空气动力支承型舰船(苏联地效翼船)

3. 按材质分

舰船按建造船的主要材料分,有木船、钢船、玻璃钢船等。

4. 按用途分

舰船按用途可分为军用舰船和民用船舶,如图 1-15 所示。

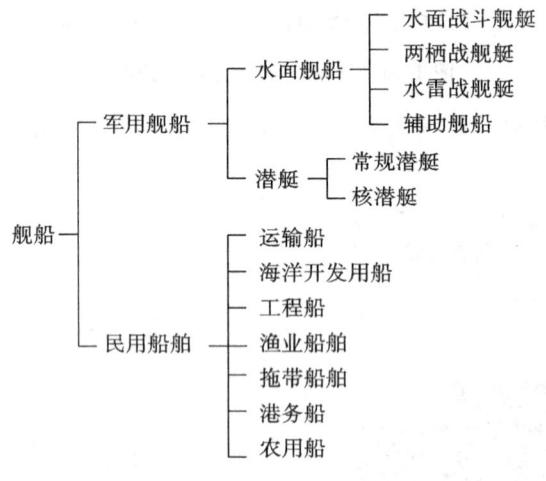

图 1-15　舰船的分类

军用舰船通常根据使命任务来分。由于使命任务的复杂性,军用舰船按四个层次来分:类、舰种、舰型、具体舰。根据对舰船使命任务的理解不同,衍生出不同的分法,如有分为战斗舰艇、两栖战舰艇和勤务舰船三类的,也有分为战斗舰艇、勤务舰船或水面舰船、潜艇两类的,还有分为战斗舰艇、两栖战舰艇、水雷战舰艇和辅助舰船四类的,具体采用何种分法取决于使用、管理的目的。一般分为战斗舰艇(见图 1-16)和辅助舰船(见图 1-17)两大类。战斗舰艇是指各种具有直接作战能力的舰艇,并区分为水面战斗舰艇和潜艇。辅助舰船是指各种不直接参加对敌作战的舰船,其主要任务是为战斗舰艇的战斗、训练提供战斗保障、技术保障和后勤保障。各类舰艇的特点和发展趋势详见本书第 6 章。

5. 按大小和特性来分

1) 舰与艇的分法

满载排水量在 500 t 以上的水面舰船统称为舰,满载排水量在 500 t 以下的水面舰船统称为艇。潜艇不论排水量大小,均称为艇。古时称一种轻快小船为艇,后沿用来称呼小型的船,如交通艇、救生艇、快艇等。

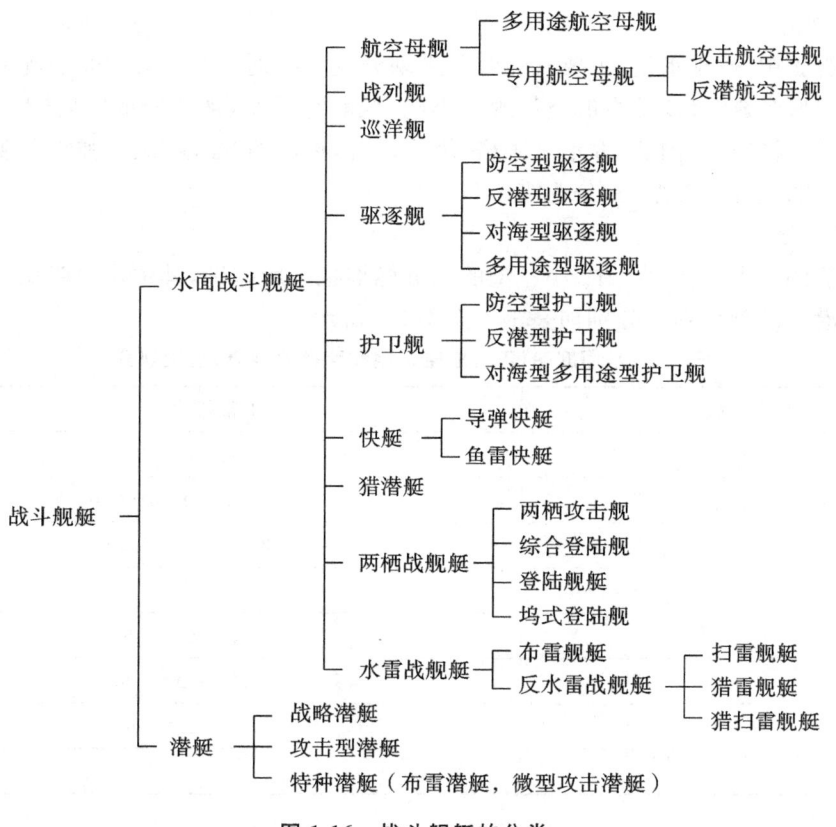

图 1-16 战斗舰艇的分类

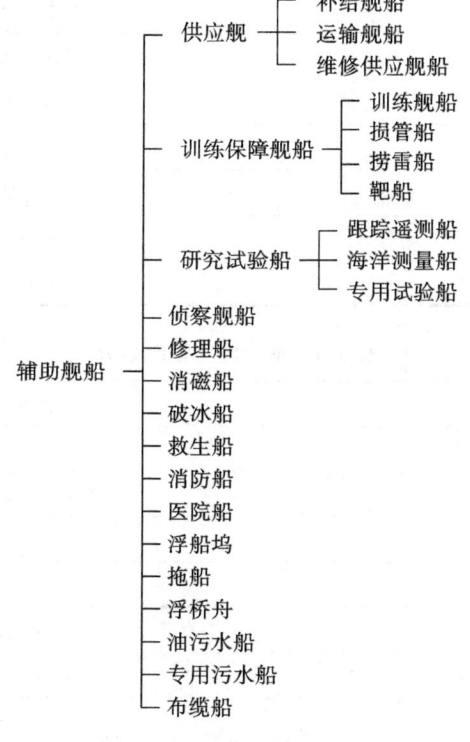

图 1-17 辅助舰船的分类

2）舰级划分

在同种舰艇中，按排水量、主要武器装备来划分舰艇级别。多以首制舰的舰名代表某一舰级，如美国的"尼米兹"级核动力航空母舰、"小鹰"级航空母舰，俄罗斯的"乌沙科夫海军上将"级核动力导弹巡洋舰，法国的"乔治·莱格"级驱逐舰，英国的"公爵"级导弹护卫舰等。有的国家只区分不同的舰种和舰型，不分舰级。

3）型级划分

不同舰船的特点不同，大、中、小三型的划分标准也有所差别，其中水面舰船、两栖战舰艇、辅助舰船和潜艇的型级划分分别如表 1-1 至表 1-4 所示。

表 1-1　水面舰船（不含航空母舰和两栖战舰艇）型级划分

型　　级		正常排水量 Δ/t
大型	1	Δ≥10 000
	2	5 000≤Δ<10 000
中型	3	2 500≤Δ<5 000
	4	1 000≤Δ<2 500
	5	500≤Δ<1 000
小型	6	200≤Δ<500
	7	50≤Δ<200
	8	Δ<50

表 1-2　两栖战舰艇型级划分

型　　级		正常排水量 Δ/t
大型	1	Δ≥10 000
	2	5 000≤Δ<10 000
中型	3	2 500≤Δ<5 000
	4	750≤Δ<2 500
小型	5	200≤Δ<750
	6	Δ<200

表 1-3　辅助舰船型级划分

型　　级		正常排水量 Δ/t
大型	1	Δ≥10 000
	2	8 000≤Δ<10 000
	3	6 000≤Δ<8 000
中型	4	4 000≤Δ<6 000
	5	3 000≤Δ<4 000
	6	1 000≤Δ<3 000
小型	7	500≤Δ<1 000
	8	Δ<500

表 1-4　潜艇型级划分

型　　级	正常排水量 Δ/t
大　型	$\Delta \geqslant 2\,500$
中　型	$1\,000 \leqslant \Delta < 2\,500$
小　型	$\Delta < 1\,000$

1.2　舰船的地位与使命

舰船地位反映了舰船与其他客观实体的关系,使命是舰船任务的概括,二者有一定的相关性。本节先介绍舰船的地位,后说明其使命任务。

1.2.1　舰船的地位

舰船的地位体现在对国家与社会的作用、技术上的影响等诸多的方面。

1. 舰船是维护国家根本利益的有力工具

"谁控制了海洋,谁就控制了世界"是古罗马著名哲学家西塞罗的名言,它已被历次世界强国的更替所证明。

公元前 480 年,希腊舰队和波斯帝国舰队在萨拉米斯海峡进行了一场大海战。这是世界古代历史中,第一场具有决定意义的大海战。数量上占据绝对优势的波斯帝国舰队,因为战术的失误,被希腊舰队大败。此役之后,强盛的波斯帝国走向衰落,陷入叛乱与外敌入侵的打击风暴之中。而获胜的希腊则进入了军事、政治、经济以及文化上的全面兴盛时期,成为地中海地区最早的霸权者。

在公元前 431 年至公元前 404 年的伯罗奔尼撒战争中,斯巴达联盟赢得了数次海战的胜利,最终打败爱琴海霸主雅典,使雅典国际威望下降,失去强国地位。

公元前 264 年至公元前 146 年,围绕地中海霸权而展开的三次布匿战争,以海上强国迦太基被亚平宁半岛的对手罗马摧枯拉朽般毁灭告终,罗马成功逆袭,成为地中海霸主。

1588 年夏天,震惊欧洲的英西大海战爆发,英国舰队凭借火炮和飓风毁灭了西班牙的"无敌"舰队。英国海军经过这一仗,迅速壮大起来,夺得了海上霸权。

在 18—19 世纪的两百年间,英国称雄世界,自称为"日不落帝国"。在第一次世界大战中,英国与挑战者德国的舰队拼得两败俱伤,世界霸权就逐渐转入海上实力雄厚的美国怀中。

地球 70% 的表面被水覆盖,世界上 90% 的商业运输通过海洋实现,世界上绝大多数人口居住在离海岸几百英里的地方。美国军事理论家马汉说:"谁拥有优势的海军,谁就能控制海洋,夺取制海权。""海上帝国无疑是一个世界帝国。"21 世纪被誉为海洋的世纪,开发海洋成为各沿海国家的共识,海洋的争夺会更加激烈、更加多样,而海军舰船将是维护国家海洋利益的有力工具。

2. 舰船技术是科学技术的最强大牵引力之一

舰船的活动环境非常恶劣,海难时有发生,追求更安全、速度更快、载货量更大、效益更好的舰船,一直是人们的理想。大量最新的技术和理念在舰船上应用,促进了舰船科学技术的发展,进而对科学发展和社会进步产生了重大的影响。而另一方面,科学技术的飞速发展,加速了各国海军舰船的更新换代,也带来了前所未有的压力。一艘耗费大量心血和资金建造的新舰往往用不了 10 年就会过时,甚至在船台上就已经不再先进。同一型先进军舰建造得越多,在今天意味着实力优势越大,但是也意味着在不久的将来因为技术的过时而承受的损失也越大。中国建立的北洋水师,在 1891 年时号称亚洲最强、世界第八,但在 1894 年的中日甲午战争中,在舰船速度、火炮射速等方面已落后于日本的联合舰队,技术性能的落后极大地影响了战局。

1.2.2　舰船担负的任务

舰船是活动于水面或水下,具有攻、防作战能力或担负各种支援保障任务的军用船只的统称。舰船是海军的主要装备,可能承担的任务包括:海上机动作战,消灭敌方战斗舰艇或运输船舶;夺取和保持作战海区的制空权、制海权;保持己方和破坏敌方的海上交通线;支援登陆、抗登陆作战或登陆作战;摧毁或压制敌方基地、港口和陆上重要目标;开展侦察、巡逻、警戒、护航、反潜、防空、布雷、反雷和电子对抗等战斗活动;执行各种战斗保障、技术保障和后勤保障等任务;开展反海盗、撤侨、抗灾救生等多种非军事活动。

对各种舰船都规定了其相应的使命任务,从而使繁多的舰船能分工合作,形成统一的、具有战斗力的整体。为了完成它所担负的任务,舰船除具备船体结构、动力与电力系统、观通导航系统、船舶装置系统等以外,还必须有与任务相适应的特种装置、设备,如防空或反潜舰艇一般要有防空导弹或反潜鱼雷、反潜导弹,登陆舰艇要有与登滩相适应的船型。规定使命任务,可促使舰船向更加专业化的方向发展。

随着科学技术的发展,舰船装备在不断地更新,舰船性能在不断地提高,舰船的专业化进程也不断向前推进,使命任务变得更加具体、多样。舰船的先进水平反映了一个国家的工业水平和科学技术的最新成就。恩格斯曾经概括地指出,现代的军舰不但是现代大工业的产物,而且同时还是现代大工业的缩影。

1.3　舰船的系统构成及特点

舰船是一个复杂的系统,熟悉其构成有助于了解舰船及海军专业之间的相互关系。本节主要介绍水面舰船的系统分类和潜艇的系统分类及特点。

从不同的角度出发,舰船系统有不同的分类方法。

1. 从管理的角度分类

民用船舶与军船等的区别在于武器装备,所以舰船可分成平台与武器装备,或平台与任务系统。需要指出的是,任务系统比武器装备的内涵要广,一些测量、记录等设备也可包括在任务系统中。

2. 按组织机构类比分类

按照修造船厂军事代表机构的组织可把舰船分成船机电平台、航海、枪炮、指挥或船体、机电、弱电、舾装等部分。

3. 专业的分法

按照舰船上不同专业的特点可将舰船分成总体、船体、动力系统、电力系统、电子系统、装置与管路系统、舱室设备等。

1.3.1 水面舰船的系统分类

水面舰船的类别很多,其系统构成自然就更多了,在此仅给出一般的、通用的、较完备的一种分法。这种分法兼顾了专业划分与管理需求,如图 1-18 所示。

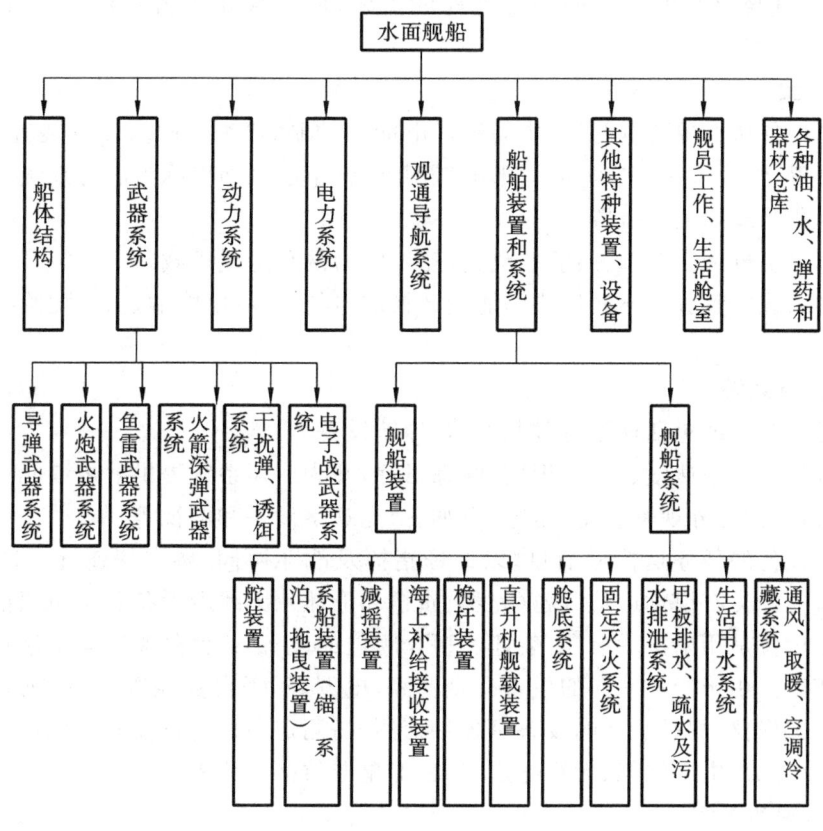

图 1-18 舰船系统组成

1. 船体结构

船体是指除舰船上各种设备和系统以外的船身构造物,船体结构是组成船体各种具体构件的总称。船体结构是舰船的重要组成部分,它既是各种舰载武器系统的发射平台,又是各种机械装备的装载平台;另外,船体结构既是舰船设计与建造的主体,又是舰船使用、维修、改装的主要对象。因此,对船体结构的基本要求主要是对船体结构的各种使用功能和性能的要求,同时也包括从舰船设计、建造、使用到退役的各个阶段对船体结构的要求。船体结构的基本功能和性能要求既要突出保证舰船战斗能力和生存能力,又要兼顾舰船的可用性、可靠性、维修性、保障性、经济性、居住性及安全性等要求。

2. 武器系统

舰船武器系统包括导弹武器系统,火炮武器系统,鱼雷武器系统,火箭深弹武器系统,干扰弹、诱饵系统,电子战武器系统,等等。

3．动力系统

动力系统是舰船的重要组成部分。一般情况下舰船动力系统指舰船推进系统,它包括为舰船提供推进动力所需的设备、系统以及为其服务的有关系统。舰船动力装置通常包括推进装置、辅助装置、管路系统、甲板机械和机舱自动化设备五部分。

从广义上说,动力系统是指保证舰船正常航行、作业、停泊以及保证乘员正常工作和生活所需的各类机械和设备。其主要作用是提供机械能、电能、热能、液体和气体的压力能,除保证舰船推进外,还要满足整个舰船能量消耗的需要,所以舰船动力系统大部分是能量转换装置。

4．电力系统

舰船电气设备从电源装置开始,中间经过电能的控制、检测、分配、传输装置,到所有使用电能的用户装置,组成了一个完整的树形电气网络,整个电气网络称为电力系统。电力系统中的电气装置统称为舰船电气装置。

舰船电力系统分为三大部分:船舶电站、船舶电力网和电气负载。

舰船电力系统担负着将不同形式的能量转换成电能,并将电能输送、分配给各用电设备的任务。

5．观通导航系统

舰船观通导航系统包括观察、探测、通信、导航设备等。

观察设备的任务是搜索、发现、识别、跟踪目标,并为武器系统提供射击诸元。舰载观察设备有光学观察设备、红外观察设备、雷达、声呐、微光观察设备和电视等。

舰船通信设备的任务是传递消息,以保证指挥及战斗协同,要求快速性、可靠性、保密性好。通信设备的种类有视觉通信设备(光学、旗帜和形体)、无线电设备和水声通信设备。

舰船导航设备是用来指示航向、航速、航程、舰位的设备,以保障舰船安全航行和保证武器系统的准确使用。用于指示航向的设备有磁罗经、电罗经、平台罗经等;指示航速和记录航程的设备有各种记程仪;测量水深的设备有各种探测仪;测定舰位的仪器有磁罗经、电罗经、惯性导航仪、六分仪、无线电定位仪、无线电定向仪、卫星导航接收机等。

6．舰船装置和系统

舰船除了坚固耐用的船体和良好的航行性能外,还必须装备各种控制舰船运动、实现停泊、保证海上安全、装卸物资的装置,以及其他的专用器具和机械,以使舰船能完成其使命。这种舰船用的器具和机械就是舰船装置。

舰船装置又分为通用船体设备、特种船体设备。

舰船系统是指舰船上用以输送流体的管路、仪表、阀件、动力机械、附属机械及其附件的统称。它是为舰船达到良好的航行性能和安全航行创造条件,并满足舰船管理和船上人员生活需要而设置的。舰船系统包括消防系统,通风、空调、取暖、冷藏系统,舱底系统,污水系统,生活用水系统等。

1.3.2　潜艇系统构成

潜艇由于经常在水下活动,其在系统组成方面有一些特殊要求,如潜浮系统、潜望镜、均衡系统等都是潜艇特有的系统。图 1-19 所示是某潜艇全系统组成结构。

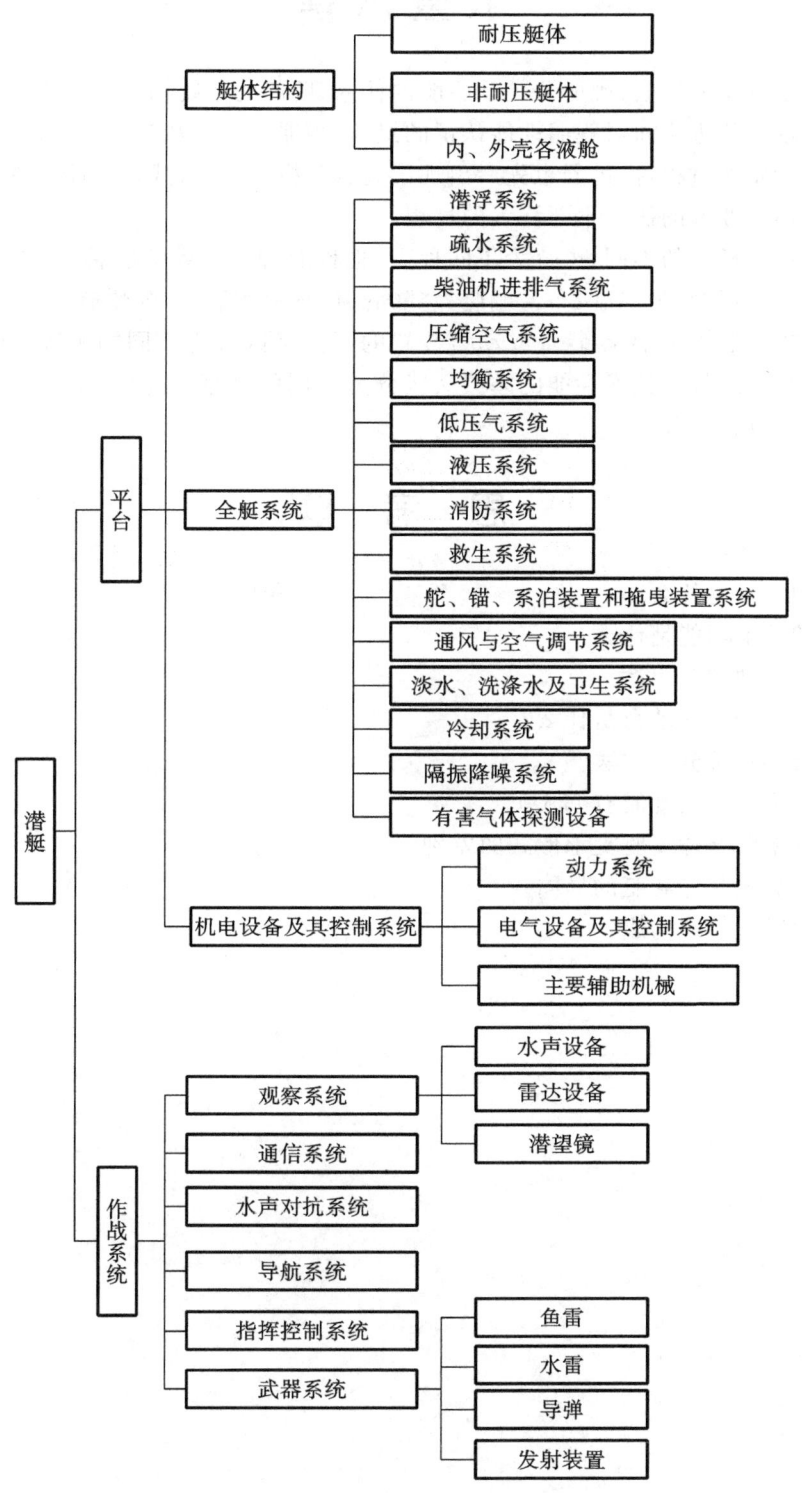

图 1-19 潜艇全系统组成结构

本 章 小 结

本章介绍了舰船的形成、舰船分类及舰船的任务、舰船的系统构成。

随着技术水平的进步和对舰船性能认识的提高,舰船经历了从筏、独木舟、木板船、大木板船到钢质船等的发展过程,推进器也先后出现了篙、桨、橹、帆等形式。舰船发展过程也是人们对浮力、稳性、不沉性等的认识不断深入的过程。

舰船根据使命任务的不同,可分为不同种类,也称舰种。主要的舰种有:潜艇、航空母舰、战列舰、巡洋舰、驱逐舰、护卫舰、布雷舰艇、登陆舰艇、扫雷舰艇、导弹快艇、鱼雷快艇等。同一舰种的舰船,按其排水量、武器装备或动力装置的不同又区分为不同的舰级。同一舰级的舰船,按其外形、构造或战术技术性能的差异又区分为不同的舰型。此外,每一种舰船有时还根据它的某些特征进行区分。

思 考 题

1. 船舶的雏形是什么?
2. 船舶的基本功能是什么?
3. 简述舰船种类及用途。
4. 舰船发展变化的动力是什么?
5. 舰船有哪几种分类方法?
6. 按支承形式分类舰艇有哪几类?
7. 简述气垫船与冲翼艇支承形式的差别。
8. 分析水翼艇与冲翼艇的异同。
9. 舰船由哪些系统构成?

第2章　舰船外形与内部区划

　　舰船外形、主要参数确定及内部区划设计是舰船设计的主要内容,它决定了舰船的宏观特性,是舰船设计中其他内容的基础。舰船外形与区划涉及固体与流体的相互影响、电磁波的作用与反射规律、不沉性与防火特性、舰船装备之间的影响、美学等,是科学、经验与规则、艺术相结合的产物。本章分别介绍舰船的外形、舰船的主要参数、舰船内部空间分层和分舱要求、舰船内部区划、装备布置要求等内容。

2.1　舰船的外形

　　认识一艘舰船,首先是了解其外形尺度,然后是明确其外形特征,而外形尺度及特征又决定了舰船的总体性能。

　　如1.1.3节所述,按照支承方式,可以将船舶分为空气动力支承型、空气静力支承型、水动力支承型和静水力支承型(排水型)这几大类,这几类船型在外形上有显著区别,本文仅讨论排水型船舶的外形特点。

　　从外形上看,排水型船舶船体可分为三个部分,即主船体、舷台、上层建筑,如图2-1所示。对于已经下水服役的水面舰船,通常我们只能看到其水面以上的部分。

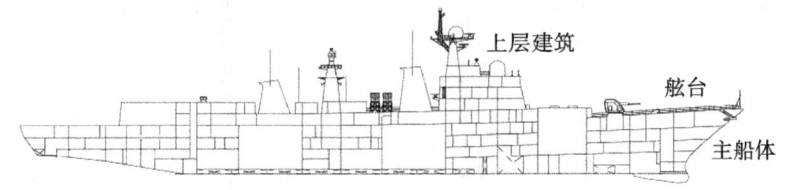

图 2-1　排水型船舶船体构成

主船体部分通常采用型线图(见图2-2)和型值表来表征。

2.1.1　船体型线图

1. 船体型表面

　　船体外形呈具有双重曲度的复杂形状,同时还有各种形状复杂的突出部分。为了表示和使用方便,型线图表示的仅是不包括突出部分的裸船体的外形。船体的外板具有厚度,它有内表面和外表面两层表面。对金属船体来说,型线图表示的是裸船体外板内表面的形状。这是因为船体外板的厚度在整个船上的分布是不相同的,其外表面不是一个平滑的曲面;其内表面要与骨架装配,是一个平滑的曲面。所以,将船体外板的内表面称为船体型表面。

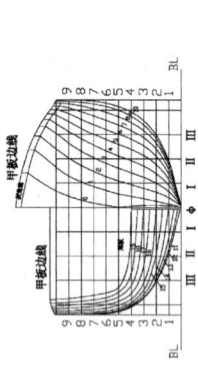

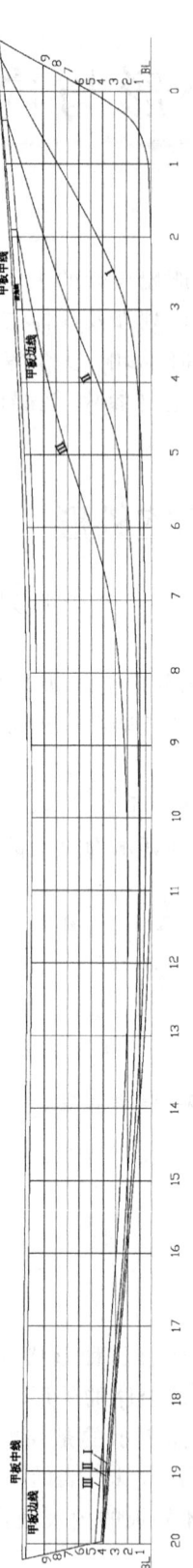

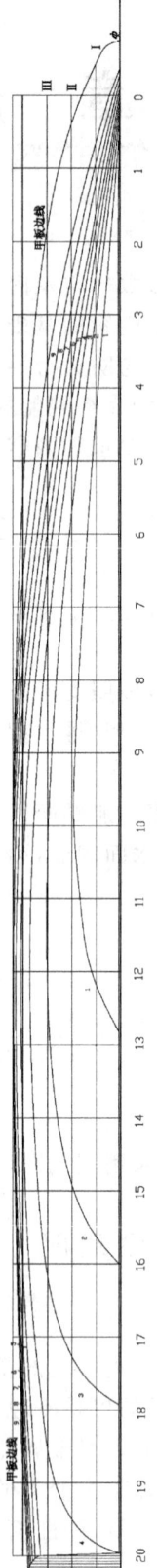

图 2-2　某舰船型线图

2. 三个基本投影面

为了将船体的型表面用平面图形表示,型线图的绘制仍采用工程制图所用的直角投影的原理和方法。首先取三个基本剖切平面作为基本投影面,然后应用一系列平行于三个基本投影面的剖切平面去剖切船体,并将这些剖切平面与船体型表面的交线投影在三个基本投影面上,这样便组成了型线图。

型线图的三个基本投影面分别是中线面、设计水线水平剖面和中站面,它们是三个相互垂直的平面。

(1) 中线面是将船体分为左、右两部分的纵向(船长方向)铅垂平面,如图 2-3 所示。自艉向艏看,左侧为左舷,右侧为右舷。中线面与船体型表面的交线称为外廓线,它由艏轮廓线、龙骨线和艉轮廓线组成。中线面与甲板型表面的交线称为甲板中线。外廓线与甲板中线所围成的船体剖面称为中纵剖面。

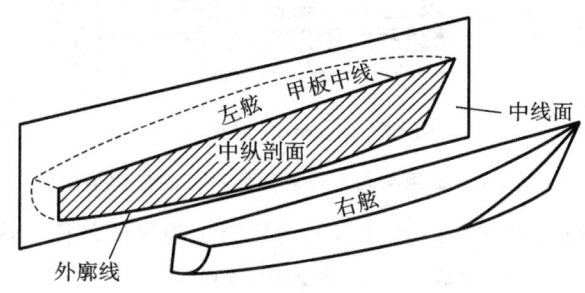

图 2-3　中线面与船体交线

(2) 设计水线水平剖面是通过船的设计水线(通常为正常排水量下的吃水线)所作的一个水平剖面,它与中线面是互相垂直的,如图 2-4 所示。对于潜艇,它是潜艇最大宽度处的水平剖面,故称为最大水线水平剖面。设计水线水平剖面与船体型表面的交线称为设计水线。设计水线所围成的船体剖面称为设计水线面。设计水线水平剖面将船体分为水上部分和水下部分。

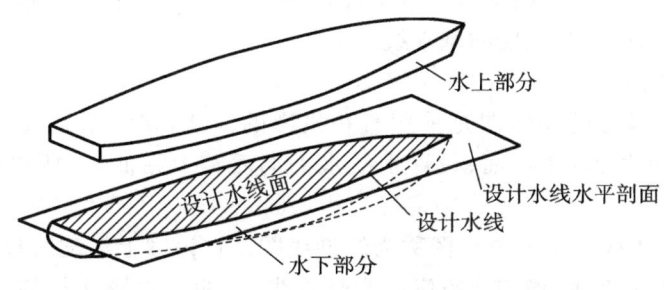

图 2-4　设计水线水平剖面与船体交线

(3) 中站面是通过设计水线长(或垂线间长,潜艇取水密艇体长度)的中点所作的横向(船宽方向)铅垂平面。它与中线面和设计水线水平剖面互相垂直,如图 2-5 所示。中站面与船体型表面的交线称为中横剖线。中站面与甲板型表面的交线称为梁拱线(亦称甲板线)。中横剖线与梁拱线所围成的船体剖面称为中横剖面。中站面将船体分为前体和后体两部分。

3. 三组剖切平面和基本型线

三个基本剖切平面与船体相交得到的外廓线、甲板中线、设计水线、中横剖线和梁拱线等型线只表示船体基本的轮廓形状。为了完整地表示船体的外形及其在长、宽和高三个方向上

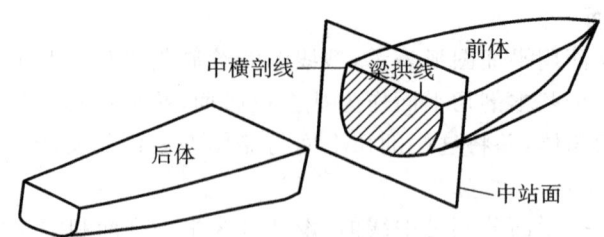

图 2-5　中站面与船体交线

的变化情况,还需另外确定两组分别与上述三个基本剖切平面相平行,并与船体型表面相交的剖切平面,如图 2-6 所示。

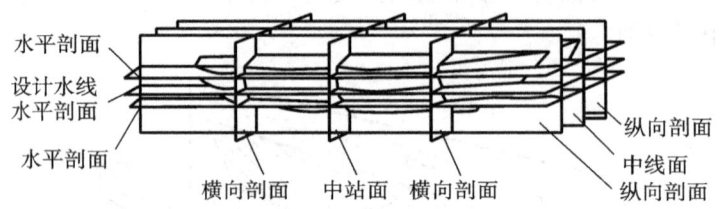

图 2-6　三组与基本投影面相平行的剖切平面

(1) 剖切船体而平行于中线面的各纵向剖切平面称为纵向剖面。纵向剖面与船体型表面的交线称为纵剖线,由纵剖线所形成的平面称为纵剖面。

(2) 剖切船体而平行于设计水线水平剖面的各水平剖切平面称为水平剖面。水平剖面与船体型表面的交线称为水线,由水线所形成的平面称为水线面。

(3) 剖切船体而平行于中站面的各横向剖切平面称为横向剖面。横向剖面与船体型表面的交线称为横剖线,由横剖线所形成的平面称为横剖面。

纵剖线、水线和横剖线统称为基本型线。此外,还有其他的一些型线。舰船甲板(对于潜艇为上层建筑甲板)型表面的边缘线称为甲板边线。底部龙骨的型表面与中线面的交线称为龙骨线。通过龙骨线与中横剖线交点的水平面称为基平面。基平面与纵向剖面、横向剖面的交线称为基线,它是高度方向量度的基准线。

4. 型线图的组成

表示船体型表面外形的型线图是采用直角投影的方法,将各组型线(纵剖线、水线、横剖线)投影到三个基本投影面(中线面、设计水线水平剖面和中站面)上所组成的图形,如图 2-2 所示。

(1) 各组型线在中线面上的投影图称为纵剖线图。在该图上纵剖线投影后保持其真实形状。水线投影后为水平直线,横剖线投影后为竖直线,这两组投影线是相互垂直的直线,组成了纵剖线图的格子线。甲板边线在该图上投影后是非真实形状的曲线。

(2) 各组型线在设计水线水平剖面(对于潜艇为最大水线水平剖面)上的投影图称为半宽水线图。在该图上水线投影后保持其真实形状。由于船体外形是左右对称的,即水线关于中线面对称,故在投影图上只画出中线面左侧的水线,此即半宽水线图名称的由来。纵剖线和横剖线在该图上投影后分别为水平线和铅垂线,组成了半宽水线图的格子线。甲板边线投影后亦是非真实形状的曲线。

(3) 各组型线在中站面上的投影图称为横剖线图。在该图上横剖线投影后保持其真实形状。由于横剖线关于中线面对称,故在投影图上只画出中线面一侧的型线。自中横剖面至艏端的各横剖线右半部分画在横剖线图的右边；中横剖面至艉端的各横剖线的左半部分画在横剖线图的左边；水线和纵剖线在该图上投影后分别为水平线和铅垂线，组成了横剖线图的格子线。甲板边线投影后亦是非真实形状的曲线。

型线图上一般还附有型值表，表上注明 0～10 各站的水线半宽和纵剖线高度。它们是船体形状的数值度量。

型线图完整地表示了船体的形状。它既是工厂船体建造施工的重要依据，又是舰船各项性能计算的基础。因此，对型线图绘制的精度要求较高，三个视图上除了投影的点要准确外，还要求曲线光顺和协调一致。

2.1.2　水面舰船外形特征

水面舰船包括航空母舰、巡洋舰、驱逐舰、护卫舰等多种舰船，本节以驱护舰（驱逐舰和护卫舰的统称）为重点，着重对这些水面舰船共有的基本特征进行阐述。

1. 水面舰船舰型

水面舰船上层建筑是水面舰船主船体上甲板以上的围蔽结构和附属结构的统称，通常包括船楼、甲板室等结构。其作用有：增加舰船有效利用空间与面积，从而可更多地布置各种舱室；提高舰桥高度，便于操纵与指挥；方便武器的布置，使舰炮与导弹分层布置，避免其相互影响，增大射界；方便设置较高的桅杆和安装相控阵雷达等，增强舰船的通信、导航、警戒和火控能力。此外，船楼还可以增大干舷，减少甲板上浪，改善舰船的适航性等。

船楼是宽度伸到两舷，其侧壁与外板在同一平面内的舱室围蔽结构。位于艏部的称为艏楼，位于舯部的称为桥楼，位于艉部的称为艉楼。艏楼主要用于防止或减少波浪涌上甲板，内部一般设置工作室和仓库，其长度为船长的 10% 左右，超过船长的 20% 时称为长艏楼。桥楼主要用于提供居住空间，保护舯部机舱、炉舱，避免其受波浪冲击。其长度大于船长的 15% 时称为长桥楼。桥楼通常为多层结构，并位于舰船重心附近。在桥楼顶部前端设有舰桥，即航行指挥部位。现代水面战斗舰艇通常不设艉楼，因其会妨碍武器的有效使用；但有的勤务舰船设置了艉楼，用以布置舰员的居住舱室，并减轻船艉的上浪程度。甲板室结构是宽度不伸到两舷的舱室围蔽结构，主要用于提供各种舱室空间。

上层建筑结构的形式、长度和层数取决于舰船的类型、主尺度和使命，并与总体舱室布置、武器布置、生活居住条件和航海性能等密切相关。为便于观察和指挥，减少射击死角，上层建筑通常为上小下大的塔形或阶梯形结构。

现代舰船由于布置和隐身的需要，船楼结构形式主要为长艏楼结构和长桥楼结构，或者艏楼延伸至与桥楼连为一体，形成从艏至艉部机库直通的长船楼甲板型船型结构，这样不仅可增大可利用容积，而且可布置内部通道，更好地适应作战的需要。

现代水面舰船的上层建筑结构趋向于减少层次、降低高度、改善结构形式、增强结构的密闭性，外廓呈分层多折角内倾；采用新结构、新材料或新涂料，以吸收雷达电磁波或减弱反射波，提高隐蔽性。

舰型通常是指舰船水上部分主舰体的建筑形式，舰型有低平甲板型、短艏楼型、长艏楼型、高平甲板型（见图 2-7）。

图 2-8 所示是中国第一代导弹驱逐舰（110 舰）。该舰采用低平甲板型，从艏到艉只有一层连续甲板，这样布置的好处是结构简单、重量轻，便于达到较高的航速，缺点是内部容积较

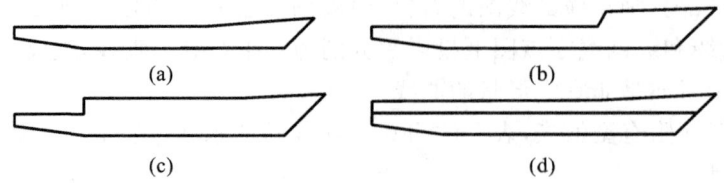

图 2-7　舰型

(a)低平甲板型;(b)短艏楼型;(c)长艏楼型;(d)高平甲板型

小,在 20 世纪 80 年代以前许多国家的驱逐舰、护卫舰大多采用这种形式。图 2-9 是中国从俄罗斯采购的现代级导弹驱逐舰(136 舰)。该舰是短艏楼型。这种形式的优点是可加高艏部干舷,防止甲板上浪,且舰重量也较轻,缺点是内部容积也较小。图 2-10 所示是中国海军第二代导弹驱逐舰(113 舰)。该舰采用高平甲板型,这种形式是在低平甲板型基础上再加一层从艏到艉的连续甲板而形成的,增加了内部的容积,适应现代舰船对大容积的需要,缺点是舰船侧投影面积较大,隐身性能和抗风能力较差,重量也较大,不利于速度的提高,但综合来说利大于弊,20 世纪 70 年代后许多舰船都采用了高平甲板型与长艏楼型的形式。

图 2-8　中国第一代导弹驱逐舰

图 2-9　现代级导弹驱逐舰

图 2-8 中 110 舰有三个独立的中部甲板室。图 2-9 中 136 舰有艏楼、中甲板室。图 2-11 所示为中国海军某护卫舰的中桥楼与甲板室外形图。图 2-12 所示登陆舰具有艉楼或岛形上层建筑的形式。一般低平甲板、短艏楼与大的上层建筑相配,长艏楼、高平甲板与小的上层建筑相连。选择何种舰型与上层建筑形式取决于舰船对容积的要求、装备的使用要求、耐波性的要求、设计师设计习惯。

图 2-10　中国海军第二代导弹驱逐舰

图 2-11　中国海军某护卫舰的中桥楼与甲板室

图 2-12　中国海军某小型登陆舰的岛形上层建筑

2. 主船体外形

为了改善舰船的性能,特别是为了增强快速性,舰船设计和研究人员进行着不懈的努力,他们根据各种需要和可能,研究开发出了许多种特殊的船体型线,这些型线的特殊性大多集中表现在舰船的艏、艉部分。

主船体形状,尤其是水下部分的形状设计与弗劳德数(Fr,$Fr = v/\sqrt{gL}$,v 表示航速,g 为重力加速度,L 为水线长度)紧密相关,低速船与高速船的外形设计有明显差别,其设计原则也不同。这里所说的"低速""高速"并非指绝对速度,而是一个相对概念。通常 $Fr < 0.22$ 的称为低速船,Fr 介于 0.22 和 0.36 之间的称为中速船,$Fr > 0.36$ 的称为高速船。因此,舰船绝对速度大的不一定就是高速船,绝对速度小的也不一定就是低速船。绝对速度大,船长也很大,有可能是低速船;绝对速度小,但是船长也小,有可能是高速船。高速船通常比较细长,低速船相对肥大一些。

1) 设计水线形状

在水面舰船设计中,当排水量、主尺度等已经确定时,由于水面附近排水体积对兴波阻力(船体总阻力的组成之一)的影响较大,因此设计水线成为最重要的曲线。在船体宽度 B 给定的情况下,对阻力影响最大的是水线半进流角 i_E 和艏、艉端部的形状,如图 2-13 所示。

水面舰船通常航速较高,设计水线艏端不应采用凹形,而应采用直线形或者凸形。高速水面舰船通常采用方艉,因此设计水线时,艉部形状与方艉较宽的艉板宽度相配合,并尽可能遮盖住螺旋桨,以减少空气吸入。

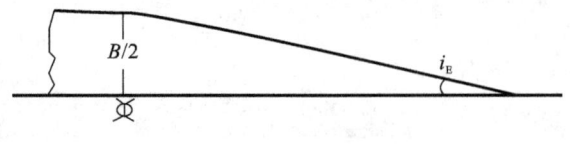

图 2-13　半宽水线图

2)横剖面形状

横剖面形状对阻力影响不大,但其会通过影响纵剖面形状而影响水流的纵向流动,因此在确定横剖面形状时主要考虑它对纵向流动的影响。另外横剖面形状对波浪中的底部砰击有一定影响。

横剖面形状一般可分为 U 形和 V 形,及介于这两种形状之间的中间形。通常水面舰船中巡洋舰的横剖面形状多为 U 形,驱逐舰多采用中 U、V 的中间形,而护卫舰多采用 V 形。高速水面舰船的最大横剖面多位于舰船的舯后。

3)艏柱形状

现代舰柱的艏柱形状有直线型、飞剪型、破冰型和大圆弧型几种类型,如图 2-14 所示。目前采用较多的是直线型前倾艏柱,倾角大约为 30°。这种形式的艏柱设计对增强舰船在波浪中的快速性有利;增加了艏部甲板的长度和面积;构造简单,外形美观。不足之处是减小设计水线以下水线半进流角有困难,对保持航向稳定性不利。

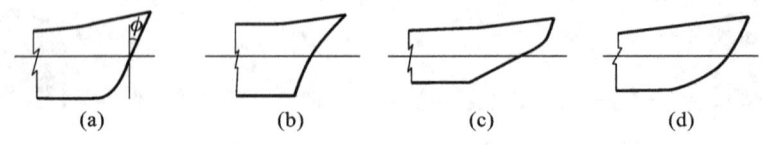

图 2-14　艏柱形状

(a)直线型;(b)飞剪型;(c)破冰型;(d)大圆弧型

4)球鼻艏

对民船而言,安装球鼻艏的目的就是减小阻力,提高航速。设计优良的球鼻艏最高降阻比例可达 20%。对水面舰船而言,安装球鼻艏的主要目的就是为声呐的安装提供空间,即将球鼻艏用作声呐罩。球鼻艏为保证声呐的安装空间和声呐的有效工作,往往起不到减小阻力的作用,相反还会增加阻力。因此水面舰船球鼻艏设计的原则是在满足声呐的安装和工作的前提下,尽可能地使由此带来的阻力增加最小。如图 2-15 所示为某军舰球鼻艏形状。

5)艉端形状

水面舰船艉型一般有方艉和巡洋舰艉两种,如图 2-16 所示。$Fr<0.4$ 的水面舰船多采用巡洋舰艉或方艉,$Fr>0.4$ 的高速水面舰船多采用方艉。

巡洋舰艉延长了设计水线的长度,有利于减小兴波阻力,同时对螺旋桨的遮盖功能较好,可提高推进效率,且艉部容积较大,利于布置传动机械及工作舱室,可以减小艉倾和艉部拍击现象。

采用方艉的水面舰船相当于在湿面积不增加的情况下增加了设计水线长度,且因为方艉

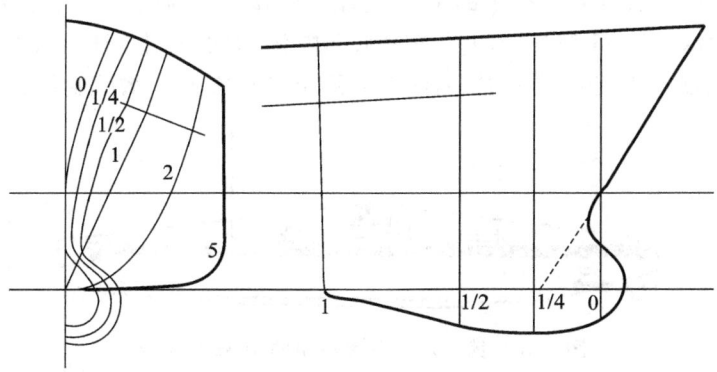

图 2-15　某军舰球鼻艏形状

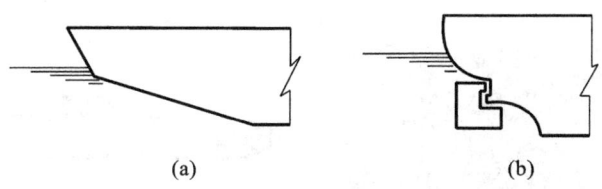

(a)　　　　　　　　　　　　　(b)

图 2-16　方艉和巡洋舰艉

（a）方艉；（b）巡洋舰艉

底部水流平直地由艉部断离，损失能量小，所以有利于航速的提高。同时，采用方艉还有以下好处：

（1）艉部容积大，可减少航行时的艉倾；

（2）方艉比较丰满，利于艉部舵机舱、推进器的布置；

（3）艉部水线丰满，有利于改善舰船的横稳性；

（4）艉部水线较宽，可更有效地遮盖螺旋桨。

因为方艉具有较平坦艉部和较平直的艉封板，所以存在倒车性能差和在波浪中易产生拍击现象等缺点。

2.1.3　潜艇外形特征

1. 现代潜艇建筑形式的变迁

随着时代的变迁和科学技术的发展，潜艇的使命和使用方式都在不断地发展，与之相适应的潜艇建筑形式和外形也在不断演变。在现代潜艇发展的进程中有如下五种标志性的艇型。

（1）原始水滴型　19 世纪末期至 20 世纪初期的"霍兰"号潜艇，其艇型为原始水滴型，如图 2-17 所示。

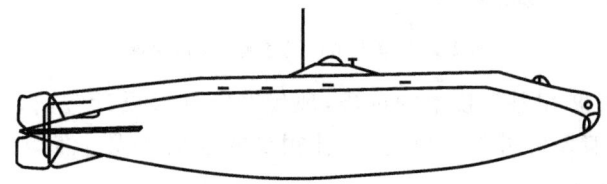

图 2-17　"霍兰"号潜艇外形

（2）舰队型　第一次世界大战中的 U-35 型潜艇,其艇型为由水面舰船演变而来的舰队型艇型,如图 2-18 所示。U-35 型潜艇因受当时水下能源制约,加上当时反潜技术不高,设计思想转向以满足水面航行性能要求为主,因此在外形上有点类似于水面舰船。

图 2-18　第一次世界大战中的 U-35 型潜艇

（3）流线型　第二次世界大战末期德国海军的 U-XXI 型潜艇,如图 2-19 所示,其艇型为适应水下航行的流线型。

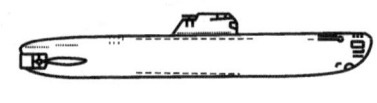

图 2-19　德国海军的 U-XXI 型潜艇外形

（4）现代水滴型　20 世纪 50 年代初期的"大青花鱼"号试验潜艇,如图 2-20 所示,为水下航行性能优良的现代水滴型艇型。

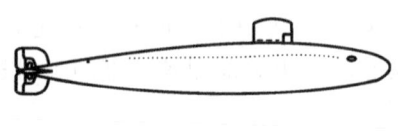

图 2-20　美国"大青花鱼"号试验潜艇外形

（5）长水滴型　美国"鹦鹉螺"号核潜艇,如图 2-21 所示,为满足装艇设备布置的需要,在水滴型中间插入一段平行中体,从而形成了长水滴型艇型。

图 2-21　美国的"鹦鹉螺"号核潜艇

由于反潜技术的发展和科学技术的进步,现代潜艇外形设计转向以满足水下航行性能需求为主,与此相适应的艇型为外形光顺、突出体很少的水滴型或过渡型;船体一般为单壳体、双壳体或单双混合壳体结构。

潜艇建筑形式反映潜艇的内、外部结构和外形样式的总体特点,确定潜艇建筑形式时必须综合考虑多方面的因素。潜艇建筑形式的选取原则可归纳为以下几点：

（1）有利于总体布局；

（2）能提供良好的航行性能（含流体动力和流体噪声性能）；

（3）有利于提高潜艇的生命力，或与规定的生命力要求相适应；

（4）保证船体结构合理性，具有足够结构强度和稳定性；

（5）结构重量要轻，建造工艺简便；

（6）有利于潜艇主要战术技术性能的实现。

2. 潜艇外形的组成

构成一艘潜艇外形的主要部件有：主艇体（裸艇体）、指挥室围壳、操纵面及各种用途附体的导流罩（如小型声呐的导流罩、压铁龙骨导流罩等）。现代潜艇的外形组成如图 2-22 所示。

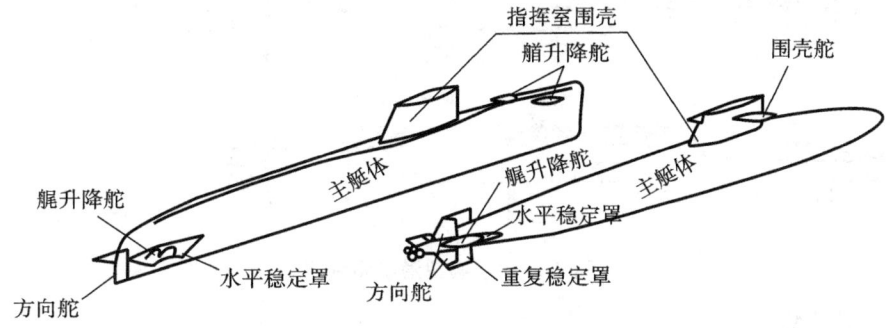

图 2-22　现代潜艇外形组成

潜艇外形设计与艇的建筑形式、总体布置有着密切的关系，外形设计的成功与否又直接影响着潜艇的航海性能。现代潜艇外形设计通常是在满足建筑形式和总布置设计要求的前提下，以追求水下噪声最小和水下快速性最优为出发点而进行的。

常见的潜艇艇型有以下三种。

1）常规型

常规型是一种具有楔形艏和扁平艉的潜艇艇型，现代潜艇已很少采用。常规型潜艇型线图如图 2-23 所示。

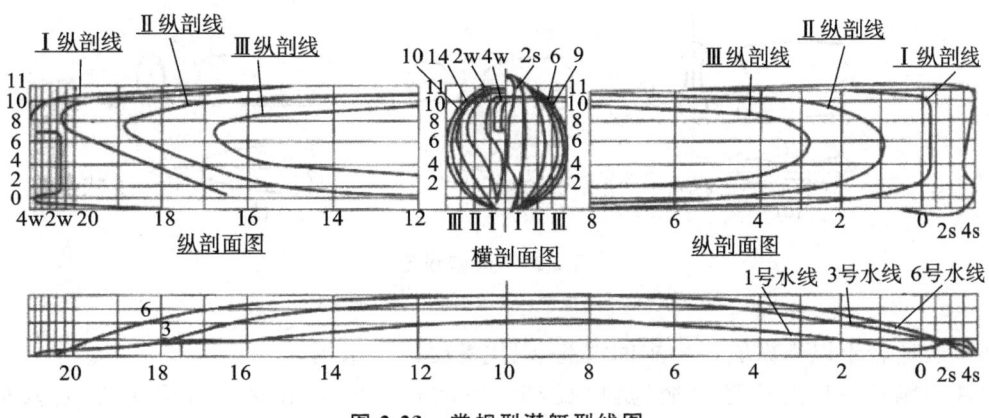

图 2-23　常规型潜艇型线图

2）水滴型

标准的水滴型艇型是一种纵剖面形状为水滴形，横剖面呈圆形的潜艇艇型，如图 2-24 所示。由于设备布置的需要,标准的水滴型艇型在实艇设计中采用不多,一般在标准水滴型的进流段和去流段之间插入一段平行中体(可理解为圆柱体),形成长水滴型艇型。

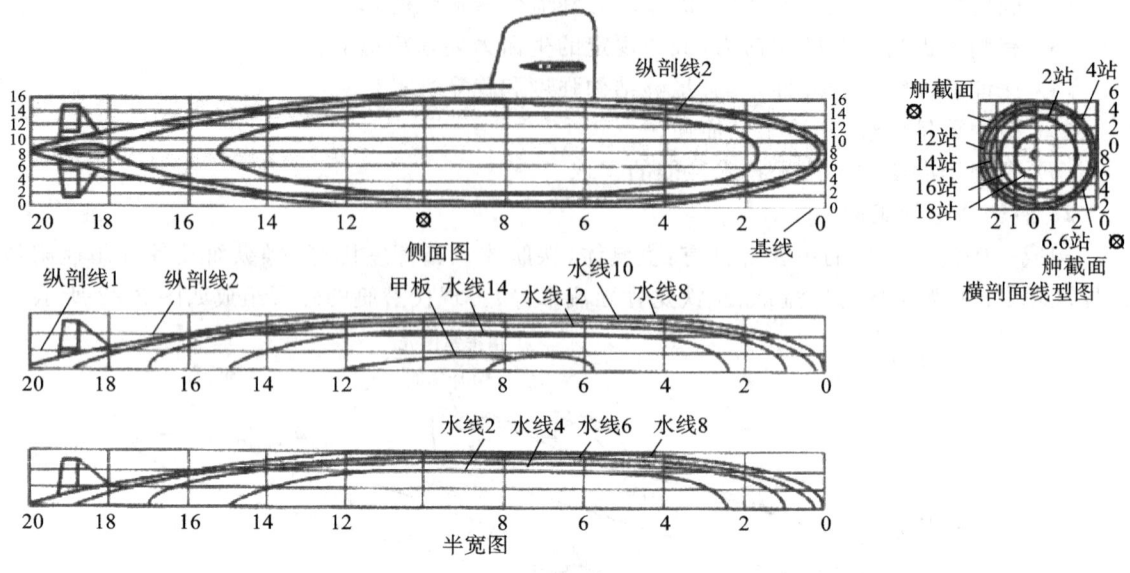

图 2-24　水滴型潜艇型线图

3) 过渡型艇型

过渡型艇型是一种介于水滴型和常规型之间的潜艇艇型,通常具有直艏和回转体尖艉。

3. 潜艇的艏型

潜艇的艏型有三种基本形式,即楔型、水滴型和过渡型,如图 2-25 所示。

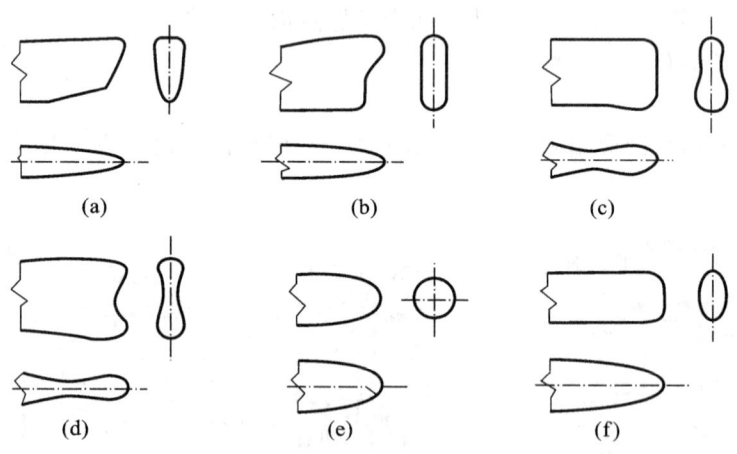

图 2-25　潜艇艏型

(a)～(d)楔型;(e)水滴型;(f)过渡型

楔型艏适合于以水面航行为主的潜艇,现代潜艇已不采用。

水滴型艏是一种对称型艇艏,是以提高水下航行性能为出发点而设计的,对水面航行不利。

过渡型艏适用于以水下航行为主又兼顾水面航行的潜艇,根据艇艏布置的实际需要,可采用此种艏型。

常规潜艇艏型的选择与潜艇的活动海区、航行性能侧重面、携带燃油的数量及艏部鱼雷发射管与水声设备的布局等都有关系,有时需要设计多个方案以进行分析比较。

4. 潜艇的艉型

潜艇的艉型与主推进轴系数量密切相关,且艉型选取还应当与艉操纵面的总体布局一起考虑。

潜艇艉型分为双轴潜艇艉型和单轴潜艇艉型,如图 2-26、图 2-27 所示。目前双轴潜艇艉型使用较少,主要采用的还是单轴潜艇艉型。

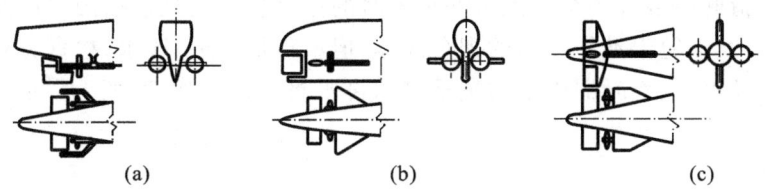

(a)　　　　　　　　(b)　　　　　　　　(c)

图 2-26　双轴潜艇艉型

(a)仿水面舰船型;(b)扁平型;(c)锥体型

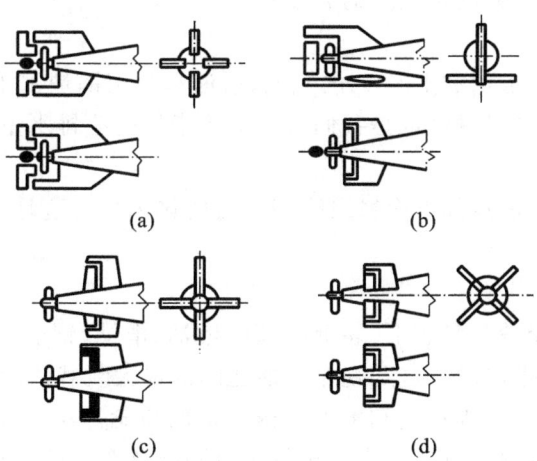

(a)　　　　　　　　(b)

(c)　　　　　　　　(d)

图 2-27　单轴潜艇艉型

(a)、(b)闭式"十"字型;(c)敞式"十"字型;(d)"X"型

2.2　舰船的主要参数

舰船的主要参数一般指的是排水量、主尺度和船型系数,它们是描述舰船几何形状的一些最基本的特征参数。这些要素对舰船的主要战术技术性能诸如快速性、稳性、适航性、不沉性、强度,以及总布置、经济性等都有重大影响,对舰船质量的好坏有决定性的影响。本节主要介绍舰船主要参数的定义与外延。

2.2.1　排水量

排水量是舰船最主要、最基本的性能指标之一,它规定了舰船的大小。排水量也是舰船强度、快速性等计算的基本依据。排水量是舰船自由漂浮于静水中,保持静态平衡时所排开的水的重量；也可表述为舰船所有重量之和。

舰船的排水量等于舰船重量，舰船重量由一系列重量相加而成，它基本上可以分为两类，即不变重量和可变重量。不变重量通常包括船体、武器装备、动力装置、各种装置设备和固定压载等的重量。可变重量通常指人员、粮食、淡水、燃料、供给水和压载水等的重量。

根据可变重量装载状况的不同，军用舰船排水量通常分为空载排水量、标准排水量、正常排水量、满载排水量、最大排水量。

1. 空载排水量

空载排水量指舰船装备齐全但无可变重量时的排水量。它是包括固定压载、备件、管系及设备中的液体，以及液舱中不能吸出的剩余液体，但不包括人员、淡水、粮食、燃料、滑油、弹药、供应品、软水，以及锅炉、冷凝器中水的重量时的排水量。这是舰船建造后可能达到的最轻装载状况。

2. 标准排水量

标准排水量指空载排水量加上全额人员、粮食、淡水、弹药、供应品、软水以及锅炉和冷凝器内所保持一定水位的水量，但不包括燃油、滑油和备用锅炉水重量时的排水量。这是舰船上燃油、滑油和备用锅炉水全部消耗完时的装载状况。

3. 正常排水量

正常排水量指标准排水量加上 50% 的燃油、滑油和备用锅炉水重量时的排水量。这个排水量通常作为舰船设计时的指标，也是我们习惯上所指的舰船排水量。

4. 满载排水量

满载排水量指空载排水量加上全额可变载重时的排水量。这是一般情况下舰船出航时的装载状况。

5. 最大排水量

最大排水量指在舰船满载状态下，装上超额的燃油、滑油、锅炉水、弹药以及超编的人员、粮食、淡水等的重量时的排水量。这是舰船可能达到的最大装载情况。

此外，对于潜艇还有水下排水量和水下全排水量的概念。水下排水量指正常排水量加上全部主压载水舱中水重量的总重量。水下全排水量则指整个艇体（包括非水密部分）所排开水的重量。

某些辅助舰船通常只标有两种排水量，即空载排水量和满载排水量。

2.2.2　主尺度与船型系数

主尺度描述了舰船的宏观尺寸，是舰船主要指标之一。

舰船的主尺度有长、宽、高三类，长度指的是总长 L_{max}、设计水线长 L、垂线间长 L_{PP}，宽度指的是型宽、设计水线宽，高度指的是型深、吃水（艏吃水、艉吃水、平均吃水），具体如图 2-28 所示。

1. 水面舰船主尺度

水面舰船主尺度包括如下尺寸。

（1）总长（L_{max}）：船体型表面艏、艉两端之间的最大水平距离。

（2）垂线间长（L_{PP}）：艏垂线与艉垂线之间的水平距离。艏垂线指通过船艏端点所作的设计水线的垂线。艉垂线指通过舵柱后缘端所作的设计水线的垂线。

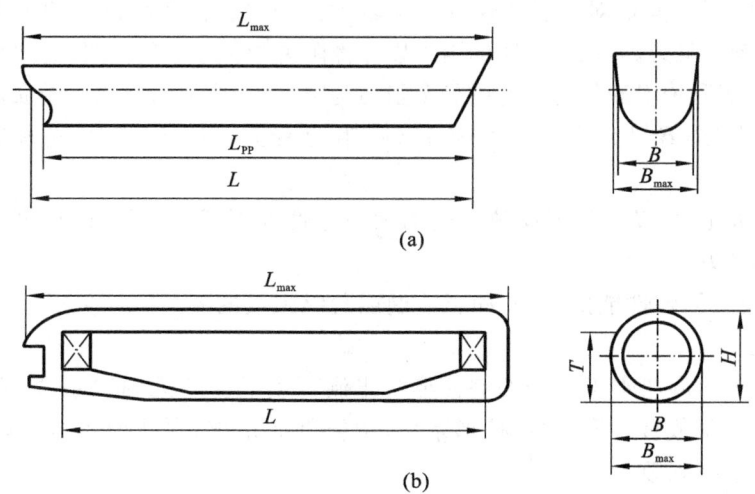

图 2-28　舰船的主尺度

(a)水面舰船的主尺度；(b)潜艇的主尺度

（3）设计水线长（L）：指设计水线面与船体型表面艏、艉柱交点之间的水平距离（对于民船通常取垂线间长）。船体型表面是指不包括附体在内的船体外板内表面。

（4）型宽（B_{max}）：指船体型表面两舷（包括外板和永久性固定突出物如护舷材、水翼等）之间的最大水平距离，又称为最大宽。

（5）设计水线宽（B）：设计水线处船体型表面两舷之间的水平距离。

（6）型深（D 或 H）：指舰船中横剖面处，基线至舷弧线（指甲板边线在侧视方向的投影线）之间的铅直距离。

（7）吃水（T）：通常指在中横剖面上，自基线至设计水线的铅直距离。

在艏垂线处基线至设计水线的铅直距离称为艏吃水（T_f）；在艉垂线处基线至设计水线的垂直距离称为艉吃水（T_a）。T_f、T_a 的平均值称为平均吃水。

2. 潜艇的主尺度

潜艇的主尺度包括如下尺寸。

（1）最大长 L_{max}：指艏、艉端之间的水平距离。

（2）巡航水线长：巡航水线面与艏、艉柱相交两点之间的水平距离。

（3）水密壳长 L：艏、艉主压载水舱外舱壁之间的距离。

（4）耐压壳长：耐压壳体两端之间的距离。

（5）最大宽 B_{max}：外壳最宽部两点之间的距离。

（6）舷高 H：潜艇中横剖面处外壳上、下两点之间的铅直距离。

（7）全高：艇体下端点与升降装置降下时上端点或指挥室围壳突出部上端点之间的铅直距离。

（8）最大高：指艇体下端点与升降装置升起时上端点之间的铅直距离。

（9）吃水 T：指在中横剖面处基线至巡航水线之间的铅直距离。艏舱壁处的吃水称为艏吃水，水密壳艉舱壁处的吃水称为艉吃水。

3. 主尺度比

主尺度比是反映船体的长短和肥瘦的特征值，主要包括以下几种尺度比。

(1) 长宽比(L/B)：其值对舰船快速性影响较大。一般舰船在航行中的阻力按其性质主要分为摩擦阻力和剩余阻力。中、低速船的阻力以摩擦阻力为主，适当减小长宽比对增强快速性有利；高速船如驱逐舰和护卫舰等的阻力以剩余阻力为主，适当增加长宽比对增强快速性有利。

(2) 宽度吃水比(B/T)：其值与舰船稳性、阻力有关。B/T 越大，稳性越好，但阻力也越大。

(3) 型深吃水比(D/T)：其值反映舰船的大角稳性和不沉性。D/T 大，舰船储备浮力大，大角稳性和不沉性好。

此外，还有反映回转性能的 L/T 和影响舰船总纵强度的 L/D。

4. 船型系数

船型系数是表示舰船水下部分的舰体形状丰满程度的一些无因次系数，它们都与船的航行性能有关。船型系数有方形系数、棱形系数、中横剖面系数、水线面系数、垂向棱形系数等，其中主要有以下一些系数。

(1) 方形系数(C_b)：指设计水线以下排水体积 V 与其相对应的设计水线长、设计水线宽和设计吃水的乘积之比值，即

$$C_b = \frac{V}{L \times B \times T} \tag{2-1}$$

对于高速船，C_b 的变化对快速性的影响很大，减小 C_b 能使剩余阻力减小，但摩擦阻力会有所增加。

(2) 中横剖面系数(C_m)：指中横剖面在设计水线下的面积 A_M 与其相对应的设计水线宽和设计吃水的乘积之比值，即

$$C_m = \frac{A_M}{B \times T} \tag{2-2}$$

C_m 反映设计水线以下中横剖面的丰满程度。对于高速船，C_m 的值一般较小，以追求较好的快速性。对于中、低速船，C_m 值一般都较大。

(3) 水线面系数(C_{wp})：指设计水线面面积 A_S 与其相对应的设计水线长和设计水线宽的乘积之比值，即

$$C_{wp} = \frac{A_S}{L \times B} \tag{2-3}$$

C_{wp} 的变化对舰船的稳性影响很大。在排水量和主尺度不变的条件下，增大 C_{wp} 就增大了设计水线面的面积，因此稳心半径 r 也就增加了。同时，C_{wp} 对快速性的影响也较大。为保证快速性，高速船要求水线半进流角小，艏段设计水线有一直线段，具有较宽的艉形，这些条件都与 C_{wp} 值的大小有直接的关系。

主尺度比和船型系数的大小对舰船的各种航海性能都有重要影响。表 2-1 列出了几种舰船 B/T、L/B 和船型系数值的范围。

表 2-1　几种舰船 B/T、L/B 和船型系数值的范围

舰　　种	C_{wp}	C_m	C_b	B/T	L/B
巡洋舰	0.64～0.72	0.72～1.0	0.44～0.6	2.4～4.2	9～10
驱逐舰、护卫舰	0.66～0.78	0.70～0.80	0.40～0.52	2.5～4.1	9～10
扫雷舰	0.68～0.75	0.80～0.88	0.50～0.60	≈4	7～7.8
小艇	0.7～0.8	0.65～0.75	0.37～0.50	≈4	7～7.8

2.3　舰船内部空间分层分舱

舰船要在有限的空间里配置大量的武器装备、技术设施,为充分利用空间,减少设备相互之间的干扰,主船体一般在垂向用甲板或平台分成若干层空间,在纵向用横隔壁分成若干舱段,在横向再用纵舱壁分隔,从而构成舰船的主要舱室。如再在各个主要舱段或上层建筑内用轻围壁、纵壁分隔,就形成了舰船全部舱室。习惯上将用主横隔壁分隔的大舱段统称为舱,在舱或上层建筑中用轻围壁分隔的空间称为室。本节主要介绍水面舰船和潜艇内部空间分层与分舱的一般规律。

2.3.1　水面舰船内部空间分层与分舱

水面舰船种类很多,舱室的划分方案不一,即使是同一种类型的舰船,由于型号不同,舱室划分也可能相差很大。但是由于空间特性、装备特性有相似之处,因此舱室划分也显示出一定的规律性。现以驱护舰为例,说明舰船空间的特点和一般的布置规律。一般可把驱护舰分为七大部分,如图 2-29 所示。

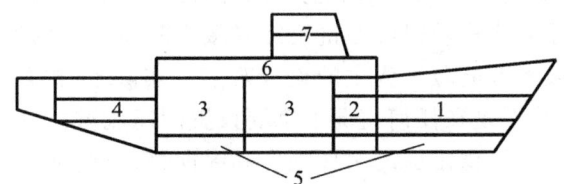

图 2-29　驱护舰各部分空间区分

第 1 部分为主船体的艏部区域,其长度占舰长的 30%～35%。该区域是由三维空间曲面和一横舱壁围成的封闭空间,空间不规正,出入时需要经过其他部分或甲板的舱口盖,行动不太方便。并且其处于艏部,受波浪、纵摇与横摇、砰击等影响较大,不安静、不稳定,因此主要布置生活舱室和仓库。主船体艏部区域一般有三层以上:第一、二层多布置士兵和军官住舱、厕所、盥洗室、浴室,还有锚机舱、帆缆仓库等;第三层布置弹药、声呐舱和各种仓库。

第 2 部分的长度占舰长的 10% 左右,在船的艏部,宽度较大,舷侧及底部较为平坦,受水流冲击和纵摇升沉幅度较小,主要布置工作舱室和部门军官住舱。一般也分为三层,主要布置雷达室、无线电室、导弹和舰炮的指挥仪室、航海仪器舱室(如电罗经室、测深仪室和计程仪室),军官住舱布置在第一、二层内。有的将作战指挥室布置这一段内,比布置在上层建筑内要安全。

第 3 部分长度占舰长的 30%～40%。在船的舯部,宽度较大,舷侧及底部较为平坦。其底部较低、宽度较大,一般布置主、辅机舱,集控室,减摇装置等。

第 4 部分长度占舰长的 20% 左右。在船的艉部,受艉部和机舱振动的影响较大,主要布置士兵住舱、军官住舱、弹药舱、舵机舱和各种仓库。

第 5 部分为双层底,由三维曲面的外底、内底和肋板构成。主要布置燃油舱、淡水舱、滑油舱、污水舱等。

第 6 部分为上层建筑第一层,该层交通方便,阳光和空气好。主要布置军官住舱、会议室、厨房、厕所、沐浴室、盥洗室、洗衣房、直升机库、雷达室、通风机室等,还有机炉舱棚、烟囱、燃气轮机进气道等。

第 7 部分为上层建筑第二、三层,处在舰船的高位,主要布置指挥台、驾驶室、海图室、作战指挥室、听音员室、雷达室、无线电室等。

舰船分层一般按上层建筑和主船体两部分来分。主船体内甲板的层数应根据舰船的类型、排水量、舷高等因素确定。各种舰船的甲板层数的一般范围如表 2-2 所示。

表 2-2　各种舰船的甲板层数

舰　　种	甲 板 层 数
巡洋舰、航空母舰	5～10 层
驱逐舰、护卫舰	2～5 层
导弹快艇、鱼雷快艇、猎潜艇	1～2 层

甲板层高一般为 2.2～3.0 m,其净高不应小于 1.90 m。双层底的高度由油水的需要量和型深等因素确定,为便于施工和维修,其高度不小于 0.6 m。

2.3.2　潜艇内部空间分层与分舱

目前,潜艇耐压船体舱室划分思路基本上有两种,即小分舱大储备浮力和大分舱小储备浮力两种。小分舱大储备浮力代表着以静力抗沉或者救人救艇为主的设计观点。大分舱小储备浮力代表着以动力抗沉或者弃艇救人为主的设计观点。实际上,潜艇的安全性能直接受到耐压舱壁布置的影响,但也并不是在任何情况下都要设置耐压舱壁。一方面,在设计耐压壳时可以做到只需要横向肋骨就能提供足够的耐压强度和纵向稳定性;另一方面,又不可能找到一种合适的舱壁设置能使潜艇破损后的浮性和稳性达到水面舰船的安全水平。设置分舱耐压隔壁时需考虑到舱室长度的增大和重量的增加,而这对总布置而言是不利的。舱壁承压能力大小应根据潜艇的活动海区以及救生的方式而定。

容积是潜艇空间的一个量度。在大多数情况下,有效甲板面积更为重要。大多数潜艇设计是限制容积的,潜艇布置得好可以使单位容积内有更多的甲板面积,从而可将潜艇造得小一点。耐压船体内部设置的甲板层数取决于耐压船体直径(见图 2-30)。甲板设置的原则是:每层甲板之间的层高在减去通过的各种管路、电缆占用的高度之后,仍略大于艇员的平均身高。

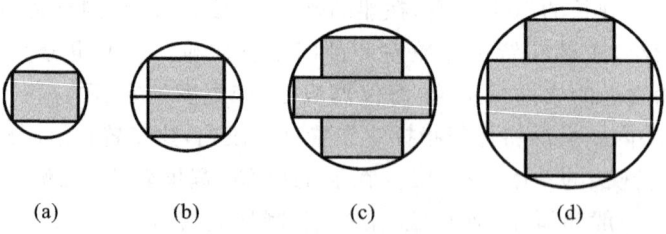

(a)　　　　　(b)　　　　　(c)　　　　　(d)

图 2-30　潜艇耐压船体直径与艇内甲板层数
(a)没有甲板;(b)艇内布置一层甲板;(c)艇内布置两层甲板;(d)艇内布置三层甲板

舱室分层恰当程度可以用甲板使用率来衡量。不同直径下合理分层所获得的甲板使用率是不同的(见图 2-31)。潜艇布置是否合理主要取决于能否有效利用艇体的圆形特性。潜艇耐压船体内部舱室的布置,不仅要求满足容积的需要,还要考虑空间的几何形状以及纵向或垂向舱壁设置的位置。

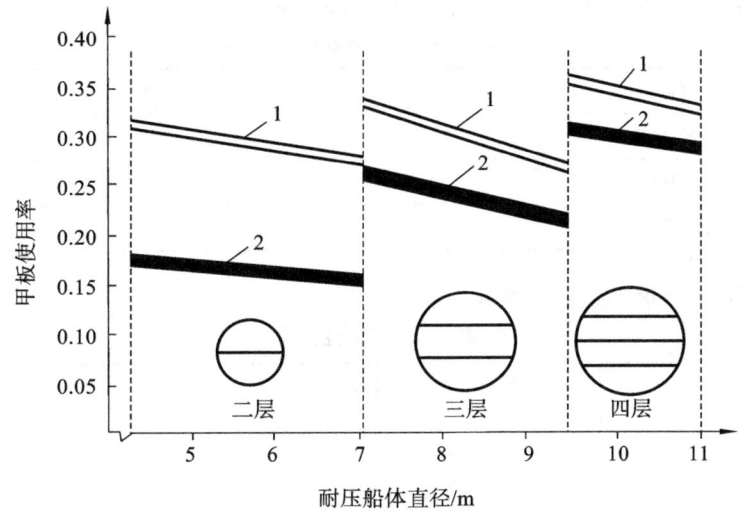

图 2-31 耐压船体直径、分层与甲板使用率的关系

1—底层全用于布置；2—底层不用于布置

2.4 舰船内部安全区划及布置

舰船主船体内主横隔舱的划分对舰船生命力的影响非常大。从防止全面进水的观点来说，采用横向水密舱壁是最有效的；从防火的角度出发，应考虑相邻几舱的总长，划分不同的防火主竖区。舰船安全区划一般指的是抗沉区划、防火区划以及三防布置设计。

2.4.1 抗沉区划

抗沉有别于防沉。防沉是指为防止舰船破损沉没而在船体构造、设备和人员组织上预先采取措施；抗沉是舰船破损后，为了使舰船免遭沉没而采取各种措施和行动。在舰船设计中都对不沉性进行了优化，使舰船在一定破损条件下仍具有足够的浮性和稳性而能漂浮于水面。合理设置水密区并保证水密区的完整性是保障舰船抗沉能力的基本措施。其相应要求一般为：

（1）舰船应实行隔舱独立交通制，以每个主横水密隔舱为一独立区间。主横水密隔舱之间的交通应尽量通过铅直通道及强力甲板以上的纵向通道实现。必要时设置铅直围壁通道。

（2）水密舱壁不应架设运转机械。

（3）管子、电缆及转动轴必须通过水密舱壁时应符合有关规定，确保其水密性。

（4）破损水线以下的水密舱壁部位不应开门。

液舱应尽可能地对称设置；对于可能形成大横倾角的舷部，对称液舱应设置连通管；对隔舱浸水后有可能产生横倾的舰船应设置平衡设施和排疏水系统，以保证舰船在破损浸水时仍有足够的稳性。

在一定条件下，为了保证舰船破损进水后能保持浮性，根据舰船类型、不沉性要求、各舱室设备所需长度、结构强度等因素，确定横向水密舱壁的数量。横向水密舱壁把舰船在纵向上分成一个个独立的段。各类水面舰船分段数一般如表 2-3 所示。

表 2-3　各类水面舰船分段数

舰　种	分　段　数
巡洋舰、航空母舰	16～26 个
驱逐舰、护卫舰	14～19 个
导弹快艇、鱼雷快艇、猎潜艇	5～12 个

水面舰船不沉性要求如表 2-4 所示。

表 2-4　不沉性要求

正常排水量 Δ/t	最小浸水隔舱数/个	最小干舷/m
$\Delta \geqslant 2\,500$	3	0.6
$1\,000 \leqslant \Delta < 2\,500$	2	0.6
$500 \leqslant \Delta < 1\,000$	2	0.5
$200 \leqslant \Delta < 500$	2	0.4
$50 \leqslant \Delta < 200$	2	0.3

如图 2-32 所示,某舰共设置 15 道主横水密舱壁。舰艏部的三道主横水密舱壁均为防撞舱壁,可确保本舰在艏部破损进水或断艏时,仍能安全航行。

图 2-33 所示为某潜艇主横水密舱壁图。

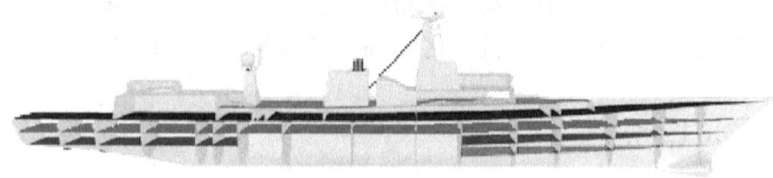

图 2-32　某舰主横水密舱壁设置

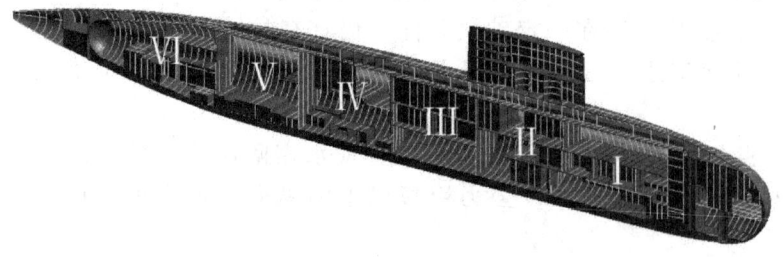

图 2-33　某潜艇主横水密舱壁图

2.4.2　防火区划

为防止火势蔓延,船体和上层建筑以某种标准分隔划分成若干个防火主竖区。每个防火主竖区在任何一层甲板上的纵向长度一般应不超过 40 m,其面积不应超过 1 600 m²;当上述标准难以满足时,主竖区的分法要得到使用单位主管部门的认可。

防火分隔有 A、B、C 三级。

1）A 级分隔

主竖区的分隔必须是 A 级分隔。A 级分隔的意义是：分隔以钢或其他等效材料制造，且有适当的防挠加强措施，应在 1 h 的标准耐火试验结束时，能防止烟及火焰通过；若还采用不燃材料隔热，则在表 2-5 所列标准耐火试验时间内，其背火一面的平均温度较原始温度增高值不超过 139 ℃，且包括任何焊缝接头在内的任何一点的温度，较原始温度增高值均不超过 180 ℃。

表 2-5　A 级分隔标准耐火试验时间

耐火试验等级	耐火试验时间/min	耐火试验等级	耐火试验时间/min
A-60	60	A-15	15
A-30	30	A-0	0

2）B 级分隔

B 级分隔是由符合要求的舱壁、甲板、天花板或衬板所组成的分隔：在最初的 0.5 h 标准耐火试验结束时，能防止火焰通过；在表 2-6 所列标准耐火试验时间内，其背火一面的平均温度较原始温度增高值不超过 139 ℃，且包括任何接头在内的任何一点的温度，较原始温度增高值不超过 225 ℃。用于制造或装配 B 级分隔所用的一切材料均应为不燃材料。

表 2-6　B 级分隔标准耐火试验时间

耐火试验等级	耐火试验时间/min
B-15	15
B-0	0

3）C 级分隔

C 级分隔应以不燃材料制成，它们不需要满足有关防止烟和火焰通过，以及限制温升的要求。若某些材料符合《舰船通用规范》(GJB 4000—2000)规定的其他要求时，允许使用由这些材料制成的可燃镶片。

2.4.3　三防布置设计

三防是指舰船和人员遭受核武器、生物武器和化学武器袭击时所采取的防护措施(简称三防)。舰船三防应遵循避免沾染(规避污染)、防护和洗消三要素的原则。舰船上一般都设有三防器材、药品库和一定数量的储存箱柜，对于重点防护的舰船还设有三防指挥室或部位，以及三防密闭区和人员洗消站。三防设施的布置应满足监测报警、对人员的防护、对食品和淡水的防护、消除沾染等方面的需求。下面介绍三防布置设计基本原则。

1. 上层建筑结构

舰船的上层建筑宜采用简洁、光顺、连续的造型，减少受风面积，避免外延结构。主船体不宜设置舷窗，上层建筑尽可能少设窗。

避免露天结构有凹穴，防止沾染物及污水聚积。露天甲板舷边结构及上层建筑的露天甲板应便于洗消后的污水排放。

2．三防密闭区

（1）采用全时密闭防护方案的舰船,通常把全舰分成若干个由通道相连的密闭区,各密闭区应能独立防止空气中的沾染物渗入;密闭区布置应与舰船主船体内水密区的划分相互协调;各个密闭区内应分别设置通风、空调系统和人员出入口。

（2）采用定时密闭防护方案的舰船,应按作战指挥、人员工作、居住、就餐、娱乐需要及密闭要求分别设置密闭区。食品贮存、厨房等舱室应设置独立密闭区。

（3）舰船内部不能实施密闭的区域,应与毗邻的密闭区域相隔离,并应设有单独通至露天甲板的出入口。

（4）上层建筑供舰员出入的门尽量少设置。通过密闭区周界的管路、电缆、门、窗、盖等处应有密闭措施。

3．集体防护部位

通常在主船体的密闭区内设置集体防护部位,可选择合适的士兵住舱兼作集体防护用,集体防护部位应设置在接近人员洗消部位,两者之间应设有畅通的通道。

4．三防部位

用于指挥三防的三防部位,可以单独设置,也可合到损管部位中。三防部位面积应满足布置必要的三防仪器、通信工具等设备和人员操作的需要。

5．核辐射探测设备

空气探测器宜布置在舰船的驾驶室、密闭舱室、主辅机舱（或锅炉舱）、空气过滤系统、舰船露天甲板的适当部位;海水探测器应布置在舰船水线以下的船壳板上。

6．人员洗消站和洗消路线

（1）舰船一般分别设置艏、艉人员洗消站,其面积应符合实施人员洗消部署的要求,并应设置满足规范要求的淋浴喷头数量。洗消站的位置应设在密闭区进出口处,洗消站的出口与密闭舱室相通。洗消站内分设脱衣、淋浴和穿衣室等,各室进出口应设密闭门。图 2-34 所示为人员洗消部位布置示意图。

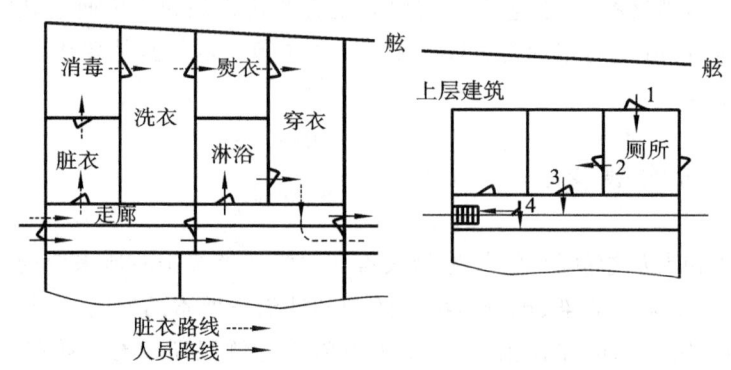

图 2-34　人员洗消部位布置示意图

1—粗冲洗;2—脱衣;3—冲洗;4—检查并由梯子进入士兵住舱更衣

（2）洗消路线的设计原则是避免产生交叉沾染,并便于人员的流动。洗消路线一般为:露天部位→人员洗消部位→通道、梯口→三防密闭区或集体防护部位。

（3）人员洗消部位应配置必要的化学、辐射检测设备和通信工具。

7．个人防护器材

露天战位和舰内非密闭区战位人员的个人防护器材存放在密闭的个人防护器材柜中,柜就近布置在便于取用器材处。其余个人防护器材则按需要布置,或存放在三防器材贮藏室(柜)内。

8. 洗消设施

(1) 舰船上的水幕系统,其形成的水幕和水膜要能覆盖上甲板和上层建筑的各个主要露天部位。

(2) 舰用洗消器一般应安放在洗消器室内或露天甲板上的适当位置。舰用洗消器室一般布置在艏、艉部,门直接与露天甲板相通。

(3) 舰船应按需要设置若干个洗消作业点,并相应配置电源和水源接头。

(4) 驱护舰用洗消剂一般密封存放在三防器材贮藏室中或其他适当部位。

9. 其他

(1) 三防战位一般宜布置在上甲板上,并距舰指挥所或舰船三防指挥所(三防部位)较近的处所。

(2) 各战位的布置应尽量减少外露战位人员;对不能实施密闭的动力装置舱室,宜设置密闭的集中控制部位。

2.5　舰船内部功能区划及布置

在大的分层与分舱基础上,舰船内部空间还要按照功能划分,一般可以分为工作舱室、生活舱室、液舱、贮藏舱室、通道,不同舱室之间通过门、盖、梯、窗等互通。本节简要介绍不同功能舱室的特点。

2.5.1　工作舱室

工作舱室一般是指根据舰船设备的配置、战斗使用和日常勤务需要等实际情况设置的工作和设备舱室,包括作战指挥操纵舱室、导航设备舱室、警戒探测设备舱室、动力系统舱室、电力系统舱室和辅助系统设备舱室。各个工作舱室的布置一般应符合以下原则:

(1) 对各种工作舱室应确定便于联络指挥的合适的位置、面积、容积、形状等,舱室布置应紧凑合理。

(2) 各种工作和设备舱室的布置应考虑尽量减少设备相互之间的干扰,应注意减少各种振动源、噪声源、热源等对重要的电子设备舱室环境的影响。

(3) 重要的舱室宜布置在便于出入且又比较安全的地方,必要时,可采取防护措施。

(4) 组成同一个武器系统的各舱室,宜相对集中布置,尽量设在同一个水密隔舱区域内或相近布置;功能相近的不同武器系统舱室,宜相互远离布置。

(5) 控制站和电子设备室宜布置在既便于出入又远离热源和爆炸源的安全处所。

(6) 组成同一作战系统的舱室,宜相对集中布置,并尽量设在同一防火主竖区内。功能相近的不同作战系统的舱室,以相互远离布置为宜。

(7) 控制站和电子设备室内所安装的仪器、设备至舱壁的距离应至少为 30 mm。控制站和电子设备室内所有出入通道的宽度应不小于 600 mm。

(8) 对于舰船作战、指挥和控制所必需的,且设有战位的舱室应至少设置一个供舰船失火后脱险用的逃生口。逃生口可以是门上的开口,也可以是直径不小于 350 mm 的舷窗。

2.5.2　生活舱室

舰船不仅是战斗场所,也是官兵的生活场所,因此需要设置一些生活舱室。生活舱室一般指居住舱室、厨房、餐厅和冷库、卫生舱室、医疗舱室、公用舱室和其他生活舱室。

生活舱室的布置应考虑舰船战斗力的有效发挥、良好的生活条件及舰船日常管理的方便。各种生活舱室一般应布置在舰船的水线以上部位。若非工作需要,不应在非居住舱室内设置床铺。舰船生活区布置一般如图 2-35 所示(图中的阴影部分为生活区)。

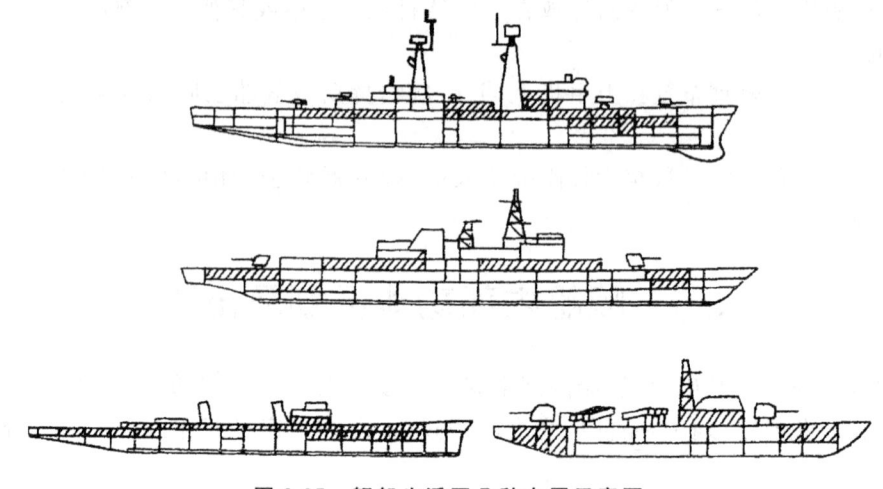

图 2-35　舰船生活区几种布置示意图

2.5.3　液舱

液舱一般指油舱、水舱,以及其他液舱。各种液舱的数量、容积、尺度和形状应根据需要,视舰船的具体情况确定。其大小应当适中,不宜划分得过大或过小。各种液舱的数量和分布应保证油水供应系统的生存能力,并应使管道系统布置简洁,还应考虑在各种装载状态下舰船的浮态平衡和稳性,尽量减少自由液面的影响,且应保证不对称浸水时舰船不会有过大的横倾。

驱卫舰及更小型的水面战斗舰艇可以利用各种液舱中液体的移位来保证舰艇的浮态平衡,而不设专用纵、横倾平衡舱。一般,液舱应尽量布置在同一个主横水密隔舱段内,在不对称进水后,不应产生过大的横倾角(不超过 2°),但此时保证舰艇推进系统正常工作使用的日常燃油舱、沉淀油舱、循环滑油舱等,不应用于调整。油舱、淡水舱一般不准用作海水压载舱;需要作为海水压载舱使用的油舱、淡水舱,在设计时应做专门考虑,必要时应设置压载水管路系统。液舱的通气管口不应设在生活舱室、工作舱室和贮藏舱室内。

2.5.4　贮藏舱室

贮藏舱室一般指天幕贮藏舱,帆缆、索具、油漆贮藏舱,被服贮藏室,救生器材贮藏室,损管器材贮藏舱,机械器材贮藏室,电工器材贮藏室,灯具贮藏室,枪炮部门贮藏室,雷弹部门贮藏室,潜水器材贮藏室(柜),三防器材贮藏室(柜),电子设备器材贮藏室,粮食库,贮藏化学品及易燃、易爆物用的专用贮藏处所及柜等。

舰船上根据实际需要和可能条件设置有专用贮藏舱室或几种物资共用的贮藏舱室,对于较小的艇(或船),条件不允许时,可设置贮藏柜、架等。应充分利用舰船的空间,将各种贮藏室布置在管理、使用方便的部位。

天幕贮藏舱的布置应考虑取存天幕设备的方便性,一般应设置在舰船的艏、艉部接近天幕设置区域。帆缆、索具、油漆贮藏舱一般应布置在舰船的艏部,并尽量与其他舱室隔开。油漆贮藏舱应有直通露天甲板的舱口,并设有机械排气通风。被服贮藏室一般应布置在便于存取、管理,且又便于通风、防潮的部位。救生器材贮藏室应尽量布置在破损水线以上;损管器材贮藏舱应尽量接近损管战位布置。机械器材贮藏室、电工器材贮藏室、灯具贮藏室一般应布置在接近修理间或机电部门的其他舱室处。灯具贮藏室可与锚机绞盘间或电工器材贮藏室合用。枪炮部门贮藏室、雷弹部门贮藏室一般应布置在便于该部门管理和使用的处所。潜水器材贮藏室(柜)应布置在适当远离热源、强烈的阳光和潮湿环境的部位。三防器材贮藏室(柜)一般应布置在舰船艏、艉部甲板上便于取用处。电子设备器材贮藏室一般应布置在便于所属部门管理、使用的处所,注意避免靠近热源,防止潮湿。粮食库应布置在接近厨房或便于装运保管的处所。粮食库不应与卫生舱室、油柜相邻。粮食库的布置还应与冷藏食品等贮藏室的布置综合协调。贮藏化学品及易燃、易爆物用的专用贮藏处所及柜,应尽可能远离热源、油舱、弹药库及居住区域。对于还有其他贮藏要求的化学品,其储藏柜应按其特殊要求设置在合适的部位。

2.5.5　通道、门、舱口、盖、梯与窗

舰船上通道、门、舱口、梯的布置应便于战斗行动、人员流通、物品运送和设备搬运等各种活动的进行;由通道、门、舱口、梯等组成的流通路线应尽量短、畅通,并保证可到达所有舱室和部位。舰船上通道、门、舱口、梯、窗的布置应尽量紧凑,配置数量适当,在水密结构和露天部位尽量减少门、舱口、窗的设置,如需开设,应保证其水密性。门、盖、梯、窗的布置应保证安全,不应受本舰武器发射的燃气流、炮口气浪的影响而破坏。

本 章 小 结

本章简要介绍了舰船外形、舰船的主要参数、内部空间的分层分舱、安全区划及功能区域。

舰船外形主要包括各类舰船船型、主船体及上层建筑外形特征,舰船艏、舯、艉外形特征及其描述方式以及舰船外形的表述工具——船体型线图。

关于舰船舱室内部空间划分,主要介绍了内部空间分层与分舱的一般规律,舰船内部抗沉区划、防火区划以及三防布置设计要求,工作舱室、生活舱室、液舱、贮藏舱室、通道等的特点及布置规律。

思 考 题

1. 船体型线图由哪些部分组成? 船体型线图的主要作用是什么?

2. 水面舰船的舰型有哪几种？

3. 军舰和民船使用球鼻艏的目的分别是什么？二者的球鼻艏有何不同之处？

4. 水面舰船通常采用方艉，方艉有哪些优点？

5. 现代潜艇外形一般由哪些部分组成？

6. 舰船的主要参数有哪些？

7. 水面舰船舱室划分有什么规律？

8. 对比分析大舱制潜艇和小舱制潜艇的优缺点。

9. 舰船安全区划是指什么？

10. 舰船工作舱室的布置有哪些要求？

11. 从总布置上如何改善舰船的居住性？

第3章 船体结构与强度

船体结构是舰艇的重要组成部分。它既是各种舰载武器系统的发射平台，又是各种机械装备的装载平台；既是官兵战斗的阵地，又是官兵生活的场所。另外，船体结构既是舰船设计与建造的主体，又是舰船使用、维修、改装的主要对象。本章主要介绍船体结构应满足的基本要求、水面舰船船体结构和潜艇结构等方面知识，以及船体强度的基本理论。

3.1 船体结构的基本要求

对船体结构功能和性能的基本要求既要突出保证舰船战斗能力和生存能力，又要兼顾舰船的可用性、可靠性、维修性和保障性、经济性、居住性及安全性等。根据目前舰船体系的划分方法和船体结构的特点，对船体结构功能和性能的基本要求可分为以下四大方面。

1. 船体结构的适用性

船体结构适用性是指船体整体或局部结构与对船体结构的使用或功用要求相适应的程度。因此，船体结构适用性涉及的面较广，它反映船体结构与舰船总体各项性能之间的相互协调和相互适应程度，同时也反映船体各部分结构与船体整体结构之间的相互协调和相互适应程度。船体结构适用性涉及船体结构可用性、船体结构可靠性、船体结构维修性与保障性、船体结构紧密性与结构重量、船体结构不沉性、船体结构安全性以及船体结构的居住性等。

2. 船体结构的坚固性

船体结构坚固性反映船体结构在各种外力，包括静水压力，浮力，重力，波浪冲击力，枪炮后坐力，惯性力，爆炸冲击力及机械、螺旋桨引起的周期性作用力等的作用下，抵抗振动和变形、塑性屈服、开裂等破坏，并将其破坏控制在允许限度以内的能力，以及舰船发生破损时船体结构抵抗裂纹扩展，保持一定剩余强度的能力。船体结构坚固性是船体结构最基本和最重要的性能，没有坚固性，船体结构将无法保证舰船的战斗力和生存能力。根据舰船受力特点及舰船的特殊要求，船体结构坚固性表现为结构强度、结构振动控制性能、结构完整性和结构抗损性四个方面。

3. 船体结构的被探测性

船体结构的被探测性是船体结构固有的可探测信息特征，是舰船被探测性能的重要组成部分。根据舰船的隐蔽性要求，船体结构应力求低的被探测性，为此必须采用隐身技术。船体结构隐身方法主要是电磁波隐身和声隐身，而船体结构磁场特征控制当前都是采用消磁站定期消磁和舰载消磁补偿设备现场消磁的方法，其中舰船自备消磁设备更能适应磁场特征控制要求。另外，采用低磁材料或非磁材料（如低磁钢、玻璃钢等）作为船体结构材料是磁性特征控制的最有效方法。图 3-1 所示为美海军隐形试验舰。

4. 船体结构的工艺性与经济性

船体结构设计必须与现代造船工艺水平相适应。良好的结构设计方案应与造船厂的设备

图 3-1 美海军隐形试验舰

能力、工艺水平相适应,并力求施工方便、节省人力,能提高效率、改善劳动条件、保证质量、缩短建造周期。

(1)船体分段和总段的划分。一般在能保证吊运、翻身和船台安装的条件下,船体分段尺寸大一些为好,以便于先进工艺方法和设备的利用。图 3-2 所示为分段建造的法国"西北风"级两栖攻击舰艏部。

图 3-2 分段建造的法国"西北风"级两栖攻击舰艏部

(2)连接方法应尽量采用焊接,减少铆接,焊接应采用自动焊和半自动焊,尽量减少手工焊。

(3)尽量减少焊缝的总长度。在保证船体坚固性的条件下,通过合理设计骨架形式和骨架间距,以及板接缝位置等,可以减少船体结构的焊缝数量。

(4)船体结构的标准化、统一化是简化结构、提高工艺性能的又一个重要途径。在船体结构设计中构件应尽量采用统一的尺寸规格,并尽量减少构件类型;尽量采用原有标准板材尺寸布置板缝,减少下料、焊接工作量;尽量减少采用具有曲线外形的构件,以简化加工和装配工艺;结构上的开孔、切角等应尽量选用标准尺寸和通用尺寸,以便于加工,减少差错。另外,模块化设计技术可改善船体结构的工艺性,原因在于武器装备模块与平台可以并行建造,从而可缩短建造周期。船体结构的工艺性好坏不仅影响船舶的造价,更重要的是会影响船体结构的建造质量和完整性。因此,除了上述影响船体结构工艺性的因素以外,还必须考虑结构的可达性,满足施工的人因工程要求及便于质量检查和验收等。

经济性是装备建设的重要原则之一,也是船体结构设计的重要指标之一。船体结构经济性目标是:在建造阶段应节约材料和工时,选用价格较低的材料,降低建造工艺的复杂性,缩短建造周期,从而达到降低造价的目的;在使用阶段船体结构应便于维护保养,具有很好的腐蚀耐久性,以缩小修理工程范围,延长修理间隔期,降低维修复杂性,缩短在修时间等,从而达到减少维修费用的目的。

3.2　水面舰船船体结构与强度

3.2.1　水面舰船船体结构

水面舰船船体结构可分为两大类:一类是组成船体所必需的、主要的构件,称为船体基本结构;另一类是因某些特殊需要而设置的局部性构件,称为船体专用结构。

1. 水面舰船船体结构的组成

1) 水面舰船船体结构的分解

水面舰船船体基本结构包括主船体结构和上层建筑结构两部分。

主船体结构是指上甲板及其以下的船体基本结构。通常将主船体中最上一层从艏至艉连续贯通全舰的甲板称为上甲板。主船体从船体纵向来看,分为艏部、舯部和艉部。通常将从艏端算起$(0.25\sim0.35)L$长度范围内的区域称为艏部,从艉端算起大约$0.25L$长度范围内的区域称为艉部,船体中间$(0.4\sim0.5)L$长度范围内的区域称为舯部。从主船体横剖面来看,位于主船体横剖面下方的水平结构为船底结构,位于主船体横剖面左右的铅直结构为舷侧结构,位于主船体横剖面上方的水平结构为甲板结构。船底与舷侧之间的过渡区域称为舭部。此外,主船体内部用于分隔舱室的水平结构称为下甲板或平台甲板,主船体内部用于分隔舱室的铅直结构称为舱壁(其中纵向布置的称为纵舱壁,横向布置的称为横舱壁)。舱壁也属于主船体结构。图3-3给出了主船体结构的组成。

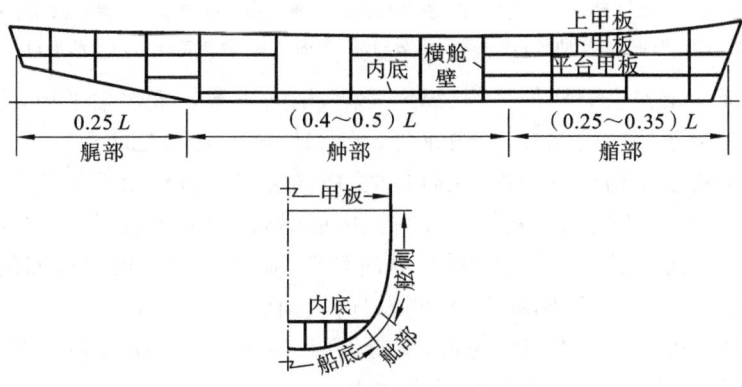

图 3-3　主船体结构的组成

上甲板以上的船体基本结构称为上层建筑,主要有船楼和甲板室两种形式。

水面舰船船体专用结构主要包括:各种武器装备下的基座结构及其加强结构,动力机械设备下的基座结构及其加强结构,桅杆结构,烟囱结构及装甲防护结构等等。

2)水面舰船船体板架结构

水面舰船船体结构中除了艏柱、艉柱及各种支柱等构件以外,其他构件一般都是由板材和型材按一定结构要求连接而成的。用于支承外板、甲板板、舱壁板、内底板及平台甲板的一切型材统称为船体骨架。因此通常认为船体结构是由板和骨架组成的。在船体结构中,由板和骨架组成的近似平面结构称为板架结构,船体结构主要有船底板架结构、舷侧板架结构、甲板板架结构和舱壁板架结构。各板架结构所处的位置不同,其结构形式也不同,因而组成构件的名称也各不相同。下面分别介绍船体各板架结构的组成构件及其名称。

(1)船底板架结构　船底结构有单底和双底之分(见图3-4和图3-5),因此船底板架结构也有单层和双层之分。通常型深3 m以上的舰船,其舯部都可以设双层底,里面一层称为内底,外面一层称为外底。这种船称为双底船。单底船只有外底。

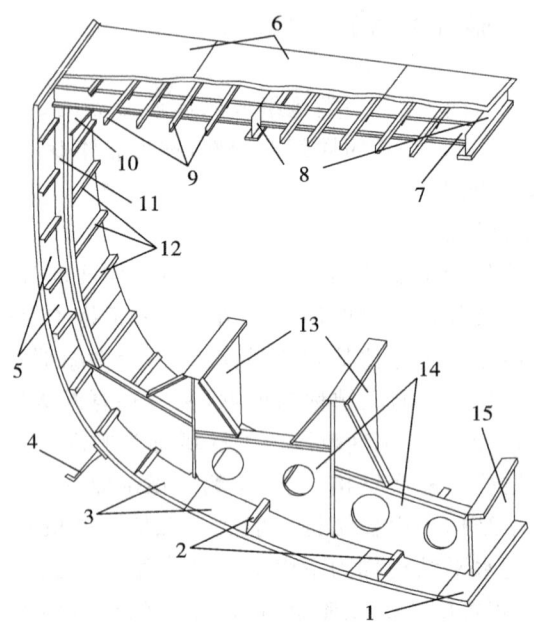

图 3-4　单底船船体结构主要构件及名称

1—平板龙骨;2—底纵骨;3—外底板;4—舭龙骨;5—舷侧板;6—甲板板;7—横梁;8—甲板纵桁;
9—甲板纵骨;10—肘板;11—肋骨;12—舷侧纵骨;13—旁内龙骨(兼作基座);14—肋板;15—中内龙骨

单底船船底板架结构主要构件为板、纵向骨架、横向骨架。板包括平板龙骨、龙骨翼板、外底板、舭板;纵向骨架包括中内龙骨、旁内龙骨、底纵骨;横向骨架是肋板。

双底船船底结构主要构件也是板、纵向骨架、横向骨架。板包括平板龙骨、龙骨翼板、外底板、内底板、舭板;纵向骨架包括中底桁、旁底桁、内底纵骨、外底纵骨;横向骨架是肋板。

(2)舷侧板架结构　其主要构件为板、纵向骨架、横向骨架。板包括舷侧顶板(或称舷顶列板)、舷侧板;纵向骨架包括舷侧纵桁、舷侧纵骨;横向骨架是肋骨。

(3)甲板板架结构　其主要构件为板、纵向骨架、横向骨架。板包括甲板边板、甲板板;纵向骨架包括甲板纵桁、甲板纵骨;横向骨架是横梁。

(4)舱壁板架结构　其主要构件为板、垂向骨架、水平向骨架。板是舱壁板;垂向骨架有扶强材和竖桁;水平向骨架有扶强材和水平桁。

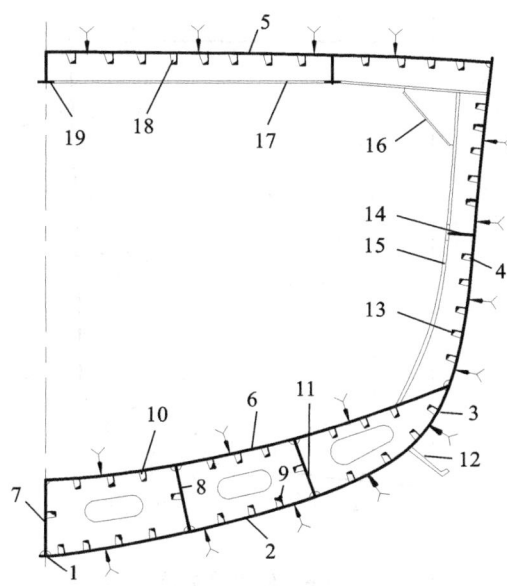

图 3-5　双底船船体结构主要构件及名称

1—平板龙骨;2—船底板;3—舭板;4—舷侧板;5—甲板板;6—内底板;7—中底桁;8—旁底桁;
9—外底纵骨;10—内底纵骨;11—肋板;12—舭龙骨;13—舷侧纵骨;14—舷侧纵桁;15—肋骨;
16—肘板;17—横梁;18—甲板纵骨;19—甲板纵桁

2. 水面舰船船体外板、甲板板与舱壁板

1）船体外板

船体底部、舭部及舷侧外壳的板称为船体外板,是从舰艏至舰艉,从一舷舷侧顶板上缘沿肋骨线围长至另一舷舷侧顶板上缘,包裹在船体外表面的全部板材。当舰船有船楼上层建筑时,船楼侧壁板是船体舷侧外板的连续延伸,故其包括在船体外板之内。但上层建筑甲板室结构的侧壁板与外板不连续,故不属于外板范围。

船体外板是由许多块板拼合连接而成的。根据船体坚固性和厚度变化要求,船体外板的各块板多采用纵向(沿舰长方向)布置,其短边的接缝称为端接缝,长边的接缝称为边接缝。由多块板短边相接而成、沿舰长布置的一列连续的板称为列板。因此,船体外板是由多块列板通过长边对接而组成的。为方便工程设计和建造,船体外板的各列板都用一定的符号表示,从底部正中开始,向两侧至舷顶(对称)依次为 K 列板、A 列板、B 列板等等,如图 3-6 所示。

船体外板将船体内部空间与海水分隔开,与上甲板一起构成舰船的封闭水密容积,为舰船提供浮力,使舰船能在海面上航行和漂浮。船体外板对保证船体强度起到重要作用:与船体其他纵向连续构件一起,共同保证船体的总纵强度;与底部和舷侧骨架一起承受静水压力和波浪冲击力,共同保证船体的局部强度;对保证船体横强度与扭转强度也具有一定的作用。

在船体外板的设计中,应首先使其主要性能,即坚固性和水密性得到充分的保证。船体外板的坚固性和水密性涉及外板的连接方法、连接质量、板的厚度尺寸及板的布置等。外板的厚度与船体强度直接有关,在设计中以能保证承受总纵弯曲力矩和局部水压力及水动力作为确定外板厚度的基本依据。连接方法和连接质量是影响船体外板结构完整性和水密性的重要因素。除了上述内容以外,在船体外板的设计中还应同时考虑减轻外板结构重量、简化工艺、降低造价等方面的要求。通过合理设置外板厚度分布,在满足强度要求的前提下,可以减轻外板

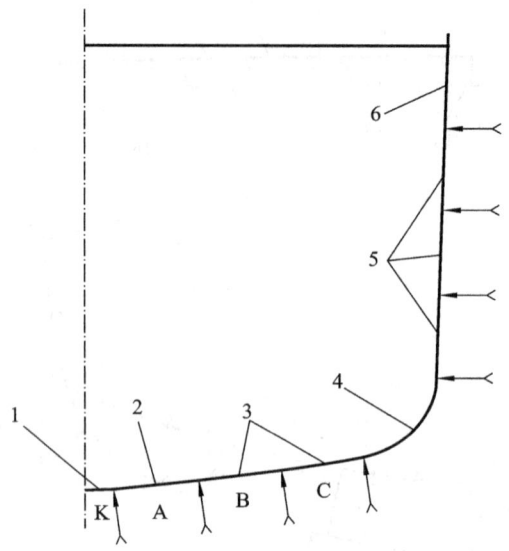

图 3-6　外板的组成

1—平板龙骨；2—龙骨翼板；3—船底列板；4—舭列板；5—舷侧列板；6—舷顶列板

重量；通过合理布置外板，可以简化外板加工的工作量，从而简化工艺，降低造价。

　　外板的厚度根据其所处位置不同而有所不同。受力大的部位外板应厚一些，受力较小的部位应减薄，从而在保证船体强度要求的条件下减轻重量，提高舰船的综合性能。根据目前船体结构的强度特点，总纵弯曲产生的正应力最大，大多数船体构件的设置以首先满足总纵强度为依据，外板也是这样。除了总纵强度以外，对于船体外板还应考虑必须保证局部弯曲强度，而局部水压力和水动力在船底与舷侧以及艏、艉与舯部是不同的，这样就确定了船体外板的厚度变化规律。

　　船体外板沿舰长方向的厚度变化规律是：船体舯部外板最厚，并在舯部(30%～40%)L 长度范围内保持最大厚度不变，向艏、艉方向外板逐渐减薄，在艏部和艉部各 15%L 范围内又适当增加板的厚度，如图 3-7 所示。这是因为船体在产生总纵弯曲时，船体舯部的弯曲力矩最大，向艏、艉逐渐减小至零。而船体弯曲正应力 $\sigma = M \cdot Z/I$，弯矩 M 大，必须增大惯性矩 I，才能使应力 σ 保持在一定的范围内，所以船体舯部外板应增大板厚(相当于增大 I)，并向艏、艉

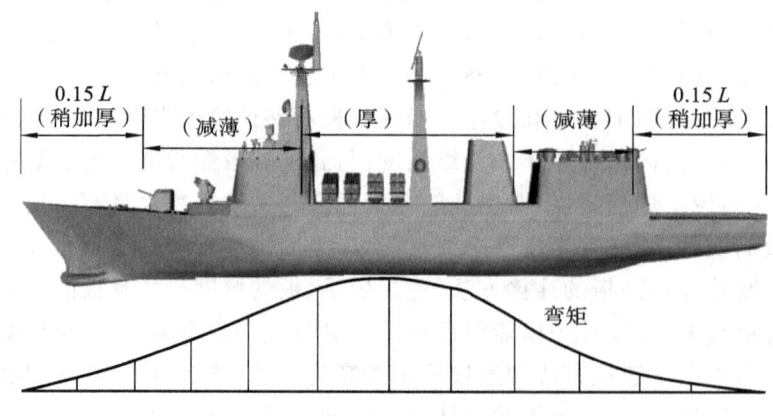

图 3-7　外板厚度沿舰长方向的变化

逐渐减薄。船体艏、艉部弯曲力矩 M 虽然很小，但是受到的静水压力（埋艏）和水动力（波浪冲击力、砰击力和螺旋桨脉动力）较大，因此艏、艉部外板应具有相当的厚度，以抵抗局部载荷作用下的变形和破坏，因此在艏、艉部 15%L 长度范围应适当加厚船体外板。

以上外板纵向厚度变化规律只是一般规律，对于不同的舰船，厚度变化的具体范围及变化量是不同的。例如，对于高速船，因砰击严重，艏部外板加厚的量和范围都要加大；小型的舰船，由于总纵强度问题不太突出，加上腐蚀和工艺要求，对外板可以采用与大型舰船一样的最小板厚要求。

船体外板沿肋骨围长方向（横向）的厚度变化规律（见图 3-8）是：距中和轴最远的舷侧顶板和平板龙骨的板厚最大，向靠近中和轴方向，板厚逐渐减薄。另外，船底板较舷侧板要稍厚一些。这是因为，船体在产生总纵弯曲时，船体梁的上、下缘正应力最大，向靠近中和轴方向逐渐减小，而船体外板中舷侧顶板和平板龙骨分别处于船体梁的上缘和下缘，受应力最大，应加厚。船体梁上下缘构件加大尺寸有两个好处：一是提高构件自身的稳定性；二是提高船体材料的有效利用率。这是因为位于中和轴处的纵向连续构件对提高剖面惯性矩 I 没有什么贡献，而将它移至船体梁的上下缘则可以大大增加剖面惯性矩。另外，平板龙骨要承受建造和修理时的墩木支承反力以及砰击力等，同时还会发生磨损，舷侧顶板是甲板与舷侧相交位置，起着传递舷侧与甲板间力的作用，因而平板龙骨和舷侧顶板要比其他外板列板更为重要，故其厚度要大很多。对于驱逐舰，平板龙骨和舷侧顶板厚度一般为 14～16 mm，而其他外板厚度为 6～10 mm。

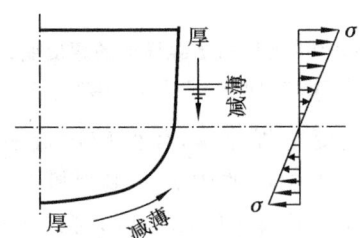

图 3-8　外板厚度沿肋骨围长方向的变化

船体外板中，船底板因受局部静水压力和水动力较大，其板厚通常应稍厚。舷侧板主要受总纵弯曲时的剪应力作用，所受正应力和局部载荷相对较小。因为船体结构抗剪切变形的问题不很突出，所以舷侧除舷顶列板以外的其余列板可适当减薄。

2）甲板板

船体结构中除了内底和外底以外，其余所有水平设置的、用于形成船体内空间顶盖和分隔内部空间的板架结构统称为甲板。对保证船体总纵强度起主要作用的甲板称为强力甲板。

根据类型、大小的不同，舰船甲板的层数各不相同，且各层甲板的名称也不同。通常将主船体最上一层连续贯通全船的甲板称为上甲板，上甲板以下各层连续甲板依次为第二甲板、第三甲板等，统称下甲板。主船体内不连续的甲板称为平台甲板，简称平台。上甲板以上为上层建筑甲板，自下而上依次称为 01 甲板、02 甲板等，也可依其位置、用途来命名，如桥楼甲板、信号甲板、指挥台甲板等。

上甲板覆盖船体内空间，与外板一起形成船体内部封闭容积，保持船体紧密性。下层甲板沿水平方向分隔船体内部空间，形成各层舱室。在船体破损时，下层甲板还可以阻止海水漫延，因而可提升舰船的不沉性。为了扩大船体有效容积，充分利用船体上甲板以上空间，上层建筑的各层甲板和平台构成了上部空间的水平分层,从而可布置各种指挥舱室、驾驶室、会议室以及通信、航海工作舱室等。

　　船体各层甲板板与其骨架一起,在保证船体结构的强度和刚度,保持船体的正常形状等方面起重要作用。上甲板是船体梁的上缘,在船体梁总纵弯曲时,承受很大的拉压力,是保证船体总纵强度的重要构件。船体各层甲板上要安置各种武器和装备,除承受武器设备的重量外,还要承受武器发射时向下的冲击力。下层甲板在船体破损时,要承受破损后的静水压力等。

　　船体甲板板中,主要是上甲板板厚度变化范围较大,其他甲板板较上甲板板要薄得多,其厚度主要由局部强度、工艺和腐蚀性等因素确定。因此,除了边板稍厚以外,其余板从艏至艉厚度相当。

　　上甲板板沿船体纵向与外板的厚度变化规律相似,即在舰艏部$(0.3\sim0.4)L$长度范围内甲板板较厚,并保持不变,然后向艏、艉尾逐渐减薄,如图 3-9(a)所示。但在艏、艉部的上甲板板(约$0.1L$长度范围以内)可适当加厚。这仍然是由于船体在纵弯曲时,舯部所受到的总纵弯矩最大,向艏、艉部逐渐减小至零的缘故,而艏、艉部稍加厚是由于甲板上浪等情况要求局部强度较高决定的。

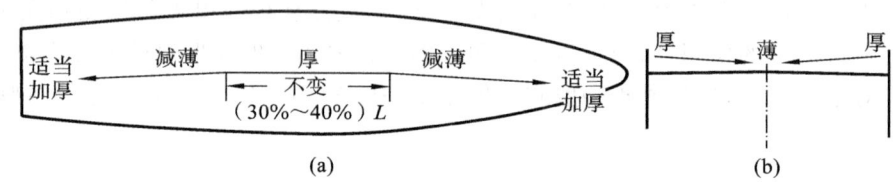

图 3-9　上甲板板纵横向的厚度变化

(a)纵向厚度变化;(b)横向厚度变化

　　沿舰宽方向,上甲板板的厚度变化规律是,靠两舷边板最厚,向甲板中央逐渐减薄,如图 3-9(b)所示。其原因主要是:上甲板中部的中央大多因机舱等开有各种较大的舱口,甲板中央沿纵向被分割成不连续的几段,为了保证船体强度,必须加强开口两侧的甲板边板。另外,甲板边板与舷侧顶板要相互传递载荷,并保持船体形状,加上在横摇时,甲板边板是船体梁的最上缘,所受的纵向拉压应力最大。因此,船体上甲板板取两舷边板最厚,沿舰宽方向向中央减薄是合理的。上甲板边板是船体结构中与平板龙骨、舷侧顶板同等重要的列板,其厚度为相邻列板厚度的$1.2\sim1.3$倍,并与舷侧顶板保持相同厚度。

　　3)舱壁板

　　船体内用于分隔内部容积的铅直平面结构统称为舱壁。舱壁根据用途、结构形式等的不同有不同的分类方法:按紧密性可分为水密舱壁、非水密舱壁、油密舱壁、气密舱壁、防火舱壁等;按布置形式可分为横舱壁、纵舱壁、半舱壁、活动舱壁等;按结构形式可分为平面舱壁、槽型舱壁、压筋舱壁及坚固舱壁(又称主舱壁)、轻舱壁等。船体结构中可用于抗沉的舱壁称为主舱壁,具有抗沉功能的横舱壁称为主横舱壁。

　　舱室进水后,舱壁下部受到的水压力较大,锈蚀也较严重,因此,舱壁板厚度变化的主要规律是上部较薄,下部较厚。考虑到装配、焊接与腐蚀等因素,舱壁板最下一列板的宽度一般不应小于 900 mm。另外,舱壁的两舷边和甲板顶边受到的面内(轴向)压缩力较大,为了提高舱壁板的稳定性,该板也应适当加厚。对于小型舰船,由于其进水后的水压力不大,只需较薄的钢板(在扶强材的支撑下)且不需变化板厚,即可保证强度。但考虑到焊接变形和腐蚀裕度,钢板不能太薄,一般为 $3\sim4$ mm。大、中型舰船的主横舱壁板厚变化比较明显,对于驱逐舰为

4～6 mm,对于巡洋舰为 4～8 mm。

从适应舱壁所受的破损浸水压力沿垂向的变化以及舱壁板厚度变化规律的角度来说,舱壁板采用水平布置是比较合理的,它有利于减轻舱壁结构重量。水平布置是目前舱壁板布置的主要形式。但为更好地适应强度要求,以及便于分段制造和装配方便,舱壁板也可采用混合布置。例如,坞修时,舱壁承受的中央龙骨墩的支承反力较大,为了提高舱壁板的强度和稳定性,舱壁中央可沿垂向布置一列厚板;另外,为了提高舷侧舱壁板抗侧向压力的稳定性及适应分段装配要求,靠舷边的板可沿垂向布置,从而可稍加厚,并划入舷侧分段,如图 3-10 所示。总之,舱壁板的布置应根据具体情况,在保证强度、减轻重量、简化工艺的原则下统一考虑,以选择最佳布置方案。

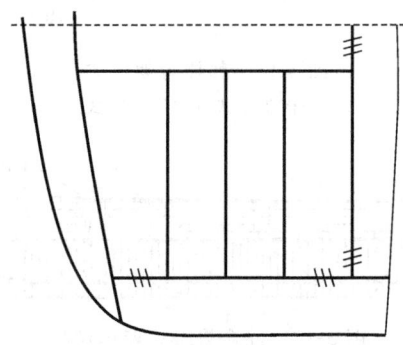

图 3-10 舱壁板的混合布置

3. 水面舰船船体骨架

船体上用于支持外板、甲板板、内底板和舱壁板等板材的纵、横型材统称为船体骨架。在船体结构中安置骨架的主要目的,在于保证船体结构的坚固性,减轻船体结构的重量。

由于船体板在总纵弯曲和局部弯曲载荷作用下,可能产生沿两个方向的弯曲变形,因此其骨架应布置在纵、横两个方向上。根据纵、横两个方向受力大小和受力方式的不同,骨架的布置间距与尺寸大小可以不同。船体骨架的这种布置方式称为船体骨架形式。

1)骨架形式的种类

船体结构的基本骨架形式有两种,即纵骨架式和横骨架式,如图 3-11 所示。无论纵骨架式骨架结构还是横骨架式骨架结构,都由纵、横两个方向的构件(型材)组成。这两个方向的构件把板材划分为许多矩形的小块,称为板格。板格的长边沿舰长方向布置的骨架形式称为纵骨架式;反之,板格的长边沿舰宽方向布置,则该骨架形式称为横骨架式。

船体各部分结构的骨架形式可以一致,也可以不同。通常将大部分结构为纵骨架式结构的船体结构统称为纵骨架式船体结构;反之,将大部分结构采用横骨架式骨架结构的船体结构称为横骨架式船体结构。如果船体结构中既有纵骨架式骨架结构,又有横骨架式骨架结构,则该船体结构称为混合骨架式船体结构(见图 3-12)。

2)两种基本骨架形式的特征

纵骨架式骨架结构的纵向构件稠密,间距较小。一般纵骨的间距为 300～600 mm,其剖面尺寸相对较小。但纵骨架结构也有大的纵向构件,即纵桁。纵骨架结构中的横向构件相对比较稀疏,间距一般为 1 000～2 000 mm,其剖面尺寸较大。当纵、横构件相交时,通常都是纵向构件保持连续性,而横向构件间断或开孔,让纵向构件连续通过。因此,纵骨架式的船体结构有较多的纵向连续构件,这在提高船体结构总纵强度的同时,也大大提高了板材抗纵向压缩

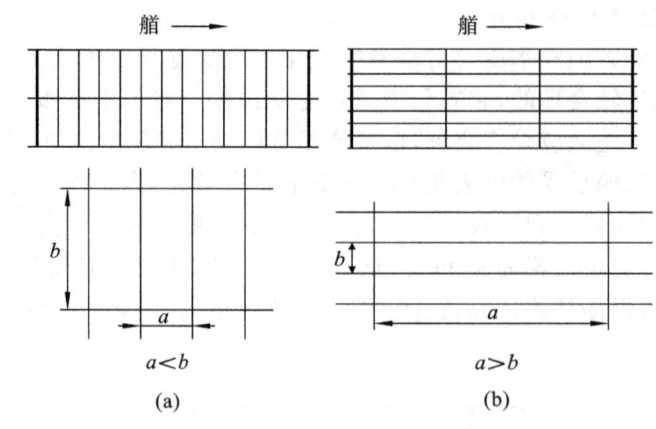

图 3-11 船体骨架形式

（a）横骨架式；（b）纵骨架式

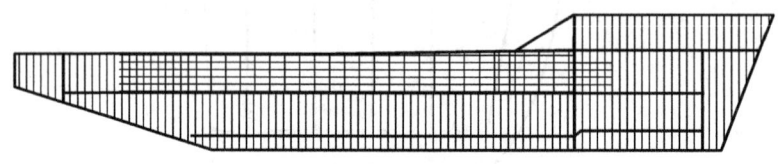

图 3-12 混合骨架式船体结构

失稳的能力,对保证船体总纵强度十分有利。

横骨架式船体结构的横向构件肋板、肋骨及横梁布置较稠密,肋骨间距一般为 500～700 mm,普通横梁和普通肋骨的尺寸较小,横向大构件称为强横梁和强肋骨。横骨架式船体结构中的纵向构件布置稀疏,间距较大,一般为 1 000～2 000 mm,其剖面尺寸较大,为大构件（纵桁）。当纵、横构件相交时,通常都是横向构件保持连续,纵向构件间断或开口,让横向小构件连续穿过,仅中内龙骨（中底桁）必须保持连续。因此,横骨架式船体结构横向强度较好,肋骨刚度较大,这对于承受外部水压力和保证局部强度是有利的。

目前常规排水型船大多采用纵骨架式船体结构,其原因在于:一是这种舰船的航速较高,一般航速在 28～35 kn,为适应快速性的要求,通常船体设计得比较细长,这样,船体所受的总纵弯矩就较大,船体结构的总纵强度问题显得特别突出。保证总纵强度是船体强度设计的关键,因此应采用纵强度较好的纵骨架式船体结构。二是船体结构的适用性要求船体在保证坚固性的条件下其重量最轻,纵骨架式船体结构可以较好地满足这一要求。三是船体结构的抗损性要求采用纵骨架式骨架结构。虽然纵骨架式有工艺性、经济性不佳的缺点,但从总体性能来说,军舰还是以采用纵骨架式船体结构为好。我国现役舰船大都采用纵骨架式船体结构,但对于一些小型舰船,由于总纵弯矩较小,而板的厚度通常是按局部强度、工艺条件、使用要求和腐蚀损耗等因素确定的,总纵强度往往容易保证,在此情况下采用纵骨架式结构并不能减轻结构重量,因此从工艺性、经济性和舱容利用等角度考虑,采用横骨架式结构反而有利。

3.2.2 水面舰船强度

水面舰船在服役期间会受到各种外力的作用,为了保证舰船能够顺利执行各种航行和战斗任务,船体结构必须具备抵抗这些外力作用的能力,在外力作用下不变形和保持完整。船体结构在各种外力作用下抵抗变形和破坏的能力称为船体强度。各种舰船都必须具有与其使命要求相适应的船体强度,结构设计的目的就是使该船体强度能满足船体结构强度标准的要求,保证在各种受力状态下船体结构产生的变形和应力不会大于允许值,同时使船体结构重量最轻。

水面舰船船体所受的外力主要有:自然环境外力,包括静水压力、浮力、重力、波浪冲击力等,以及由于浮力与重力分布不同而产生的弯矩、扭矩与剪力等;非自然环境外力,如爆炸冲击力、碰撞和触礁时的撞击力等。对于水面舰船船体结构强度,主要研究在自然环境外力作用下,船体结构抵抗变形和破坏的能力。

1. 水面舰船强度的分类

根据长期的使用经验及对海损事故的分析研究,外力对水面舰船船体作用所引起的船体结构的变形和破坏可概括为四大类:

（1）船体纵向的变形和破坏,对应于船体总纵强度;

（2）船体横向的变形和破坏,对应于船体横强度;

（3）船体扭转变形和破坏,对应于船体扭转强度;

（4）船体局部变形和破坏,对应于船体局部强度。

前三种为船体总体的变形与破坏问题,其对应的船体总纵强度、横强度、扭转强度又统称为船体总强度。

一般说来,水面舰船由于其快速性的要求,船体都比较细长,船体结构的总纵强度问题较为突出,而舰船在海上航行时,船体各部分结构都可能承受静水压力、波浪冲击力和武器装备的重力、惯性力等的作用,对船体结构的局部强度问题应予以考虑。由于舰船对不沉性要求较高,横舱壁设置较多,而甲板开口较小,一般水面战斗舰艇船体结构在横强度和扭转强度方面的问题不大。

2. 水面舰船漂浮在静水中时的受力

水面舰船漂浮于静水时,作用于船体上的外力主要是重力和浮力。重力是由舰船上各种机械装备和油、水、弹药的重量,以及船体结构自身的重量所组成的,重力大小等于舰船的总重量,其方向铅直向下,合力作用在重心处;浮力是由舰船排开外水而产生的水对舰船的支承力,浮力大小等于船体排开外水的总重量,其方向铅直向上,合力作用在浮心处。舰船在重力和浮力作用下静力是平衡的,因而船体所受到的合力为零。那么,船体结构在此状态下为什么会产生弯曲变形呢?下面做进一步分析。

舰船的重力和浮力都是沿舰长分布的。如果把船体沿纵向分成若干段(在作重力分布曲线时通常将船长分为 20 等份绘出),则对于每一段船体,其所受的重力和浮力一般是不相等的,这是因为重力和浮力沿舰长的分布不可能完全一致。浮力分布曲线是一条光顺曲线,并由船体水下部分形状确定;重力分布曲线不会是光顺的,通常将各理论段的总重量平均,作成阶梯分布曲线,如图 3-13(b) 所示。每段上重力与浮力不相等,将重力减去浮力就得到船体各段所受的载荷。船体沿舰长所受的载荷分布曲线如图 3-13(c) 所示。事实上,如果舰船船体各段之间没有船体结构的连接,船体各段能自由沉浮,则船体各段在上述载荷作用下将呈七上八下的漂浮状态,如图 3-13 (d) 所示。然而,实际上船体是一个连续的整体,各段船体之间的约束力使船体不可能呈上述状态。各段船体之间的约束力是作用在船体结构横剖面上的正应力和剪应力。

剪力和弯矩分布分别如图 3-13(e)、(f) 所示。弯矩的最大值在船长的舯部区域,向艏、艉

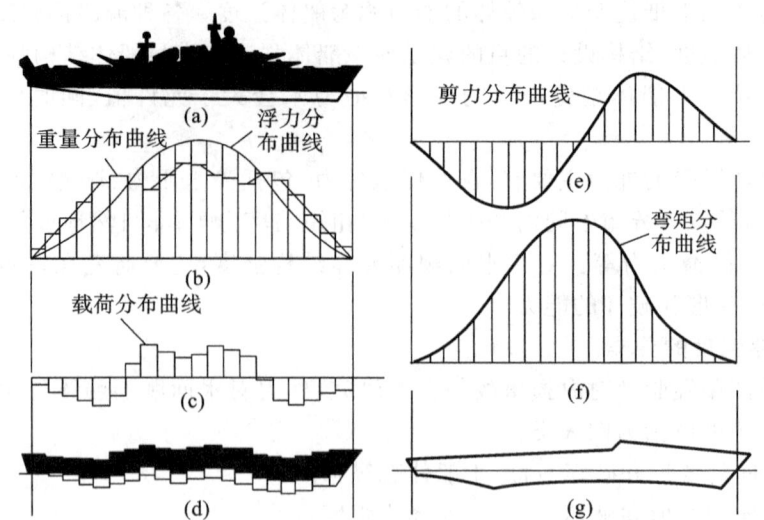

图 3-13　舰船在静水中的浮力、重量、载荷及剪力和弯矩曲线

部逐渐减小至零;剪力的最大值在船长的 1/4 和 3/4 附近区域。

　　根据外载荷分布的不同,舰船可能向上弯曲,也可能向下弯曲。船体(舯部)向上弯曲称为中拱,在中拱状态,船体上部构件受到拉应力的作用,下部构件受到压应力的作用。船体向下弯曲称为中垂。在中垂状态,船体下部构件受到拉应力的作用,上部构件受到压应力的作用。船体剖面上正应力在上甲板处和底部最大,当该正应力值大于船体材料许用应力值时,船体结构就可能产生塑性变形、失稳或断裂破坏。

　　3. 船体总纵强度的几种危险状态

　　1) 舰船在波浪中

　　舰船在波浪中航行时,遭遇的波浪大小和波浪与舰船的相对位置都是随机的。为了研究问题的方便,通常假设舰船静置在一定的波浪之上,将波浪的随机性化为确定性,将船体结构的随机强度化为一般的静强度问题来考虑。显然,波浪的波高和波长对船体水线波面及浮力分布影响较大,这里仅就几种典型情况进行讨论。

　　第一种情况,波长远大于舰长。此时船体水线仍近似为一条直线,即此时浮力的分布情况与静水时并无多大变化,船体受力也就与在静水中时的受力情况相似。该受力状态不是舰船的危险受力状态,如图 3-14(a)所示。

　　第二种情况,波长远小于舰长。此时在舰长范围内出现很多个波峰和波谷,总的来看,浮力沿舰长的分布变化并不大,船体结构的受力情况仍与在静水中时受力情况相差不大,如图 3-14(b)所示。

　　第三种情况,波长近似等于舰长,而波高近似与波长成正比。此时的波高与舰船型深相当。当舰船舯部位于波谷(见图 3-14(c))时,船体舯部吃水很小,在舯部重力远大于浮力,而船体艏、艉部的吃水很大,艏、艉部的浮力远大于重力,此时将产生严重的中垂现象。

　　如果舰船舯部位于波峰处(见图 3-14(d)),则舯部吃水很大,浮力远大于重力,艏、艉部吃水很小,重力远大于浮力,因而产生中拱现象。

　　可见,当波长近似等于舰长,而波峰或波谷位于船体舯部时,船体浮力分布与静水中船体浮力分布相比,其变化是很大的,此时船体剖面中产生的弯矩和剪力,将远大于静水中船体的

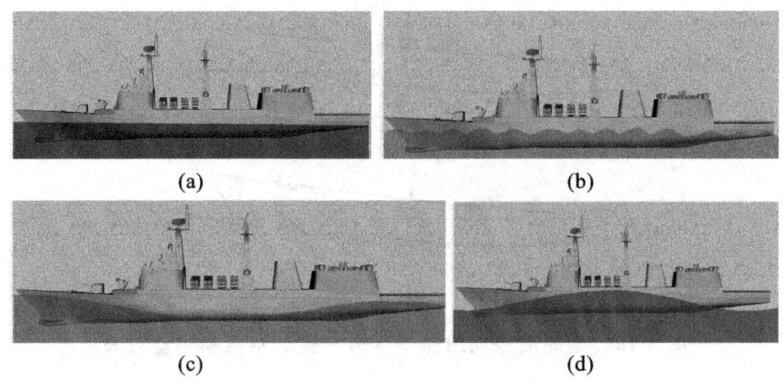

图 3-14　舰船在波浪中的典型情况

(a)波长远大于舰长；(b)波长远小于舰长；

(c)波长近似等于舰长,舯部位于波谷；(d)波长近似等于舰长,舯部位于波峰

受力。当舰船舯部位于波峰或波谷时,极端情况下船体将因产生中拱或中垂现象而被破坏,如图 3-15 所示。

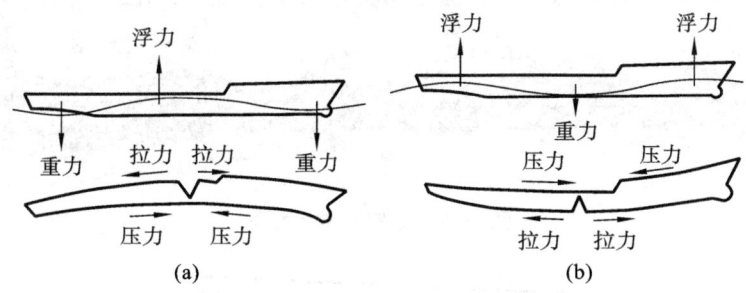

图 3-15　船体中拱和中垂破坏示意图

理论与实践都表明,波长近似等于舰长,波峰或波谷位于船体舯部的情况,是舰船在波浪上航行所遇到的最危险情况,船体静置于波浪上的总纵强度的计算就是对应该情况。在波浪上处于中拱、中垂状态的舰船,由于船舯的弯矩较大,其船体的破坏多发生在舯部。此外,舰船在波浪中航行时,船体结构在波浪作用下交替、反复产生中拱和中垂现象,可能产生疲劳断裂破坏,这也是必须予以高度重视的问题。

2）纵向下水时的中拱和中垂现象

在一定条件下,舰船沿纵向滑道下水时的船体中拱和中垂（见图 3-16）同样是十分危险的。舰船沿纵向滑道下水时产生中拱和中垂的条件是水位不高。

3）船体在坞修过程中的总纵强度

舰船在建造和修理中有时需要搁置在墩木上,如图 3-17 所示。墩木支承反力在墩木设置较密时也可视为连续的分布支承力,它与船体重力的分布不同时,船体结构就将受到外载荷的作用而产生纵向弯曲变形。

舰船建造时,可以随时调整墩木的支承情况,船体总纵强度较容易保证。船体在坞修中的总纵强度是必须予以考虑的。其原因是:①坞修中舰船坐墩时,墩木为一次性设置的,由于墩木材料的不均匀性及墩木布置的不准确性,实际墩木支承反力与船体重力的分布仍有很大差距（见图 3-18）；②船体结构在坞修时,割换板、甲板开口起吊等操作,会使船体结构的完整性

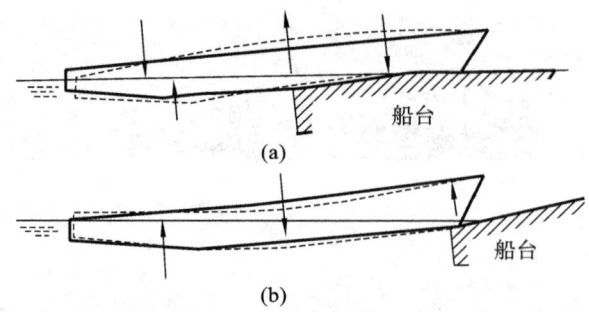

图 3-16　舰船沿纵向滑道下水时产生的中拱和中垂现象

(a)中拱;(b)中垂

图 3-17　船舶坐墩示意图

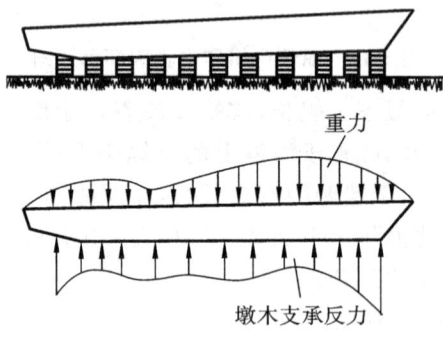

图 3-18　舰船在墩木上的受力

受到破坏,船体强度有所削弱。

综上所述,在船体入坞前应尽量减小舰船上的装载量,严格检验墩木布置的准确性及墩木的质量,并适当增设墩木,及时调整墩木受力,力求减小坞修中船体的纵向变形。

4. 提高船体总纵强度的措施

要提高船体总纵强度可从以下三个方面加以考虑:

(1) 正确选用船体的结构材料。船体结构选材时,还要考虑材料的经济性、工艺性、耐腐蚀性等。一般中、小型舰船,由于舰长较小,外力也相应较小,采用低碳钢(一般强度结构钢)就可以保证船体强度。若选用较高强度结构钢,其经济性要差很多,而且会造成船体强度的剩余,这显然不可取。

（2）尽量增大船体抗弯惯性矩。选择纵向连续构件多的骨架形式——纵骨架式结构；尽量保证纵向构件的连续性，使其成为船体梁的一部分；加大船体梁上下缘构件的尺寸等。

（3）减小船体所承受的弯曲力矩。在设计阶段合理布置舰船装载的设备，在使用中采用合适的航向，避免波长近似等于舰长时的中拱和中垂现象。

除了上述三个方面以外，合理的结构设计（如耐压船体采用圆形横剖面）和良好的建造质量，也是提高和保证船体总纵强度的重要因素。船体结构与均质梁的不同之处在于，船体结构中存在构件的间断与终止，以及因焊接而造成的缺陷与裂纹，这些都是船体结构在较小应力状态下产生断裂破坏的根源，因而必须给予足够的重视。

3.3　潜艇结构与强度

3.3.1　潜艇结构

1. 潜艇结构形式

潜艇按其结构形式不同可以分为单壳体潜艇、个半壳体潜艇、双壳体潜艇和单双壳体混合式潜艇。

1）单壳体潜艇

如图 3-19 所示，从横剖面看，单壳体潜艇的船体只是由一层耐压船体组成，船体结构比较简单。单壳体潜艇储备浮力小，一般小于 15% 的排水量；通常采用大分舱并按区域布置，布置灵活，空间利用率高；船体外形尺度相对较小，水下全排水体积较双壳体潜艇小，船体开孔少，对降低船体阻力和孔穴噪声、提高潜艇航速和续航力有利；结构简单，建造工艺和船体维护保养相对简单。但是单壳体潜艇的燃油舱、调整水舱等布置于耐压体内部，占据了舱室宝贵的空间；储备浮力较小，使潜艇难以满足"有限不沉性"要求。西方国家的潜艇大多采用单壳体形式。

2）个半壳体潜艇

个半壳体潜艇耐压船体的外面还部分地包覆着一层耐压或非耐压的结构，在这两层结构之间所形成的空间内布置着潜艇的主要液舱（如耐压水舱、主压载水舱和燃油舱等），如图 3-20 所示。个半壳体潜艇与单壳体潜艇相比，内部空间设置情况得到了改善，外部线型也部分得到改善，有利于改善潜艇的水下流体动力性能。但是，由于耐压船体底部暴露在外面，以及底部的通海阀门等部件易被碰撞损坏，因此，个半壳体潜艇坐沉海底及在狭窄航道航行时应特别小心。

3）双壳体潜艇

双壳体潜艇耐压船体的外面被一层非耐压船体包覆，如图 3-21 所示。由于非耐压船体易于弯曲加工，潜艇的型线趋于光顺，从而有利于满足流体动力性能方面的要求，并能保护耐压船体和布置在耐压船体外的设备。双壳体潜艇因储备浮力大、双层壳体可减弱反潜武器的破坏等，故不沉性好，生命力强。

4）单双壳体混合式潜艇

这类潜艇采用局部单壳体和局部双壳体混合式结构，如图 3-22 所示。采用这种结构是为了在固定浮容积不变并满足一定的储备浮力要求的前提下，使潜艇的水下全排水量尽量小，从

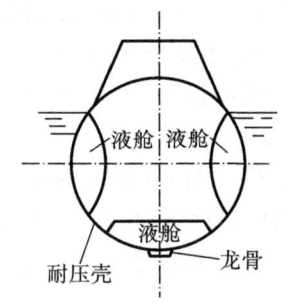

图 3-19　单壳体潜艇横剖面

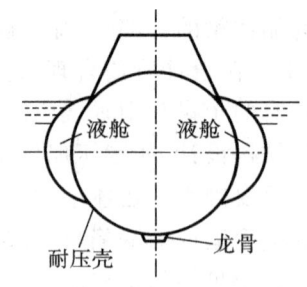

图 3-20　个半壳体潜艇横剖面

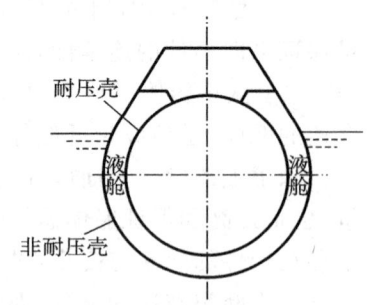

图 3-21　双壳体潜艇横剖面

而达到减小船体浸湿表面积、提高水下航速,同时保持较强的不沉性以及可在舷间布置某些特殊物品的目的。随着现代工艺水平的提高,人们已有能力将耐压船体板材按照型线的要求来进行弯曲;而部分双壳体结构又可弥补单壳体结构潜艇的某些缺点。当前有一些大、中型潜艇采用此类结构形式。

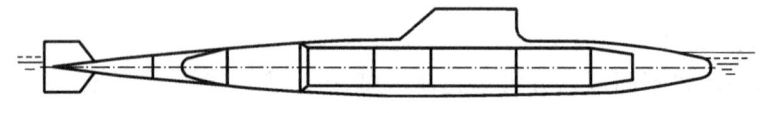

图 3-22　单双壳体混合式潜艇

2. 潜艇船体结构的组成

尽管潜艇有各种类型,但由于其布置、外形和受力等具有共同特点,因此它们的结构组成基本相同。潜艇船体结构的分解与水面舰船船体结构的分解基本类似,通常把潜艇船体结构分为基本结构与专门结构两大部分。

潜艇船体基本结构是指构成潜艇船体不可缺少的各部分结构。这些结构是潜艇船体的基础,艇上的一切装置、设备和专门结构都安装在基本结构上,它直接或间接地影响着潜艇的战术、技术性能。因此,它是研究潜艇结构的主要对象。基本结构一般可分解为以下几部分。

(1)耐压结构:它是能承受深水压力的船体结构的统称,包括耐压船体结构、耐压指挥室结构、耐压水舱结构等。

(2)非耐压结构:它是不能承受深水压力的船体结构的统称,包括非耐压水密结构和非水密结构,前者主要指潜艇的舷间压载水舱结构,后者按其位置不同又分为上层建筑结构、指挥室围壳结构及艏、艉部结构等。

(3)舱壁结构:用于支撑和分隔耐压船体的平面或球面结构,包括耐压船体内部的平面或球面舱壁和耐压船体前后两端的舱壁。

所谓专门结构(又称特殊结构)是指潜艇上为某些专门用途而设置的结构。专门结构种类很多,在潜艇上分布很广,按其特点归纳起来大致可分为以下三种。

(1)开孔专门结构:属于在耐压船体上开孔的专门结构,如出入舱口、鱼雷装载舱口、耐压船体可拆板等。

(2)凹穴与附体结构:非耐压船体上的凹穴结构或突出的附体结构,如鱼雷发射管前的减阻板、水声仪器导流罩、锚穴、稳定翼等结构。

(3)基座结构:如主机基座、电动机基座等。

应该指出的是,所有的专门结构都不是孤立设置的,而是与基本结构密切相连的。

3. 潜艇耐压船体结构

潜艇为了能在深水中执行各项任务(航行、战斗等),必须设有坚固的船体以承受巨大的水压力,耐压船体的主要功用就在于承受深水压力,保证舱室内部人员和各种设备的正常工作。此外,潜艇耐压船体组成一个水密空间,为潜艇提供80%~85%的固定浮容积,这就为潜艇在水下始终能维持重力等于浮力的平衡条件提供了基础。为了保证耐压船体具有上述功用,其结构应满足一定的要求:

(1) 必须具有足够的强度和稳定性,为此,应该合理选择结构形式和构造方法。

(2) 必须具有良好的紧密性,为此要求耐压壳板的接缝严密而坚实,各种出口处的紧密性应由专门的填料函来保证。

耐压船体的形状是由受力、舱室设备布置、建造工艺以及外形等因素所决定的。对于不同历史时期、不同类型的潜艇,各个因素所起的作用亦不相同,但是一般情况下,其受力总是起到主导作用。

1) 耐压船体横剖面形状

历史上耐压船体横剖面形状是多种多样的,如圆形、椭圆形、矩形以及半圆形等形状。但从抵抗深水压力的观点来看,以采用圆形横剖面最为有利。所以圆形横剖面的耐压船体从一开始就被广泛采用,并且一直沿用到今天。圆形横剖面的耐压船体,其受力之所以最好,是因为它在均匀外压力作用下只产生均匀收缩变形,这样壳板内部只有均匀压缩应力而无弯曲应力。而椭圆形、矩形等其他横剖面形状,由于它们不是纯圆形,在静水压力作用下壳板内部除了压缩应力外,还有弯曲应力,因此耐压船体变形就不均匀,如图 3-23 所示。为了保证其强度,就必须增加壳板厚度,因而会增加结构的重量。因此,在保证强度的前提下,圆形横剖面耐压船体结构的重量最小。

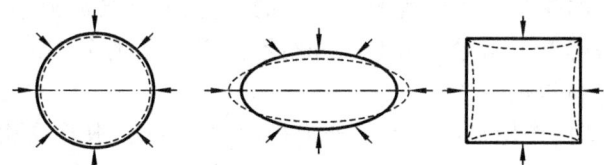

图 3-23　不同横剖面的耐压船体在均匀外力作用下的变形

2) 耐压船体纵剖面形状

耐压船体纵剖面形状的类型基本上可分为两种:曲线型和直(折)线型。在某些单壳体的潜艇上,耐压船体就是外形的一部分,为了使潜艇在水下航行时阻力最小,必须把耐压船体做成光顺曲线形,这样会给耐压船体加工带来一些困难,但为了减少阻力也不得不如此。我国早期潜艇受到加工能力限制,多采用直线型耐压船体,新一代潜艇的外形向更加光顺的曲线型发展。

3) 耐压船体尺寸

耐压船体的尺寸主要指它的直径和长度。耐压船体直径的大小,当然与潜艇的排水量大小、潜艇艇体线型和主要设备的尺寸有关,但主要由分层布置条件来决定。在考虑分层时,要保证人员正常生活、工作条件及设备安装、检修等因素。例如,为了保证人员的生活、工作条件,要求舱室不包括构架的净高度不小于 1.8 m,考虑潜艇圆形结构的特点,在上层时一般要求舱室净高度为 2~2.3 m。因此,同一类型潜艇有时排水量虽然差别较大,但如果分层数目相同,其直径差别却不大。目前,常规动力潜艇耐压船体内一般只有一层甲板(即按两层布置）；个别外形为水滴形的常规动力潜艇，由于船体短而肥，中部采用两层甲板，如日本的"涡潮"级潜艇、美国的"巴伯"级潜艇。对于核潜艇，由于其排水量大，又都采用水滴形外形，常常采用三层或四层布置。为了提高舱室甲板利用率，采用两层布置的耐压船体直径一般在4.3 m以上，采用三层布置的一般在7 m以上，采用四层布置的一般在9 m以上。

耐压船体长度也与排水量大小、耐压船体直径有关，但主要由潜艇舱室纵向布置条件来决定。例如，以柴油机和蓄电池为动力的直接传动潜艇，尽管有时排水量差别较大，但由于布置方式基本相同，其耐压船体长度差别不太大；而采用不同布置方式时耐压船体长度差别就较大，如水滴型潜艇，为了减少阻力，要求艇的长宽比为7左右，因此，往往加大耐压船体直径，缩短耐压船体的长度。

3.3.2　潜艇强度

1. 潜艇船体的受力

潜艇在服役过程中，总要经历水面航行、水下航行、停泊、战斗以及修理等环节。在这些环节中，潜艇船体结构会受到各种外力的作用。这些外力按其性质可分为两类：①静力，包括船体及各种设备的重力、静水压力和墩木支承反力等。②动力，包括波浪冲击力、机械工作时由于不平衡而产生的惯性力、各种武备发射时的后坐力、爆炸冲击波压力及碰撞等。

在潜艇结构设计中，主要以作用在船体上的静力作为结构强度计算的依据。对船体结构的动力强度，只是在静力强度计算的基础上做某些校核。因此，潜艇船体结构所受的静力是潜艇强度计算所考虑的主要受力。潜艇船体结构所受的静力按其航行状态可分为水面状态的受力和下水状态的受力。

潜艇在水面状态下的受力与水面舰船是一样的，包括静水与波浪中两种情况，而且在两种情况下都要计算由于潜艇重力与浮力沿船长分布不同而产生的分布载荷，由分布载荷积分可计算沿船长分布的剪力和弯矩。

潜艇处于水下状态时，作用在船体上的外力是深水静压力，其次是由于各段上重力和浮力不一致而产生的分布载荷、剪力和弯矩。然而由这些剪力和弯矩所确定的应力相对于由深水压力所确定的应力是很小的，因此可以忽略不计。

潜艇处于水下状态时的静水压力是由耐压船体来承受的。在耐压船体横剖面上看，压力分布沿高度方向成线性变化，其作用压力可分为两部分，即均布载荷 p_0 和按三角形分布的载荷 p_1，如图 3-24 所示。因此，作用在耐压船体上的载荷为

$$p = p_0 + p_1 = \gamma h + \gamma R \cos\alpha \tag{3-1}$$

式中　γ——水的重度，在潜艇强度计算中通常取 $\gamma = 9.8\ \text{kN/m}^3$；

　　　h——自由水面至耐压船体轴线距离，即下潜深度（m）；

　　　R——耐压船体半径（m）；

　　　α——取决于耐压船体各点位置的角度。

比较上述两部分载荷可以看出，p_1/p_0 的最大比值为 R/h，对于现代潜艇，耐压船体半径一般为 3~5 m，而极限深度一般为 300~450 m，R/h 的比值一般小于 2%，因此，为了计算方便通常忽略 p_1 的影响。

由此可见，潜艇不考虑纵倾时，在深水中耐压船体受力相当于一个均匀载荷，其值等于耐压船体轴线至自由水面高度的水柱压力，即

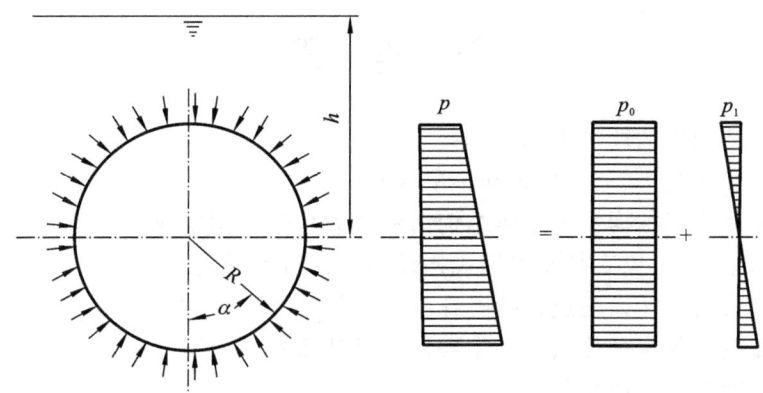

图 3-24　耐压船体横剖面压力分布图

$$p = \gamma h = 0.009\,8h \quad (\text{MPa}) \tag{3-2}$$

2. 潜艇强度的计算状态

由上面分析可以看出,潜艇主要受力是水面状态下的总纵弯曲力矩和深水状态下的静水压力。总纵弯曲力矩的作用与深水压力的作用对船体的效应是不同的,前者力图使船体沿纵向破坏,而后者将使船体沿横向破坏。但使用实践及计算表明,如果耐压船体在深水压力作用下横向强度有保障,那么,在总纵弯曲力矩作用下的强度也一定有保障。

3. 提高潜艇船体强度的途径

潜艇船体结构设计的目的就是要保证船体结构的应力强度和稳定性。在保证潜艇耐压船体结构强度的前提下,潜艇的下潜深度主要取决于壳板的厚度、耐压船体的半径以及壳板材料的屈服强度。显然,潜艇壳板的厚度愈大,耐压船体的半径愈小、壳板材料的屈服强度愈大,则潜艇耐压船体结构强度也就愈大,潜艇的极限下潜深度愈大,反之则愈小。但是这里需要特别指出:确定潜艇耐压船体结构强度时,壳板内部的应力强度只是需要考虑的一个方面因素,需要考虑的另一个方面因素是潜艇耐压船体结构的壳板稳定性,实践证明壳板稳定性要求是主要的。

根据潜艇耐压壳体失稳压力的计算公式,耐压船体环肋圆柱壳失稳临界压力与耐压船体半径的三次方和单位圆柱壳长度(肋骨间距)成反比,与壳板材料的弹性模量和单位圆柱壳长度(肋骨间距)壳板剖面惯性矩成正比。显然,潜艇壳板剖面惯性矩愈大,壳板材料的弹性模量愈大,耐压船体的半径愈小,则耐压船体环肋圆柱壳失稳临界压力就愈大,潜艇耐压船体结构稳定性也就愈高,潜艇的下潜深度愈大,反之则愈小。总之,对于潜艇耐压船体强度,除了考虑应力强度条件以外,还应考虑稳定性强度条件。

现代潜艇耐压船体壳板厚度一般如下:对于小型潜艇为 8~14 mm,对于中型潜艇为 16~28 mm,对于大型潜艇为 22 mm ～32 mm,对于核潜艇可达 40 mm 以上。

本 章 小 结

本章介绍了舰体结构应满足的基本要求;介绍了水面舰船船体结构的组成、板架结构的主要构件及名称。对水面舰船板和骨架的结构形式、布置方式及结构尺寸的变化规律做了详细的说明;介绍了潜艇结构的基本组成、耐压船体结构的结构形式及基本尺寸。在船体强度部分内容中,分别指出了水面舰船和潜艇不同类别的强度及提高船体强度的措施。

思　考　题

1. 影响船体结构工艺性的因素有哪些？

2. 什么是主船体结构、上层建筑和主甲板？

3. 什么是船体板架结构？主船体结构由哪几大板架结构组成？

4. 船体底部结构中，单底与双底组成构件的名称有何异同？

5. 什么是端接缝？什么是边接缝？什么是列板？

6. 外板厚度变化规律是什么？其主要依据是什么？

7. 上甲板厚度变化规律是什么？

8. 舱壁板一般如何布置？

9. 船体的基本骨架形式有哪几种？

10. 纵、横骨架形式的优缺点是什么？

11. 军舰为何多采用纵骨架式舰体结构？

12. 潜艇按结构形式可以为哪几种？

13. 潜艇耐压船体的横剖面采用何种形状？为什么？

14. 水面舰船的强度分为哪四大类？

15. 舰船漂浮在静水中时，船体结构受到弯曲力矩和剪力作用的原因是什么？

16. 潜艇强度计算主要以哪种载荷为依据？为什么？

17. 提高潜艇强度有哪些途径？

第4章　舰船航行性能

舰船是携带武器装备的运载器或执行某种特殊任务的海上作战平台,它包括在水下航行的潜艇、在水面航行的水面舰船,以及在水面以上航行的特殊高性能舰船。舰船海上战斗力是由人员的素质、武器的效能加上先进的平台性能构成的。舰船上的舰员要能完成各种军事任务,舰船上的武器装备要能发挥作战效能,首先就要求其所处的舰船平台具有相适应的航行性能。舰船的航行性能描述的是舰船作为一种可运动的海上作战平台所必须具备的基本性能,包括浮性、稳性、不沉性、快速性、操纵性、适航性等。

舰船表现出的航行性能,反映的是舰船与海洋环境相互作用的规律,因此舰船的航行性能与其形状和几何尺度,特别是与舰船水下部分的线型密切相关,还与舰船的重量及重量分布、动力装置及推进器、各种附体及操纵面等相关。因此,在了解舰船线型、尺度之后,还需对舰船的航行性能及其指标有所了解。

浮性、稳性、不沉性体现平台在海上的生存能力和安全性,属于舰船静力学的研究范围;快速性、操纵性、适航性体现平台的机动能力和航行性能,属于舰船动力学的研究范围。

本章介绍舰船航行性能的最基本原理和方法,在相应的内容中将包括评估的指标体系。

4.1　浮　　性

要使舰船能够在水面或水下航行,基本要求是舰船能够稳定地浮于水面或水下。舰船的浮性就是指舰船在一定装载情况下浮于水面或水中某一位置的能力。如果舰船的浮性不足,舰船就会下沉甚至沉没。

从力学观点来看,静止的舰船在竖直方向上只受到舰船重力和浮力的作用,因此研究舰船浮性主要是研究舰船重心、浮力与浮心以及舰船漂浮状态之间的相互关系。

4.1.1　浮力

静止漂浮于水面或悬浮于水下的舰船上作用有两种力。第一种力是船体、推进系统、武器装备等质量引起的重力。所有重力的合力即为舰船的重力,通常用 P 来表示。重力铅直向下作用在舰船的重心 G 上。第二种力是作用在舰船壳体浸湿表面上的流体静压力,如图 4-1 所示。流体静压力垂直于船体表面,可以将其分解为铅直方向和水平方向的两个分力。由于舰船是静止地浮于水中,故整个浸湿表面上的水平分力应相互抵消,铅直分力的合力即为舰船所受到的浮力,浮力铅直作用在排水体积的形心 B 上。根据阿基米

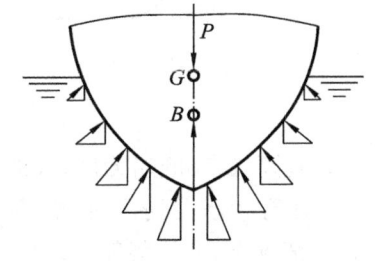

图 4-1　重心与浮心

德原理,水中物体所受到的浮力等于物体排开的水的重力。舰船静止地漂浮在水中时,其受到的重力和浮力应该大小相等、方向相反,而且作用在同一铅垂线上。

一般舰船能排开水的主要是水密部分的船体。当舰船上载重量减少时,重力小于浮力,舰船就上浮,吃水减小,直到浮力减小至舰船达到新的平衡状态为止。相反,当舰船载重量增加时,重力超过浮力,舰船就下沉,吃水增大,使舰船的排水体积增加,直到浮力增大至舰船达到新的平衡状态为止。

潜艇潜浮在水中也应该满足水下的平衡条件,潜艇的上浮和下潜就是通过调整重力或浮力的大小来实现的。为此,潜艇上设有主压载水舱。主压载水舱上部设有通气阀,下部设有通海阀。潜艇需要下潜时打开主压载水舱的通海阀和通气阀,海水就从通海阀进入主压载水舱,水舱内的空气也从通气阀中排出,潜艇开始下潜。潜艇需要上浮时关闭通气阀,打开通海阀,利用潜艇携带的高压空气或其他压缩气体将主压载水舱内的水逐步排出,从而达到使潜艇上浮的目的。

但是潜艇在水下时,由于受盐度、温度、海流冲击力、深度等各种因素的影响,总是不能完全保持原有的平衡状态。为此潜艇上专门设置了浮力调整水舱来进行调节,以实现潜艇在水中某一深度范围内的潜浮状态。

舰船在航行时,由于受到波浪干扰,浮力与重力经常是不等的,为取得平衡,舰船就经常处于不断升沉运动之中。

4.1.2　舰船的漂浮状态

漂浮的舰船与静水表面呈现出的相对位置状态称为舰船的漂浮状态或浮态。舰船在水面上可能出现的漂浮状态有四种。

(1) 正浮状态:舰船无艏、艉纵向倾斜,也无左右舷的横向倾斜,如图 4-2 所示。

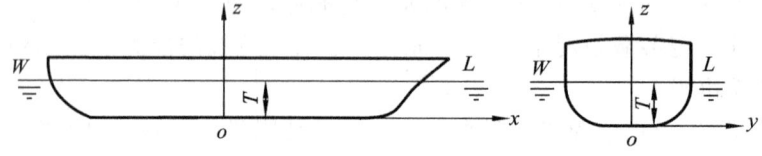

图 4-2　舰船正浮状态

(2) 纵倾状态:舰船有艏、艉的纵向倾斜,但无左右舷的横向倾斜,如图 4-3 所示。

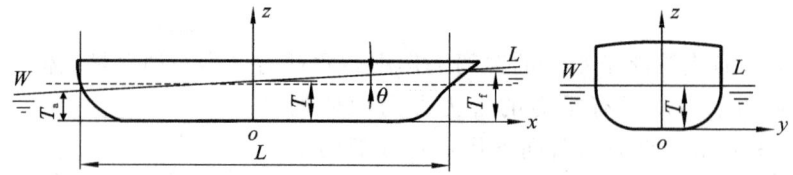

图 4-3　舰船纵倾状态

(3) 横倾状态:舰船无艏、艉的纵向倾斜,有左右舷的横向倾斜,如图 4-4 所示。

(4) 任意状态:舰船既有艏、艉的纵向倾斜又有左右舷的横向倾斜,如图 4-5 所示。

正常情况下,允许舰船出现的浮态为正浮状态或略带艉倾状态,横倾状态、大角度纵倾状态和任意状态对舰船的航行性能和战斗性能都是不利的,往往只在舰船破损进水的情况下才

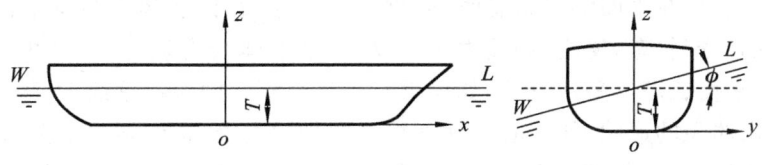

图 4-4　舰船横倾状态

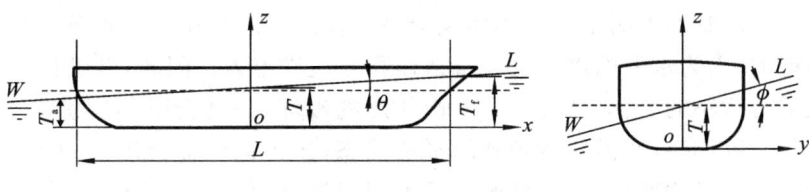

图 4-5　舰船任意状态

出现。

潜艇的水面浮态与水面舰船是相类似的,潜艇潜浮于水下时仍然有上述四种浮态。

4.1.3　舰船漂浮状态的确定

1. 舰船的平衡与平衡条件

舰船所处的漂浮状态是由舰船重力和浮力的共同作用决定的。当舰船静止漂浮于水面一定位置时,作用在其上的重力与浮力必大小相等、方向相反,且作用在同一铅垂线上。此即舰船静止漂浮的平衡条件。其中重力即为舰船的总重量,用 P 表示;浮力大小根据阿基米德原理,等于舰船所排开的水的重量,称之为排水量,因此有

$$\Delta = \rho g V$$

式中　　ρ ——水的密度,一般对于淡水可取 $\rho = 1.0$ t/m³,对于海水可取 $\rho = 1.025$ t/m³;

　　　　g ——重力加速度;

　　　　Δ ——舰船的排水量,N;

　　　　V ——舰船排水体积,m³。

在实际应用中,通常采用舰船所排开水的质量表示排水量,即

$$\Delta = \rho V$$

式中 Δ 的单位为 t。

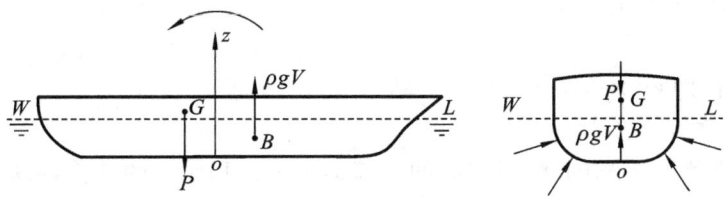

图 4-6　舰船重力与浮力

所以舰船的平衡条件如下。

(1) 舰船所受重力与浮力的大小相等、方向相反,即 $P = \rho g V$;

(2) 重心 G 与浮心 B 在同一铅垂线上。

如前所述,舰船处在水面漂浮状态时,如重力大于浮力,则船体会自动下沉,水线升高,浮力增大,达到新的平衡状态;反之,如重力小于浮力,则船体会自动上浮,水线降低,浮力减小,同样可达到新的平衡状态。另一方面,如果重心和浮心不在同一铅垂线上,舰船会自动调整漂浮状态,改变排水体积的形状,使浮心移动到重力的作用线上,达到新的平衡状态,所以处在水面漂浮状态的舰船在一定范围内具有自动调整至平衡状态的能力。这是因为漂浮在水面的舰船尚有可调节的浮力裕度。

潜艇在水面漂浮状态下的平衡与水面舰船是一样的。但是在水下的潜艇不具有自行调整至平衡状态的能力,因为水下的潜艇已无富裕体积来提供浮力。因此,潜艇在水下时受到的重力或者浮力只要有微小的变化,就会导致平衡状态的破坏,并且会引起潜艇的下潜或者上浮。必须人为地进行某种调整,使潜艇达到新的平衡状态,这种调整称为潜艇的均衡,潜艇均衡包括:①重力的均衡,通过改变重量,使潜艇的重力等于浮力;②纵倾力矩的均衡,通过移动重物,调整重量力矩,使潜艇保持正浮。

2. 舰船排水量

1) 舰船重心计算的一般公式

舰船重量是舰船上各个项目重量的总和。若已知各个项目的重量为 p_i,则舰船总重量 P 可按下式求得:

$$P = p_1 + p_2 + \cdots + p_n = \sum_{i=1}^{n} p_i \tag{4-1}$$

式中 n——组成舰船总重量的各个重量项目的数目。

若已知各个项目的重心位置为 (x_i, y_i, z_i),则舰船的重心坐标 $G(x_g, y_g, z_g)$ 可按下式求得:

$$x_g = \frac{\sum_{i=1}^{n} p_i x_i}{\sum_{i=1}^{n} p_i}, \quad y_g = \frac{\sum_{i=1}^{n} p_i y_i}{\sum_{i=1}^{n} p_i}, \quad z_g = \frac{\sum_{i=1}^{n} p_i z_i}{\sum_{i=1}^{n} p_i} \tag{4-2}$$

为了避免舰船处于横倾状态,在舰船的设计建造和使用过程中,总是设法使其重心位于对称面上,即 $y_g = 0$。

2) 舰船重量和重心的计算

对于舰船各种典型的载重状态的重量和重心计算,原则上用一般计算公式进行,方法比较简单。由于在求取总和过程中涉及的被加数项目太多,都需一一测算,工作相当烦琐,故在计算时要认真仔细,以免发生差错。

4.1.4 浮力和浮心计算

浮力的计算即水下体积的计算,浮心的计算即水下体积中心的计算,可以根据舰船的型线图通过积分计算得到,具体的计算内容包括排水体积 V、浮心坐标 x_b 和 z_b,计算式如下:

$$V = \int_0^T A_w dz, \quad x_b = \frac{M_{yz}}{V}, \quad z_b = \frac{M_{xy}}{V} \tag{4-3}$$

其中水线面面积 A_w、排水体积静矩 M_{xy}、M_{yz} 的计算公式如下:

$$A_w = 2 \int_{-L/2}^{L/2} y dx, \quad M_{xy} = \int_0^T z A_w dz, \quad M_{yz} = \int_0^T x_f A_w dz \tag{4-4}$$

实际的计算中是根据舰船的型线图和型值表做数值计算。通常将计算结果绘制成随吃水变化的曲线图,称为静水力曲线图,该图还包括与稳性相关的要素图线,其作用是为舰船的航行使用、维修及管理提供舰船的浮性和稳性要素相关信息。

4.1.5　静水力曲线

将舰船在静止正浮状态下浮性和初稳性的计算结果绘制成曲线图,即舰船静水力曲线图,如图 4-7 所示。该图全面表达了舰船在静止正浮状态下浮性和稳性要素随吃水而变化的规律。图中一般应包括下列曲线:

(1) 体积排水量 V 曲线;

(2) 浮心纵向坐标 x_b 曲线;

(3) 浮心垂向坐标 z_b 曲线;

(4) 水线面面积 A_w 曲线;

(5) 水线面漂心纵向坐标 x_f 曲线;

(6) 水线面对中心主轴的面积惯性矩 I_x 和 I_{yf} 曲线;

(7) 横稳性中心半径 r 和纵稳性中心半径 R 曲线。

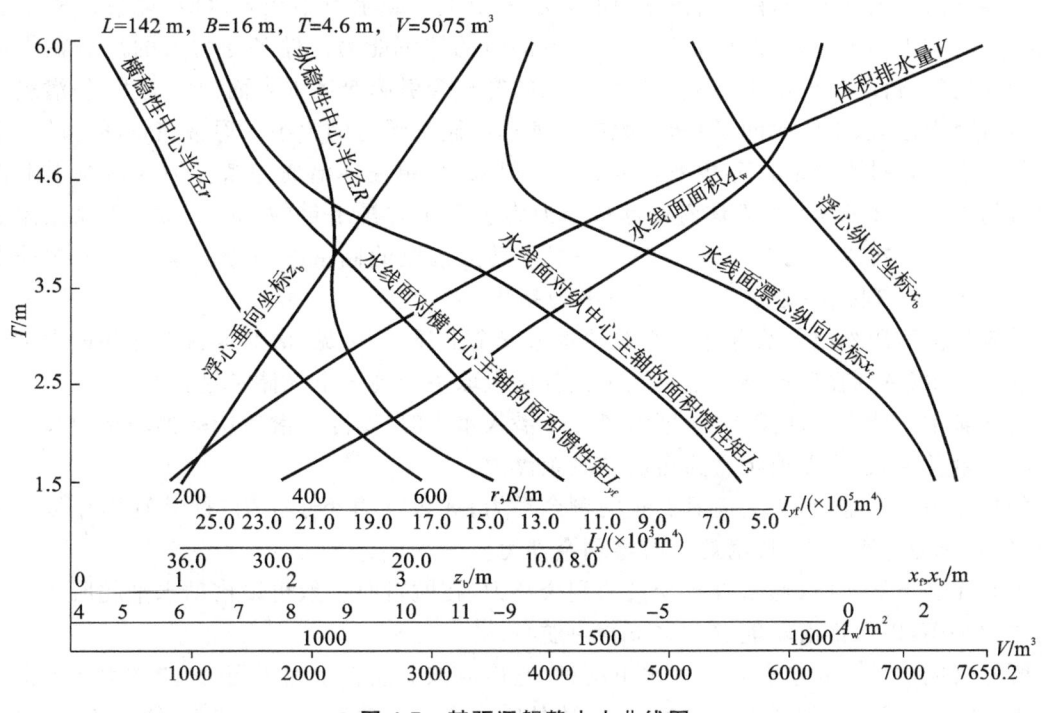

图 4-7　某驱逐舰静水力曲线图

4.1.6　保证浮性的要素

1) 足够的储备浮力

舰船在水面上的漂浮能力是由储备浮力来保证的。所谓储备浮力是指水线以上到上甲板以下的全部水密体积所提供的浮力,它表示从水线 WL 开始继续增加载荷而还能保持漂浮的能力。储备浮力对稳性、不沉性有很大的影响。船体损坏后,海水进入舱室,必然增加吃水,如果舰船具有足够的储备浮力,则仍能浮于水面而不致沉没。因此储备浮力是确保舰船安全航行的一个重要指标。

2)良好的漂浮状态

一般要求舰船的设计状态为正浮状态或略有艉倾的漂浮状态,而艏倾的漂浮状态对舰船的快速性不利,横倾的漂浮状态对舰船的稳性不利。

水面舰船正常排水量下的浮态应符合下列要求:横倾不大于 0.5°;无艏纵倾;艉纵倾值不超过设计水线长的 0.4%。

4.1.7 潜艇的储备浮力和水下平衡的特点

潜艇在主压载水舱排空水后漂浮于水线 WL 处时,其储备浮力也是设计水线以上所有的水密艇体的体积所提供的浮力。显然潜艇主压载水舱进水的重力等于储备浮力才能使潜艇下潜,故潜艇的储备浮力就等于主压载水舱水的重力。要保证潜艇下潜后仍保持正浮状态,则必须使水线以上水密艇体和主压载水舱组的几何形心(体积中心)在同一铅垂线上。这也是保证潜艇正浮下潜和上浮的条件。储备浮力的大小等于主压载水舱不注入水时,能使潜艇由水面沉入水下的重力的大小,因此储备浮力标志着潜艇的抗沉能力。储备浮力大的潜艇在水面上具有较好的航海性能,但由于增大主压载水舱的容积会引起艇体湿表面积的增大,使潜艇在水中的航行阻力增大、下潜时间延长,因此要合理选取储备浮力的大小。通常储备浮力的大小是用潜艇水上正常排水量的百分数来表示的。一般来说,单壳体潜艇储备浮力为潜艇水上正常排水量的 15%～25%,个半壳体潜艇储备浮力为水上正常排水量的 20%～35%,双壳体潜艇储备浮力为正常排水量的 30%～45%。一般核动力潜艇的储备浮力为潜艇水上正常排水量的 15%～30%。现代潜艇储备浮力有下降的趋势。

潜艇是依靠压缩空气吹除压载水舱的水来安全上浮的,可见,潜艇能否上浮和最大可能上浮高度是多少(特别在破损条件下),在很大程度上取决于高压空气储备量。

在潜艇主压载水舱注满水后,即潜艇完全潜入水中时,实际上潜艇所受到的重力和浮力之间存在小量差值,这个差值定义为潜艇的剩余浮力。

如果浮力大于重力,称潜艇具有正的剩余浮力;如果浮力小于重力,称潜艇具有负的剩余浮力;如果浮力等于重力,称潜艇具有零剩余浮力。

潜艇在水下航行时,通常具有少量的剩余浮力,在航行时一般可以借助水平舵所产生的升力与之相平衡,以保证潜艇能够在水下自由航行。

既然潜艇的航行状态有水面和水下两种,它就应该既能在水面平衡,又能在水下平衡。潜艇在水上时,如果重力和浮力不一致,则艇体的吃水会自动改变而调整浮力,使潜艇达到平衡。但是在水下时,因潜艇的重力和浮力都是固定值,如果设计时使浮力大于重力,则潜艇只能浮出水面而不能下潜,反之,如果使重力大于浮力,则潜艇下潜以后不能保持平衡,必然一直沉至海底。由此可见,潜艇水下平衡是设计中需考虑的主要问题。我们知道,潜艇的下潜是依靠主压载水舱注水来实现的,当潜艇所受的浮力大于重力而不能下潜时,不能用改变主压载水舱容积的方法来使潜艇下潜并在水下达到平衡。主压载水舱容积的大小对潜艇的水下平衡毫无影响。如图 4-8 所示,要使潜艇能够在水下平衡,必须满足水下平衡条件:

（1）$W = \rho g \nabla_0$。W 为潜艇的重量（t），∇_0 为潜艇固定浮容积，包括耐压船体容积、耐压舱舱容积及所有能够提供浮力的附属体、非耐压船体外板、构架等的排水体积（m^3）。这是一个极为重要的条件。

（2）重心、浮心在同一铅垂线上。

如果要求正浮，还要满足以下条件：

$$x_{G\uparrow} = x_{B_0}, y_{G\uparrow} = y_{B_0}$$

式中　$x_{G\uparrow}$、$y_{G\uparrow}$——潜艇水上状态的重心 $G_\uparrow$ 的坐标；

　　　x_{B_0}、y_{B_0}——潜艇固定浮容积 ∇_0 的几何形心坐标。

综上所述，可以得出以下几点重要结论。

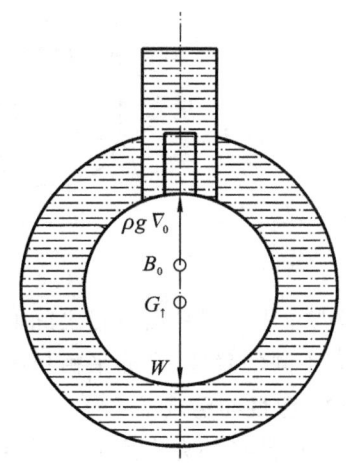

图 4-8　潜艇水下平衡

（1）潜艇必须满足水下平衡条件 $W = \rho g \nabla_0$。潜艇的水上平衡条件总是能够得到满足的。潜艇的主压载水舱虽然能用来实现潜艇的上浮和下潜，但是它的大小对水下平衡没有影响。

（2）潜艇的主压载水舱的大小直接影响到潜艇的水下排水量大小。此外，它还直接决定了储备浮力的大小。

（3）处于水下正浮状态的潜艇，必须同时满足 $W = \rho g \nabla_0$，$x_{G\uparrow} = x_{B_0}$，$y_{G\uparrow} = y_{B_0}$，如果要求潜艇上浮以后仍然保持正浮状态，则储备浮容积 ∇ 和所有主压载水舱净容积 $\sum v$ 的容积形心必须在同一铅垂线上。

4.2　稳　　性

前文已提到，舰船静止地处于某一漂浮状态时，舰船的重力和浮力大小相等、方向相反，且作用在同一条铅垂线上，即舰船处于平衡位置。但是舰船在海上不可避免地会受到风浪流的作用，从而会偏离平衡位置而发生倾斜。在外力的作用下舰船的倾斜程度有多大，是否会倾覆，外力消失后舰船能不能重新回到原来的平衡位置，这些都是舰船稳性研究要解决的问题。

4.2.1　稳性的概念

舰船在外力作用下会偏离其平衡位置而倾斜，当外力消失后，能自行回到原来平衡位置的能力，称为舰船稳定性，简称稳性。

这里将通过图示来说明舰船稳性概念。如图 4-9 所示，舰船正浮平衡于 WL 水线处，受到外力干扰（如人为地作用一个力矩）后水线为 W_1L_1，外力作用消失后舰船的运动情况有两种。图 4-9（a）中重力与浮力形成的力偶矩将使舰船回到原来的平衡位置，此时称舰船原来的平衡位置是稳定的。图 4-9（b）中重力与浮力所形成的力偶矩将使舰船继续倾斜而偏离原来的平衡位置，此时称舰船原来的平衡位置是不稳定的。显然，舰船因外力干扰作用而偏离平衡位置后能否回到平衡位置，与重力和浮力的大小无关，取决于某些制约因素。

1. 稳性是针对平衡位置而言的特性

稳性是针对舰船的某一平衡位置（或装载状态）而言的，它是平衡位置的一种固有属性，也

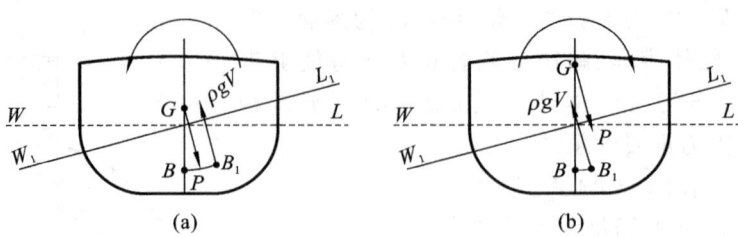

图 4-9　舰船稳性概念

是用来描述不同平衡位置之间的区别的特征量。同一条舰船在不同平衡位置（不同的装载状态）有不同的稳性，在非平衡位置则无从谈论稳性问题。

2. 稳性与稳度

稳性是指外力作用消失后舰船自行回复到原来的平衡位置的能力。对某个平衡位置而言,若使舰船偏离平衡位置的外力作用消失后,舰船能重新自行回到平衡位置,则称该平衡位置为稳定的,否则是不稳定的。有无回到原平衡位置的能力是稳定与否的问题,而回到原平衡位置能力的大小,则是稳定程度的问题,即稳度问题。所以,一般首先应当判断平衡位置是否稳定,然后再衡量稳定程度。

3. 横稳性与纵稳性

舰船在外力作用下偏离平衡位置,可能有各种各样的情况,但概括起来,无非是向左舷或右舷一侧的倾斜,即横倾;或者向船艏或船艉的倾斜,即纵倾。对于水面舰船,尤其值得注意的是横倾,因为翻船通常是发生在横倾时;对于水下的潜艇,则应重点关注纵倾。

舰船在横倾条件下重新回到原来平衡位置的能力称为横稳性,而舰船在纵倾条件下重新回到原来平衡位置的能力称为纵稳性。

4. 初稳性与大角稳性

根据偏离原平衡位置程度的不同,把舰船的稳性分为初稳性（小角稳性）和大角稳性。初稳性适用于横倾角不大于 $15°$（或上甲板不入水,舭部不露出水面）的情况。舰船在横倾角为 $10°, 20°, \cdots, 90°$ 时回到原平衡位置的能力则属于大角稳性的范畴。一般大角度倾斜只发生在横倾时,所以对于大角稳性只研究横倾时的情形。

初稳性只能说明舰船在平衡位置时的最初特性,或者说受到外界小扰动情况下的稳性。它不能反映后续的、偏离平衡位置较严重情况下舰船的稳性。大角稳性则可全面表征舰船在某一平衡位置时的横稳性,所以大角稳性当然包括初稳性在内。特别是涉及舰船是否会倾覆等问题时,不能仅根据初稳性做出判断,必须考察其大角稳性。

将大角稳性和初稳性分开讨论研究,首先是因为对于小角度倾斜,可以采用一些简化假设,得到简单的数学关系式,这样在处理实际问题时比较方便。其次在舰船的服役过程中,需要确定由于载荷分布左右不对称（因存在人员的走动、一舷舱室破损进水等情况）或不大的风压的长期作用等情况下横倾角的大小,此时只需要了解初稳性的规律即可。特别是舰船上装载的变动（包括载荷增加、减少、移动）而引起的浮态和稳性的改变,在日常使用、改装、维修时经常发生,而在许多情况下往往只需要估计其初稳性的变化,所以对初稳性的研究具有实用的意义。

4.2.2 舰船稳性的衡量指标

1. 初稳性高及其计算公式

用于表征舰船小角度倾斜时稳定能力最普遍的特征量是初稳性高。

1) 稳心和稳心半径

浮心随横倾角 ϕ 变化在横剖面内移动的轨迹称为浮心曲线。相邻的两个浮力作用线的交点称为稳心,如图 4-10 中的 M_1、图 4-11 中的 M_L。浮心曲线在小的倾角下可以用一段圆弧曲线近似,这个圆弧的圆心就是稳心,其半径称为稳心半径 $r(R)$。横稳心半径 $r=I_x/V$,纵稳心半径 $R=I_{yf}/V$,其中,I_x 为舰船水线面对纵中心主轴的面积惯性矩,I_{yf} 为舰船水线面对横中心主轴的面积惯性矩。

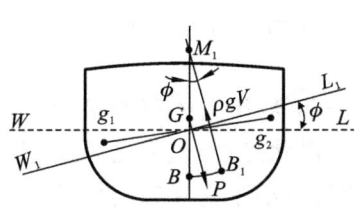

图 4-10 稳心及稳心半径

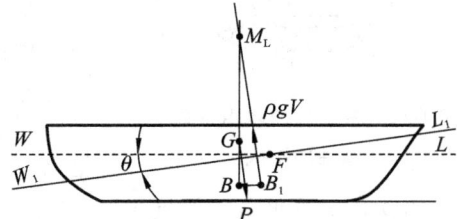

图 4-11 纵稳心及纵稳心半径

2) 初稳性高

稳心位于重心之上的高度称为初稳性高,分为横稳性高 h 和纵稳性高 H。其计算公式为

$$\left.\begin{array}{l} h = z_b + r - z_g \\ H = z_b + R - z_g \end{array}\right\} \tag{4-5}$$

式中 z_b+r——横稳心的高度;

z_b+R——纵稳心的高度。

从图 4-10 可以看出,倾斜后,虽然重力 P 和浮力 ρgV 仍然保持大小相等、方向相反,但因浮心移动,重力和浮力的作用线不在同一条铅垂线上,形成力偶矩,即复原力矩。其计算公式为

$$M_r = Ph \sin\phi \tag{4-6}$$

3) 初稳性高的重要性

根据初稳性高可判断舰船稳性。

(1) 当稳心 M 在重心 G 之上时,初稳性高大于 0,复原力矩和倾斜方向相反,舰船原平衡位置稳定;

(2) 当稳心 M 在重心 G 之下时,初稳性高小于 0,复原力矩和倾斜方向相同,舰船原平衡位置不稳定;

(3) 当稳心 M 与重心 G 重合时,初稳性高等于 0,复原力矩为零,舰船在原平衡位置处于随遇平衡状态。

舰船的主机、油舱、淡水舱等质量大的设备和舱室都布置在较低的位置,这种布置方式有利于降低舰船的总重心,从而提高舰船的稳性。有的舰船在现代化改装中由于增加了新的警戒探测设备和武器装备,可能会出现重心提高、稳性下降的情况,此时可以通过在底部增加压铁的方法来降低重心,保证稳性。

水面舰船的横稳性通常远小于纵稳性,因此倾覆总发生于横倾时。

根据初稳性高不仅可以判断舰船的某一平衡位置是否稳定,而且可以衡量其稳定程度。由复原力矩的计算公式可知,初稳性高愈大,在相同的载重状态下复原力矩就愈大,平衡位置的稳定程度就愈大,初稳性愈好。但初稳性高过大,复原力矩过大,易引起舰船在波浪上摇摆过快,对适航性不利。不同舰船均有其合适的初稳性高范围。

所以,初稳性高(特别是横稳性高 h)反映了舰船处于正浮状态下平衡位置的稳性和稳定程度,是一个极为重要的稳性技术指标。

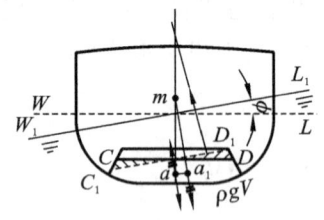

图 4-12　液舱内的自由液面对稳性的影响

2.　自由液面对稳性的影响及修正

舰上设有淡水舱、燃油舱、压载水舱以及污水舱等液舱,若舱内液体不满,则舰船倾斜时,舱内的液体也将流向一舷,且液面保持与水面平行,这种可以自由流动的液面称为自由液面。自由液面的存在对稳性是不利的,这一点从图 4-12 中很容易看出。

设舰船的排水量为 P,自由液体的体积为 V,液体的质量密度为 ρ_1,当舰船处于正浮状态时,其重心在 G 点。舱内的自由液面 CD 平行于水线 WL,其重心在 a 点。当舰船倾斜一小角度 ϕ 后,舱内液体自由表面倾斜至 C_1D_1,且平行于新水线 W_1L_1,其重心由 a 点移至 a_1 点。在正浮状态下的液体重心 a 点处加上一对方向相反的力,则显然移动后的液体重力与原重心处的反方向力构成力偶矩,它将使舰船进一步倾斜,相当于减小了复原力矩,降低了稳性。自由液面对初稳性的影响可以用下式评估:

$$\Delta h = -\frac{\rho_1 g i_x}{P} \tag{4-7}$$

式中　　i_x——自由液面的面积对其倾斜轴线的惯性矩(自由液面横向惯性矩),m⁴。

所以在舰船设计时应在船上宽度较大的油舱、水舱中设置纵向舱壁,以减小自由液面对稳性的不利影响。

在舰船的日常航行中也应力求避免自由液面的存在或减少自由液面,如必须按规定程序使用油水,也应避免形成多个自由液面同时存在的不利局面。大量自由液面的存在会导致舰船失稳倾覆事故。1942 年 2 月,法国 8 万吨级的"诺曼底"号,在改装中因焊接引发大火,船员由于救火心切,使用了大量的消防水,导致在船上形成了大面积的自由液面,舰船稳性高大幅度下降,最终使舰船发生了倾覆。

3.　潜艇的稳性特殊性

潜艇的水面状态与水面舰船类似,但是其在水下时,由于水线面的消失,稳心半径 $r = R = 0$,所以,潜艇在水下的初稳性高为

$$h = H = z_b - z_g \tag{4-8}$$

由此可以看出,潜艇在水下的横稳性与纵稳性相同。潜艇在水下稳定的条件是重心位于浮心之下。由于潜艇结构本身的限制,重心和浮心可变化的范围十分有限,所以其初稳性高的数值较小,通常该数值的大小为 0.2～0.4 m。

潜艇在水面上时,同水面舰船一样,重心在浮心上面;潜艇下潜时,海水注入主压载水舱使潜艇的重心逐渐下降而浮心升高,此时由于水线面逐渐减小稳性也在下降。到某个时刻,重心

与浮心重合,此后浮心高于重心。浮心与重心重合之时,稳性可能达到最小值,此时,潜艇极易倾覆,因此,在浮心与重心重合之时,潜艇不宜航行,否则将会出现严重的后果。

由于潜艇在上浮和下潜过程中,重心 G、浮心 B 和稳心 M 都在不断变化,同时主压载水舱注排水时存在大量的自由液面,从而会对稳性产生不利的影响。在潜艇稳性的讨论中,潜浮过程中的稳性计算是一个特殊问题。为了考察潜艇潜浮过程中初稳性的变化,通常要计算绘制随吃水变化的 z_g、z_b、z_m 和 V 曲线等,得到潜浮稳度图(见图 4-13)。

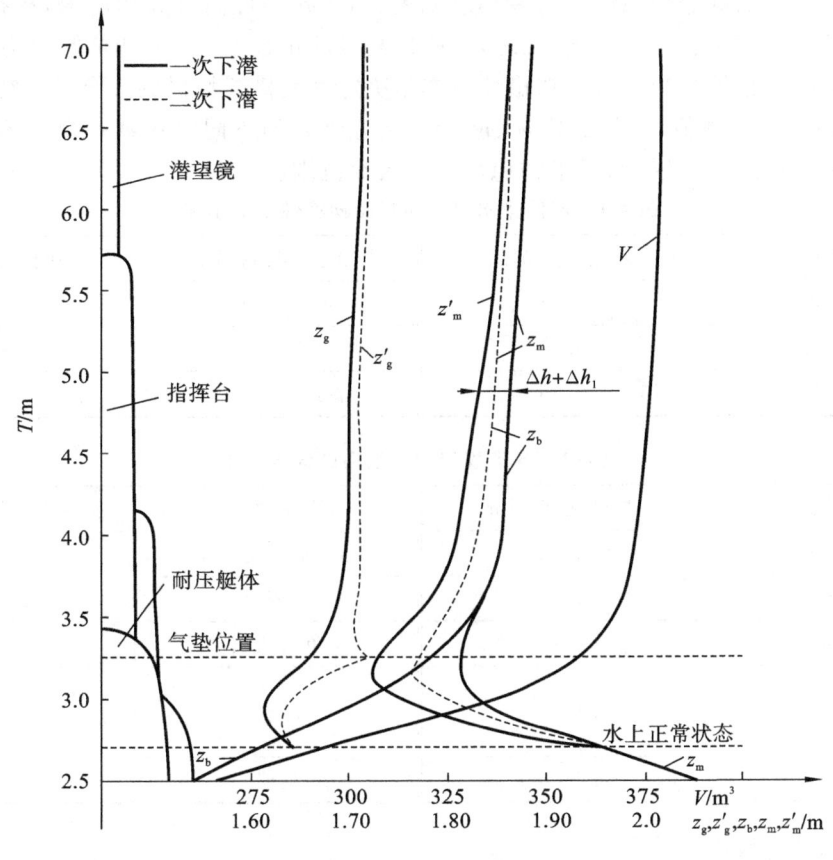

图 4-13　潜浮稳度图

潜浮稳度图由以下曲线构成:

(1) $V = f(T)$ ——排水体积曲线;

(2) $z_g = f(T)$ ——重心垂向坐标曲线;

(3) $z_b = f(T)$ ——浮心垂向坐标曲线;

(4) $z_m = f(T)$ ——横稳心垂向坐标曲线;

(5) $z_g' = f(T)$ ——二次下潜时重心垂向坐标曲线;

(6) $z_m' = f(T)$ ——考虑自由液面修正时的横稳心垂向坐标曲线。

根据潜浮稳度图,可以方便地得到潜浮过程中任一吃水下的初稳性高 h。在图中还可以看到,最小初稳性高出现在耐压船体即将全部入水的时刻。这是因为此时:①水线面已经很小,横稳心半径 r 趋于零,稳心 M 与浮心 B 即将重合,故稳心 M 处于最低位置;②主压载水舱未注满,自由液面的影响仍然存在;③艇的重心高度 z_g 已临近最高值。潜浮稳定图中,初稳性高最小位置通常称为潜浮稳度图的"颈部"。

潜艇的下潜分一次下潜和二次下潜。一次下潜时所有主压载水舱同时注水；二次下潜时则分组先后注水，即先把艏、艉主压载水舱和燃油主压载水舱注满，使潜艇处于半潜状态，然后再把舯组主压载水舱注满水。潜浮稳度图中二次下潜曲线用虚线表示。

上浮情况和下潜类似，也分一次上浮和二次上浮。二次上浮（即正常上浮）时，先吹除舯组压载水舱的水，使潜艇处于半潜状态，然后再吹除其余主压载水舱的水。

4. 舰船的初稳性技术指标

不同排水量水面舰船初稳性高的最小值见表 4-1。初稳性高过大的舰船，摇摆周期短，在海上遇到风浪时会产生急剧的摇摆；反之，初稳性高较小的舰船，虽然抵抗倾斜力矩的能力稍差，但摇摆周期长，摇摆缓和。所以初稳性高亦是决定舰船横摇快慢的一个重要特征参数。各类舰船的初稳性高的数值，根据其用途、航行区域等因素的不同应在某一合适的范围内。表4-2 所列为各类舰船在标准排水量下初稳性高的大致范围。

表 4-1　不同排水量水面舰船初稳性高最小值

舰船正常排水量 Δ/t	初稳性高 h/m	舰船正常排水量 Δ/t	初稳性高 h/m
$\Delta \geqslant 2\ 500$	0.75	$50 \leqslant \Delta < 200$	0.60
$1\ 000 \leqslant \Delta < 2\ 500$	0.70	$\Delta < 50$	0.50
$200 \leqslant \Delta < 1\ 000$	0.65		

表 4-2　各类舰船初稳性高的大致范围

舰船种类	初稳性高 h/m	舰船种类	初稳性高 h/m
重巡洋舰	0.8～2.7	猎潜艇	0.7～1.2
轻巡洋舰	1.0～2.0	巡逻艇	0.8～1.5
驱逐舰	0.7～1.2	鱼雷快艇	1.5 以上
护卫舰	0.6～1.0	潜艇	0.38～0.8（水上） 0.20～0.4（水下）
扫雷舰	0.7～0.9	拖船	0.5～0.8

潜艇初稳性高最小值见表 4-3。

表 4-3　潜艇初稳性高最小值

正常排水量 Δ/t	初稳性高 h/m	正常排水量 Δ/t	初稳性高 h/m
$\Delta \geqslant 2\ 500$	0.27	$\Delta < 1\ 000$	0.18
$1\ 000 \leqslant \Delta < 2\ 500$	插值		

4.2.3　大角稳性

舰船在海上遭遇大风浪时，船体会发生大角度的倾斜，要分析此时舰船是否具备抵抗大风浪作用而不发生倾覆的能力，就不能采用基于小角度倾斜的初稳性知识，而要运用舰船大角稳性的知识。在大角稳性的研究中，不仅需要考虑外力矩大小，同时也应当考虑外力矩作用的性质。当外力矩缓慢作用在舰船上（如移动载荷、缓慢吹袭的海风对舰船的作用等）时，外力矩为静倾力矩。当舰船在静倾力矩作用下极缓慢地倾斜时，可以近似认为整个倾斜过程中舰船倾斜的角速度和角加速度为零,因此可以通过外力矩与复原力矩的静力平衡来确定舰船倾斜角度。

当外力矩以某种方式在较短的时间内作用到舰船上(如阵风的吹袭等)时,外力矩为动倾力矩。动倾力矩作用下舰船的倾斜角速度和角加速度的值比较大,舰船的倾斜角度不仅与外力矩、复原力矩有关,还与倾斜的速度、角加速度有关,也就是说整个倾斜过程应当作为动力平衡过程来考虑。

1. 静、动稳性曲线

从 4.2.2 节知,舰船在外力的作用下从平衡位置横倾到某一小角度 ϕ_0 时,舰船的复原力矩大小为 $Ph\phi_0$,这个力矩也是舰船在小角度倾斜时产生的抵抗外在倾斜力的力矩。舰船发生大角度倾斜时,无法再用简单的公式表示舰船产生的复原力矩,而要采用静、动稳性曲线。将重力与浮力构成的复原力矩或力臂随横倾角变化的关系绘制成曲线图,这个曲线图就称为舰船的静稳性曲线。对静稳性曲线积分得到积分曲线,这个积分曲线就称为动稳性曲线,如图 4-14 所示。

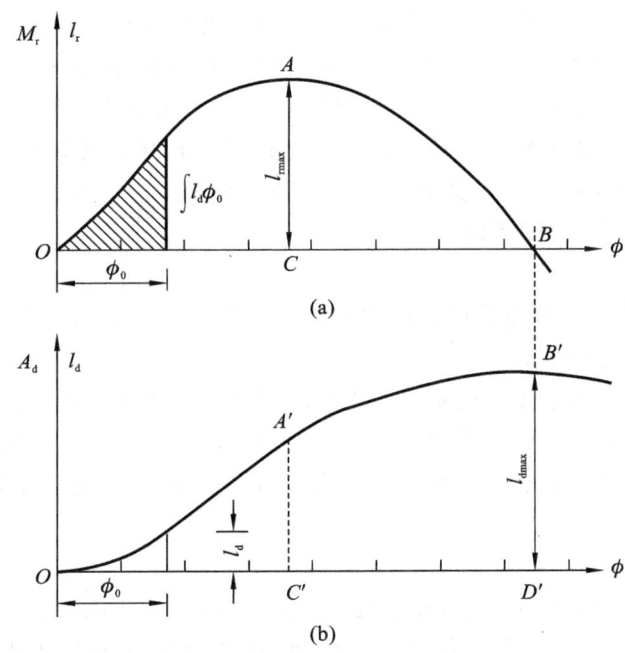

图 4-14　静稳性曲线与动稳性曲线

(a)静稳性曲线;(b)动稳性曲线

舰船静稳性曲线的特征主要包括:曲线在原点处的斜率;最大复原力臂及其对应的横倾角;稳性范围以及曲线下的面积等。

2. 静、动稳性曲线的应用

静稳性曲线用于在静倾斜力矩作用下确定静倾斜角度的大小,确定舰船所能抵抗的最大静倾斜力矩的能力,衡量舰船在多大的横倾角度的范围内具有复原力矩,以及使舰船倾覆时外力所做的最小的功。

动稳性曲线用于确定舰船在动倾斜力矩作用下的动倾角大小,确定舰船的最小倾覆力矩。

1) 静倾角

设舰船静稳性曲线如图 4-15 所示,现有静倾斜力矩作用在舰船上,其大小从零逐渐增加到 M_{KP}。舰船在外力矩作用下极缓慢地从正浮状态逐渐产生横向倾斜,每一时刻复原力矩均与外力矩平衡,当外力矩增加至 M_{KP} 时,复原力矩也增加到 $M_r = M_{KP}$,此时舰船静平衡(对应图 4-15 中的 A 点),此时的倾斜角为 ϕ_s, ϕ_s 称为静倾角。

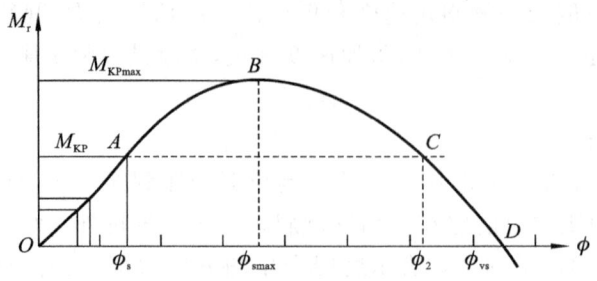

图 4-15　静倾斜力矩作用下舰船的倾斜

2)最大静倾斜力矩及对应的横倾角

根据上述静平衡条件可以确定舰船在任一静倾斜力矩 M_{KP} 下的倾斜角度 ϕ_s 。不难得知,在静倾斜力矩作用下舰船所能承受的最大静倾斜力矩就是静稳性曲线的最高点 B 所对应的力矩 M_{KPmax} ,对应的横倾角 ϕ_{smax} 称为最大静倾角。若静倾斜力矩大于最大静倾斜力矩 M_{KPmax} ,则舰船的复原力矩无法抵抗外力矩的作用,将导致舰船的倾覆,所以,静稳性曲线上最高点对应的最大静倾斜力矩 M_{KPmax} 是衡量舰船抵抗静力作用能力的重要指标。与倾斜力矩相比,倾斜角度能更为直观地反映舰船的静稳性,最大静倾角 ϕ_{smax} 即是用来度量舰船抵抗静倾斜力矩作用的能力的倾斜角度指标。

3)稳性消失角

如图 4-15 所示,在 $0 \sim \phi_{vs}$ 范围内复原力矩都将提供扶正的力矩,角度 ϕ_{vs} 称为稳性消失角。

4)静稳性曲线下的面积 A

整个静稳性曲线下的面积 A 是复原力矩在倾斜过程中所能够做的最大功。因此,在动倾斜力矩作用下若要使舰船倾覆,则外力矩做功至少要等于 A 。从这一角度来看,静稳性曲线下的整个面积 A 反映了舰船抵抗动倾斜力矩能力的大小,面积 A 愈大舰船抵抗外力矩的能力也愈大。

5)动倾角

由于在突加力矩 M_{KPD} 的作用下,舰船倾斜产生了往复摆动(图 4-16(b)所示为舰船摆动时的倾角变化曲线),摆幅达到最大的角度时,角速度为零,也就是动能为零,这个最大角度就是动倾角。

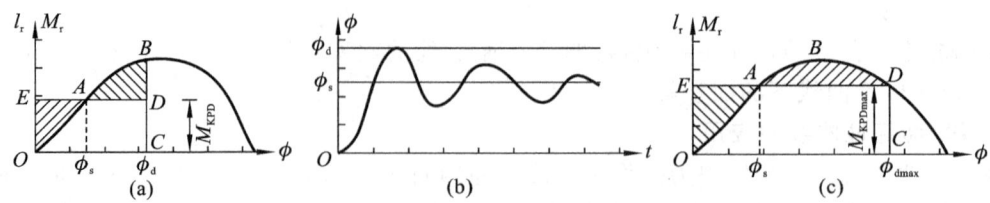

图 4-16　动倾力矩作用下舰船的倾斜

3. 稳性好坏的评估

(1)初稳性:静稳性曲线原点切线的斜率就是初稳性高 h ,因此,静稳性曲线的初始部分可以反映出舰船初稳性的好坏。

(2)最大静稳性力矩(力臂):反映了舰船抵抗静倾斜力矩作用的能力,该值愈大表明舰船抵抗静力作用的能力愈大。

（3）稳性消失角：反映舰船具有复原力矩的倾斜角度的范围大小，该值愈大，表明舰船抵抗外力的柔韧性愈好。

（4）静稳性曲线下的面积 A：静稳性曲线下的面积 A 反映了舰船抵抗动倾斜力矩能力的大小，面积 A 愈大舰船抵抗外力矩的能力也愈大。

4. 舰船抗风浪的能力

舰船究竟能承受多大的风浪而不至倾覆，涉及流体动力学等多方面的问题，例如风的作用规律、浪的作用规律以及舰船在波浪上的摇摆规律等等，甚至还和人们对舰船的操纵经验有关。鉴于这一问题的复杂性，要做出非常准确的计算和判断比较困难，因此，目前多采用静力学近似方法进行计算，并且计算需要满足一些前提条件。由于这些计算多偏于安全，在工程上还是普遍被采用。

1）抗风浪能力的确定风对舰船的作用

风对舰船的作用是产生一个横倾力矩，由前文可知，根据风的不同作用性质，外力矩分为静倾斜力矩和动倾斜力矩。以下先分析风的性质。

（1）风的分类和分级 海洋风按其成因可分为如下四种类型：气压梯度风、锋面风、低压风和台风。

气压梯度风和锋面风在海面上经常出现，其特点是刮风时间较长，但它们的强度不大，风速通常为 10~15 m/s，最大风速不超过 24 m/s，风速和时间的关系大致如图 4-17（a）所示。这类风对舰船的作用可以看成静倾斜力矩。

低压风和台风的特点是最大风力在它们的中心处，但中心区域的风向是反复的（即 180°地改变风向），外围为稳定风。这类风强度较大，根据实测统计数据：中心附近的最大风速，对于低压风可高达 32 m/s，对于台风可达 50 m/s（在台风中心处有的记录值甚至高达 110 m/s）；而后续稳定风的风速，对于低压风可达 15 m/s，对于台风可达 20 m/s。其风速与时间的关系如图 4-17（b）所示。这类风在中心处对舰船的作用相当于动倾力矩的作用。

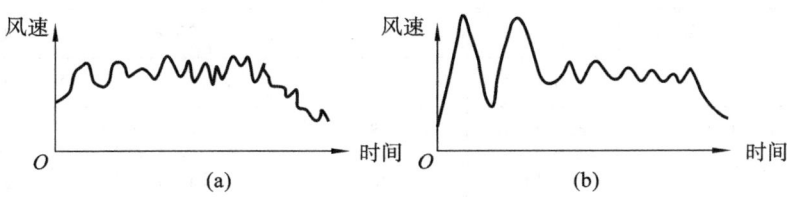

图 4-17 风速与时间关系曲线

气象台站一般用蒲氏风级表表示风速和风压之间的关系。表 4-4 所示为 1946 年巴黎国际气象会议所推荐的蒲氏风级表，该表中只列出了平均风速和风压，突风（通常指暴风）风速就需要根据突风度大小来确定。该表中风速和风压是按下列公式计算的：

$$p = C_0 \frac{\rho}{2} U^2 \tag{4-9}$$

式中 U——平均风速，m/s；

p——平均风压，$\mathrm{kgf/m^2}$；

ρ——空气密度，当温度 $t = 0\ ℃$ 时，$\rho = 0.132\ \mathrm{kg/m^3}$；

C_0——修正系数，$C_0 = 1.186$。

表 4-4　1946 年蒲氏风级表

风力级别	平均风速	平均风压	风力级别	平均风速	平均风压
	$U_{10}/(\text{m/s})$	$p_{10}/(\text{kgf/m}^2)$		$U_{10}/(\text{m/s})$	$p_{10}(\text{kgf/m}^2)$
0	0	0	7	15.48	18.74
1	0.836	0.054 7	8	18.92	27.98
2	2.36	0.437	9	22.57	39.84
3	4.34	1.476	10	26.44	54.65
4	6.69	3.50	11	30.50	72.74
5	9.35	6.83	12	34.75	94.44
6	12.29	11.80			

　　海上不同高度处风力的大小是不同的。表 4-4 中给出的是距离海面 10 m 处的风速和风压,海上不同高度处的风速和风压修正系数如表 4-5 所示。

表 4-5　海上不同高度处风速和风压的修正系数

距海面高度 h/m	U_h/U_{10}	p_h/p_{10}	距海面高度 h/m	U_h/U_{10}	p_h/p_{10}
0	0.393 3	0.154 7	20.5	1.102 4	1.215 3
0.5	0.552 6	0.305 4	21.5	1.108 7	1.229 2
1.5	0.680 4	0.462 9	22.5	1.114 6	1.242 3
2.5	0.754 5	0.569 3	23.5	1.120 2	1.254 8
3.5	0.807 6	0.652 2	24.5	1.125 5	1.266 8
4.5	0.851 3	0.724 7	25.0	1.128 1	1.272 6
5.0	0.871 0	0.758 6	25.5	1.130 5	1.278 0
5.5	0.888 8	0.790 0	26.5	1.135 2	1.288 7
6.5	0.920 9	0.848 1	27.5	1.139 7	1.298 9
7.5	0.948 3	0.899 3	28.5	1.144	1.308 7
8.5	0.971 6	0.944 0	29.5	1.148 1	1.318 1
9.5	0.991 2	0.982 5	30.0	1.150 1	1.322 7
10.0	1.000	1.000 0	30.5	1.152 0	1.327 1
10.5	1.007 5	1.015 1	31.5	1.155 7	1.335 6
11.5	1.021 3	1.043 1	32.5	1.159 3	1.344 0
12.5	1.033 5	1.068 1	33.5	1.162 8	1.352 1
13.5	1.044 5	1.091 0	34.5	1.166 2	1.360 0
14.5	1.054 6	1.112 2	35.0	1.167 9	1.364 0
15.0	1.059 4	1.122 3	35.5	1.169 5	1.367 7
15.5	1.063 9	1.131 9	36.5	1.172 7	1.375 2

距海面高度 h/m	U_h/U_{10}	p_h/p_{10}	距海面高度 h/m	U_h/U_{10}	p_h/p_{10}
16.5	1.072 6	1.150 5	37.5	1.175 8	1.382 5
17.5	1.080 8	1.168 1	38.5	1.178 8	1.389 6
18.5	1.088 5	1.184 8	39.5	1.181 7	1.396 4
19.5	1.095 7	1.200 6	40.0	1.183 1	1.399 7
20.0	1.099 2	1.208 2			

（2）风压倾斜力矩的确定　当风长期作用时,即承受静作用时,舰船将产生均匀的横移运动,这时船体水下部分的船体侧面上将产生水的阻力 R,和风压力 F_j 相平衡,阻力 R 的作用点可取在 1/2 吃水处,如图 4-18 所示。

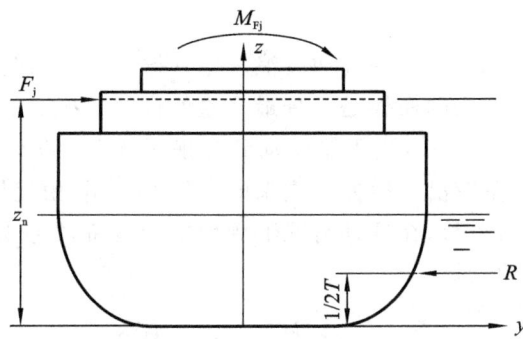

图 4-18　风长期作用下舰船的受力

于是由风力和水的阻力构成的倾斜力矩是

$$M_{Fj} = \frac{1}{1\ 000} F_j (z_n - T/2) \tag{4-10}$$

式中　F_j——风压力,$F_j = p_j \cdot A$,其中 A 为受风面积,即舰船水线以上部分在对称面上的投影面积(m^2),p_j 为风的静压(N/m^2),即取受风面积中心处的静风压值。

　　z_n——风的作用中心到基平面的高度,亦即面积 A 的中心高度,m。

　　T——舰船吃水,m。

当突风作用于舰船时,舰船的横倾是一种不均匀(不稳定)的运动,这时,舰船有较大的横移加速度,但速度却很小,故水对船体水下部分侧面上的阻力很小,可以忽略不计,而这时必须估计作用于舰船重心 G 上的和运动方向相反的惯性力,如图 4-19 所示。

在这种情况下倾斜力矩应按下式计算:

$$M_{FD} = \frac{1}{1\ 000} F_D (z_n - z_g) \tag{4-11}$$

式中　F_D——风的动压力,$F_D = p_D \cdot A$,其中 p_D 为风的动压(N/m^2),取受风面积中心处的动风压值。

　　z_g——重心 G 在基平面以上的高度,有时在计算时就简单地取 $z_g = T$。

这时式(4-11)可改写为

$$M_{FD} = \frac{1}{1\ 000} F_D (z_n - T) \tag{4-12}$$

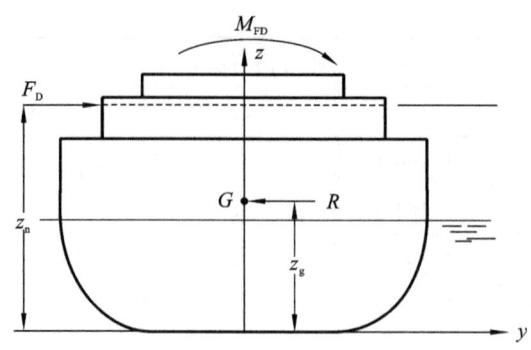

图 4-19　突风作用下舰船的受力

2）波浪载荷的作用

波浪对舰船的作用，从稳性的角度考虑，主要是引起舰船在波浪中的摇摆，也就是有一个初始横摇角。

假定舰船正横于规则的涌浪中，并且和波浪发生共振，这时的摇摆角称为共振横摇角或称共振摆幅，以 ϕ_r 表示。发生共振的横摇是一种最严重的横摇情况。

在共振条件下，如图 4-20 所示，当舰船摆动到左舷最大角（即 ϕ_r）而正要返回到正浮位置并摆向另一舷时，又遭到从左舷沿正横方向吹来的突风的作用，由突风作用引起的动倾力矩的方向和舰船正要返回的方向一致，在这种情况下舰船能承受而不致倾覆的最大风力级数已被作为衡量舰船抗风浪水平的指标。

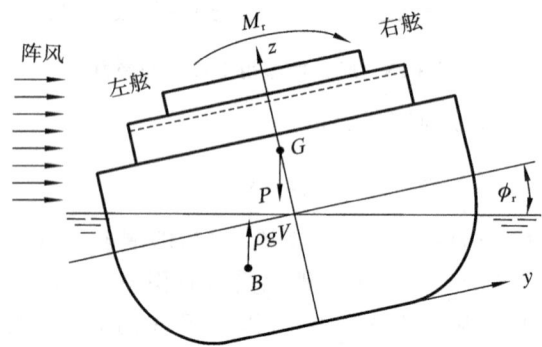

图 4-20　舰船在风浪中的横摇

传统的观点认为在正横浪（波浪传播方向与船航行方向夹角等于 90°）中航行时舰船稳性是最差的，然而，许多船舶丧失稳性导致倾覆却是在艉斜浪（波浪传播方向与船航行方向夹角小于 90°）或随浪（波浪传播方向与船航行方向夹角等于 0°）的状态。研究表明舰船在艉斜浪或随浪状态下可能比在正横浪状态下的稳性更差。这是因为若船舶处于随浪状态，当船长接近波长，船速等于波速，舰船随波航行时，船与波可能呈相对静止状态。考虑波面的影响，此时船舶的静稳性曲线大致如图 4-21（a）所示。若船舯处于波峰，常呈中拱状态，如图 4-21（b）所示，船舶在这种状态下的稳性最差。这是因为，当舰船的舯部处于波峰时，因舯部埋入水中倾斜后不再提供稳性力臂或提供极少，复原力矩主要靠艏、艉两端提供，而艏、艉两端船形又较瘦，因此舰船扶正能力比较差，稳性大大降低，特别是小型船舶，如果再遇到甲板上浪更易倾覆。船舯处于波谷时，常呈中垂状态，如图 4-21（b）所示，情况与中拱相反。用静力的方法计算中拱、中垂和静水状态下的静稳性曲线，画在同一张图中，大致如图 4-21（b）所示。

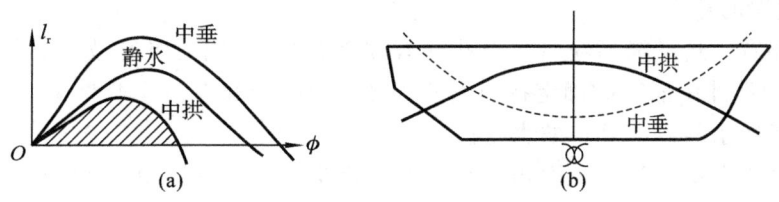

图 4-21 波浪中舰船静稳性曲线

3）舰船抗风浪能力的确定

要确定一艘设计好的舰船的抗风浪能力,基本方法是从风级表中确定对应级别的阵风风速,由此得到作用于舰船的动倾斜力矩,再根据舰船的静稳性或动稳性曲线,确定处于波浪中的舰船在初始横倾角 ϕ_r(共振横摇角)下的最小倾覆力矩。若最小倾覆力矩大于阵风作用时的动倾斜力矩,表明舰船能够抵抗这个风浪的作用而不致倾覆。

舰船抗风浪能力按下式核算:

$$U_1 \geqslant U_0$$

式中 U_1 ——舰船所能承受的极限风速,m/s;

U_0 ——舰船应能承受的额定阵风风速,m/s。

舰船所能承受的极限风速 U_1(距水面 10 m 高度处)按下式计算:

$$U_1 = C \cdot C_h \sqrt{\frac{l_c \cdot \Delta}{A_f \cdot z}} \tag{4-13}$$

式中 C ——系数,取 $C = 115.5$(自由表面未修正时取 $C = 111$);

C_h ——风速沿高度分布的修正系数,当 $z_f > 3.5$ m 时 $C_h = \left(\dfrac{10}{z_n}\right)^{1/8}$,当 $z_f \leqslant 3.5$ m 时 $C_h = 1.140$,其中 z_f 为受风面积形心至水线的距离;

l_c ——舰船的最小倾覆力臂,m;

Δ ——核算装载状态下的排水量,t;

A_f ——受风面积,m^2;

z ——风倾力臂,对于战斗舰船取 $z = z_f$。

4.2.4 提高舰船稳性的措施

影响舰船稳性的主要因素有舰体主尺度、舰型、排水量大小、重心位置高低等。在舰船的设计阶段,应对以上因素予以充分的考虑。在舰船服役过程中,当载荷有增减时,如油水消耗、舱室破损进水、甲板上浪、上层建筑和船舷结冰等情况下,舰船稳性都会改变。为了使舰船具有良好的稳性,必须从降低重心、提高稳心等各个方面着手。

（1）降低舰船的重心是改善稳性的根本措施。应尽量设法降低舰船重心的位置,使舰船在倾斜时具有较大的复原力矩。在设计时就要高度重视舰船上各种设备、重物的重心高度。在舰船的底部加压载物是最常见的一种方法,不但对建造后在航行中发现稳性不足的舰船常采用此方法,而且对有些舰船在设计时就考虑在底部设置一定数量的固定压载物。舰船在使用过程中也常常在某些空舱灌入压载水以降低重心高度。

（2）增加干舷。增加干舷可有效增大静稳性曲线的面积,这是提高船舶稳性的有效措施之一。对于某些稳性不足的老船,可将载重线降低以增加干舷。提高稳心的高度,使初稳性增强，也可改善舰船的稳性。

（3）增加船宽。这是提高舰船初稳性的有效措施之一，同时可有效增大静稳性曲线下的面积。在舰船的设计中船宽的确定在很大的程度上取决于稳性的要求。

（4）保证舰船水线以上开口的水密性。

（5）尽量减小上层建筑受风面积及其长度和高度，以相应减小由于风压引起的倾覆力矩。

（6）初始横倾（除非横倾角很小，不超过 0.5°～1.0°）对稳性不利，无论在移动还是在增减载荷时均一定要保持舰船的正浮状态。因为不良的舰船漂浮状态不仅会降低舰船的稳性，还将增大舰船的航行阻力。

在使用中为保障舰船的稳性，必须合理装载，按规定顺序使用油水，以免出现大量的自由液面和不利的浮态。在大风浪中航行时要固定好一切可移动载荷，选择合适的航向与航速，严格执行损管条例和其他有关保持稳性的规定。1944 年 12 月，美国"赫尔"号驱逐舰在菲律宾以东海面遭遇台风，由于船上存在自由液面，同时又没有采取压载措施，舰船难以抵抗台风的侵袭，最后倾覆。

此外，应力求减小由风浪的作用所引起的倾斜力矩 M_{KPD}，这个力矩的减小在很多情况下取决于操纵舰船的技艺，舰长应当根据当时的实际情况（风和浪的大小与方向、船的装载情况等）选择恰当的航向和航速。

4.3　不　沉　性

舰船在战斗中可能受损伤。舰船水线以下部分破损后海水进入船体内部将使舰船浮性与稳性变差。因此，在舰船的设计阶段，就必须考虑如何保证舰船的抗破损能力，而且还应考虑在舰船破损后如何保持或恢复其航海性能和战斗能力。不沉性设计则是舰船设计中首要的一环。

4.3.1　不沉性的概念

所谓不沉性，是指舰船在一舱或数舱破损进水后仍然保持一定的浮性和稳性而不至于沉没和倾覆的能力。也就是舰船在破损进水后不沉也不翻，仍然具有一定的储备浮力和稳性，没有过大的横倾和纵倾，能为继续使用武器和其他技术装备，继续航行和战斗提供必要的前提条件。

保证舰船不沉性的措施是：在舰船的设计时，使舰船具有足够的储备浮力和良好的完整稳性（未破损时的稳性）；合理分舱，通过横隔壁、甲板、平台、内底等将船体内部空间分隔为许多水密舱室，以至一旦破损，可以把进水局限在一个或几个水密舱室的范围内，尽量减少储备浮力和稳性的损失；使船舶结构具有足够的强度和刚度，以承受破损条件下可能遭受到的各种外力。

良好的抗沉设备也是保证不沉性的重要物质条件，这里包括各种排、灌、导移油水的设备和管系以及各种堵漏、支撑等损管器材。

舰船的不沉性决定了舰船受损进水后的安全能力。2000 年 10 月 12 日，美国海军第五舰队的"科尔"号驱逐舰（见图 4-22）在也门南部港口遇到炸弹袭击，舰身被炸出一个大洞，船舱大量进水，经抢修后没有沉没；2010 年 3 月 26 日晚间，载着韩国海军 104 人的"天安"号护卫舰(见图 4-23),在黄海海域白翎岛和大青岛之间巡逻时,艉部发生破损,突然沉入海底,导致 46 名舰上官兵死亡。

图 4-22　船身被炸的"科尔"号驱逐舰

图 4-23　沉没的"天安"号护卫舰打捞出水

4.3.2　保证水面舰船不沉性的措施

1. 舰船不沉性设计

为确保舰船不沉性,在舰船的设计中应保证舰船在舱室破损后具有一定的浮性和稳性,要满足舰船不沉性规范所提出的要求。在舰船规范中,对舰船不沉性的基本要求主要有:

(1)应针对舰船在满载排水量状态下的对称进水和标准排水量状态下的不对称进水进行不沉性核算。

(2)舰船最小隔舱数按表 4-6 设计,任意相邻隔舱对称或不对称进水时,舰船都应能保持漂浮;最小干舷不小于表 4-6 中所规定的值;同时,舰船的初横稳性高(h)应为正值。如对于一定排水量的舰船,不对称进水时,舰船的静横倾角不应大于 15°,破损舰船的静稳性曲线的最大力臂不应小于 10 cm,等等。

表 4-6　最小浸水隔舱数和最小干舷指标

正常排水量 Δ/t	最小浸水隔舱数/个	最小干舷/m
2 500≤Δ<5 000	3	0.6
1 000≤Δ<2 500	2	0.6
500≤Δ<1 000	2	0.5
200≤Δ<500	2	0.4

在舰船严重进水时,有可能出现初稳性高为负值的情况,此时舰船会产生较大的横倾。

2. 舰船抗沉措施

为确保舰船不沉,另一个重要的方面是在舰船破损后采取有效的抗沉措施。这些措施包括:

(1)及时堵漏和加强结构。及时发现破损进水的位置,确定破损区的范围,限制水蔓延;用支柱加固舱壁、甲板、平台和水密舱盖;堵塞破洞,从已堵漏的舱中排水。

(2)恢复稳性。加载、移载和排出载荷,其目的是降低破损舰船的重心,减少由于破损进水而产生的自由液面所引起的稳性损失。

（3）扶正舰船。消除或减小由于舰体破损所产生的横倾和纵倾。

3．有效抗沉原则

根据我国海军历年来处理海损事故及战斗破损的经验,《水面舰船损管条例》总结出有效抗沉措施的三条原则。

1) 限制水的蔓延——抗沉原则之一

一般来说,由于在舰船的不沉性设计中已保证其具有一定的储备浮力和稳性,1～2个破损口进水,甚至2～3个舱被淹,不一定会使舰船很快沉没,舰船破损进水后的最大威胁来自水的蔓延。根据海战的经验,多数舰船的沉没或失去航行与战斗能力,是水在舰船内部蔓延造成的。经验也表明,虽然有的舰船破损严重,但由于注意了限制水的蔓延,因而舰船得以保存并仍具备一定的航行与战斗能力。限制水蔓延的基本方法有以下三个。

（1）堵漏　堵塞破洞,阻止海水进入舰船内,对保证舰船不沉性来说是比较彻底的方法,但不是总能实现。能否实现堵漏,与破口的大小、破口在水下深度（水压）、海水灌入舰船内的速度（破损舱室灌水时间）及舰员所用堵漏器材及操作的水平有关。

（2）支撑　支撑是限制水蔓延的主要措施。由于水密门、舱口盖的结构强度比较差,舱室淹没后,海水往往由此向邻舱蔓延。炸弹、炮弹等在舱内爆炸时,舱壁受损,更是海水蔓延的主要根源。因此,加固水密舱壁、水密门及舱口盖是抗沉的一项重要措施。

（3）排水　排干破损舱内的海水能彻底消除进水对舰船不沉性的影响,是抗沉的一项重要措施。但是,由于破口的进水量与舰上排水设备的排水能力之间可能会存在比较大的差异,所以排水的作用比较有限。

2) 破损舰船扶正——抗沉原则之二

当破损舰船进水时,限制水的蔓延是关系到舰船存亡的主要问题。但是在限制水的蔓延问题解决之后,则必须尽快解决倾斜、倾差和稳性降低的问题。倾斜、倾差和稳性降低对舰船航行和作战很不利,严重时也可能导致舰船在风浪中倾覆。

扶正舰船的目的就是消除和减小倾斜、倾差,提高稳性,保障舰船的不沉性和武器、机器的正常工作。

扶正舰船的基本方法有以下三种。

（1）灌水:一般是在破损舱的对角或对端加灌海水。

（2）导移载荷:将破损舱附近的载荷移至破损舱的对角,通常是导移油水,也可搬动其他重物,如粮食、弹药等。

（3）排出载荷:排出破损舱附近的载荷,或排出堵好破洞的灌注舱的积水。

事实证明,舰船因稳性丧失而倾覆是突然发生的,时间很短,而丧失储备浮力正直下沉的时间较长,往往在几个小时以上。牺牲储备浮力可换取稳性,赢得时间,一方面便于继续作战,另一方面可以继续进行抢救工作。并且,经过堵漏排水之后,储备浮力也能有所恢复。所以扶正的基本原则是:在扶正舰船的过程中充分注意节约储备浮力,提高稳性,必要时以储备浮力换取稳性。

3) 舰船负初稳性高的处理——抗沉原则之三

舰船多舱浸水,往往存在大面积自由液面,于是稳性大大降低,甚至初稳性高可能出现负值,使舰船处于危险状态,如果处理不当,可能造成翻船事故。因此“在战斗破损时,凡出现大面积自由液面,应先按负初稳性情况对待”,这就是抗沉中应遵守的第三条原则。

4.3.3　潜艇的水下不沉性

与水面舰船不沉性相类似,理论上,在耐压隔舱及其相邻的一个或两个主压载水舱破损进水后,潜艇仍具有上浮、下潜和在水下操纵航行的能力,称为潜艇水下不沉性。

事实上,现代潜艇甚至只破损一个耐压隔舱时就不能在水下航行。因此,现在的所谓潜艇水下不沉性是指当潜艇一个耐压隔舱及其相邻的一个或两个主压载水舱破损时,利用潜艇自身携带的压缩空气吹除未破损的主压载水舱中的水后,潜艇在小纵倾情况下从水下自行上浮的能力。

在潜艇的设计阶段,就应采取措施,保证潜艇的水下不沉性,这些措施包括:使潜艇壳体具有足够的坚固性和水密性;设置耐压的水密舱壁,将耐压船体分成数个水密舱段;保证潜艇具有足够的储备浮力;主压载水舱沿艇长合理分布;保证具有储备量足够的高压空气及有效的主压载水舱吹除系统;保证潜艇具有足够的横稳性和纵稳性;装备有效的疏水设备等。

要使失事潜艇能从水下自行上浮,需满足以下三个基本条件:

(1)设置耐压隔舱,增加水下抗沉的允许深度。

根据抗沉要求,将耐压船体各舱段的隔舱壁做成耐压的水密舱壁,限制耐压船体破损时的进水范围。当潜艇的水密舱段在水下破损时,其水密舱壁也要承受与耐压壳体所承受的大小相同的深水压力,如水密舱壁与耐压壳体是等强度的,则在极限深度以内,壳体破损后水密舱壁是安全的。但由于多种原因,潜艇耐压舱壁的强度一般比耐压壳体强度低,因而限制了水下抗沉的允许深度。为了增加水下抗沉的允许深度,当某一耐压舱段破损进水时,可以向相邻舱段输入高压空气,以提高相邻舱段内的空气压力,支撑破损舱段的水密舱壁。充气压力的大小视耐压水密舱壁的强度,以及充气隔舱中艇员生理上对压缩空气适应的程度而定。

(2)保证失事潜艇自行上浮所需的浮力。

失事潜艇要从水下自行上浮,必须有足够的浮力以克服破损舱段中灌进的水重力,以及坐沉海底时泥浆对艇体的吸力(在极限深度内)。这个浮力是靠压缩空气吹除必要的未破损的主压载水舱的水来获得的。一般认为,当吹除主压载水舱内的水,潜艇获得的浮力超过进水重量的 20% 时,就能够满足克服海底泥浆吸力的要求。

(3)潜艇能无纵倾或小纵倾上浮。

我们知道,潜艇的水下纵稳性高与横稳性高是相等的。耐压船体破损进水而造成的纵倾角可能远大于横倾角,所以对潜艇的水下纵稳性必须予以高度重视。而要使潜艇能自水下无纵倾或以小纵倾角上浮,就必须在潜艇克服下沉力,脱离海底上浮之前,先迅速进行均衡,使吹除主压载水舱造成的纵倾力矩与破损进水造成的纵倾力矩能全部或部分被抵消,尽可能地减小纵倾角。

4.4　快　速　性

在执行军事任务时,舰船要能及时完成兵力投送和撤出、快速抢占有利战位、实现短时间长途奔袭等军事行动,必须以良好的快速性为基础。舰船快速性,是指舰船在一定的推进装置和一定的主机功率下,达到一定航速的能力,它是舰船重要的战术技术性能,直接影响舰船战斗效能。战斗舰船对快速性一般都要求比较高,但舰船速度受到船体阻力、主机功率、推进器效率的限制,可以说舰船的快速性是船、机、桨三方面因素矛盾的对立统一。

快速性研究的内容涉及舰船阻力与推进两个方面的问题:①一定排水量的舰船,在一定功率条件下,所能达到的最大航速的大小,这是舰船的阻力问题;②一定排水量的舰船,在一定航速要求下,所需功率的大小,这是舰船的推进问题。

如果匀速运动的舰船的航速为 v(m/s),所遭受到的阻力为 R(N),消耗主机功率为 P_s(kW),推进器发出的有效推力为 T_e(N),此时,阻力 R 必然被推力 T_e 所平衡,即

$$T_\mathrm{e} = R \tag{4-14}$$

舰船在单位时间内所做的有用功为 Rv,称为有效功率 P_e,记作

$$P_\mathrm{e} = Rv \tag{4-15}$$

该有效功率与主机功率的比值称为舰船推进系统的推进系数 P. C,即

$$\mathrm{P. C} = \frac{P_\mathrm{e}}{P_\mathrm{s}} \tag{4-16}$$

则主机功率和舰船的阻力及航速之间的关系为

$$P_\mathrm{s} = \frac{P_\mathrm{e}}{\mathrm{P. C}} = \frac{Rv}{\mathrm{P. C}} \tag{4-17}$$

可见,当主机功率一定时,舰船的航速主要与舰船阻力 R、推进系数 P. C 有关。

4.4.1　舰船阻力

1. 阻力的组成

舰船在航行过程中,会受到流体(水和空气)阻止它前进的力,这种与舰船运动方向相反的作用力称为舰船的阻力,按照阻力产生的宏观对象可以分为两大部分(见图 4-24):一是裸船体在静水中所受到的裸船体阻力;另一部分是附加阻力,包括空气阻力、波浪阻力和附体阻力。

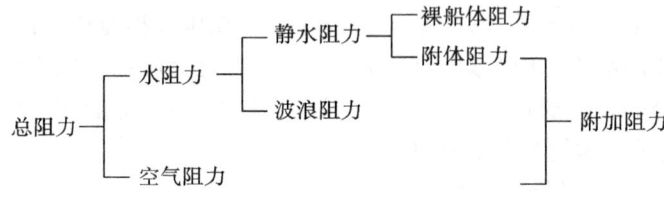

图 4-24　舰船阻力

按舰船航行过程中船体周围的流动现象和产生阻力的原因来分类,则船体总阻力 R_t 由摩擦阻力 R_f、兴波阻力 R_w 和黏压阻力 R_pv 三者组成:

$$R_\mathrm{t} = R_\mathrm{f} + R_\mathrm{w} + R_\mathrm{pv} \tag{4-18}$$

2. 摩擦阻力

水是一种有黏性的液体,舰船在水中运动时,由于水的黏性,在舰体外表面附有一层很薄的边界层。在船艏处,水流比较有规律,称为层流;在船艏之后,边界层的水流比较紊乱,称为紊流。在边界层以外,水流对舰体没有影响。由于边界层的存在,舰船航行时,舰体表面与水流摩擦形成摩擦阻力。

摩擦阻力的大小与水的黏性(用雷诺数 Re 来表征船体在流体中相对运动的特征数,它与航速 v、舰长 L 和水的运动黏度 ν 有关,即 $Re = v \cdot L/\nu$)有关,还与船体水下湿表面面积的大小、表面的光滑程度有关。船体水下湿表面面积越大,则黏附的水越多,摩擦阻力越大;船体表

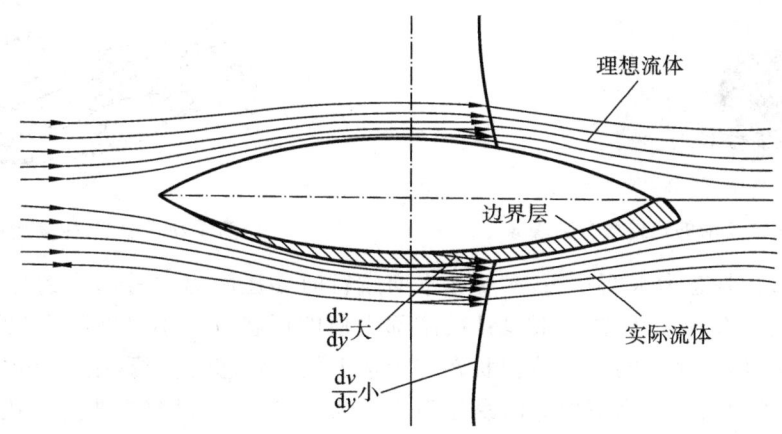

图 4-25　边界层内外的速度梯度比较

面光滑程度对摩擦阻力的影响较大，表面粗糙，摩擦阻力就大。根据雷诺数大小，可以求得相应的摩擦阻力系数 C_f；根据一些实船试验结果可以得到表面粗糙度系数 ΔC_f，从而可以求得摩擦阻力：

$$R_f = (C_f + \Delta C_f) \cdot \frac{\rho}{2} v^2 S \tag{4-19}$$

式中　ρ——水的密度，kg/m^3；

　　　　v——航速，m/s；

　　　　S——船体水下湿表面面积，m^2。

1957 年，第八届国际拖曳水池会议（ITTC，International Towing Tank Conference）提出经验公式：

$$C_f = \frac{0.075}{(\lg Re - 2.0)^2} \tag{4-20}$$

1947 年，美国航船模拟水池会议提出：

$$\Delta C_f = \begin{cases} 0.4 \times 10^{-3} & \text{（水面）} \\ 0.6 \times 10^{-3} & \text{（水下）} \end{cases}$$

这两个公式得到了广泛的应用。

3. 黏压阻力

由于水有黏性，舰船在水中运动时，在艉部或某些凸出与凹进去的地方会产生涡流，形成艏、艉压力差，这种压力差将构成黏压阻力（见图 4-26）。显然，可通过控制物体后部形状来减少边界层分离现象（见图 4-27）和漩涡（见图 4-28），以达到控制和减小黏压阻力的目的。艉部比较肥钝时，黏压阻力较大；艉部比较尖瘦时，黏压阻力较小。

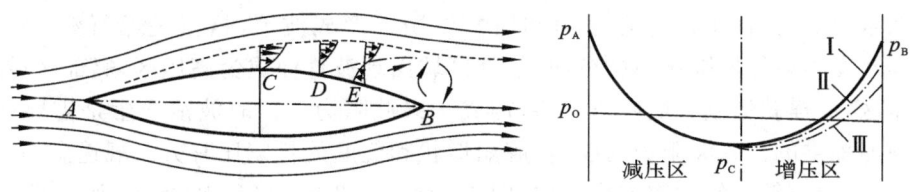

图 4-26　黏压阻力的成因

船体形状对黏压阻力有很大的影响，因此黏压阻力又称为形状阻力。第二次世界大战以

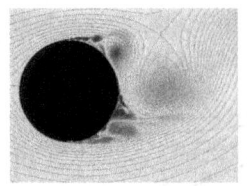

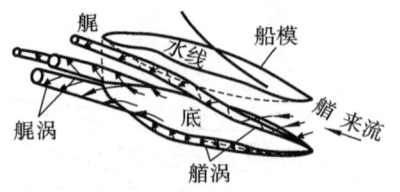

图 4-27　圆柱体流动的边界层分离现象　　　　　**图 4-28　船艏、船艉的舭涡**

前的潜艇主要航行状态为水面状态,潜艇在水面航行时黏压阻力占总阻力的比例小而兴波阻力占总阻力的比例大,所以艇体一般设计成艏部尖瘦的形状以减小兴波阻力(见图 4-29(a));第二次世界大战以后,潜艇的主要航行状态转为水下航行状态,潜艇黏压阻力占总阻力的比例大幅度上升,老艇型由于在水下航行时黏压阻力太大,无法适应潜艇主要航行状态转为水下的需要而被摒弃。新艇型为艏部圆钝、艉部尖瘦、横剖面类似于圆剖面的水滴型(见图 4-29(b)),较好地减小了水下航行时的黏压阻力。此外,试验表明,黏压阻力系数在低速时随速度变化较大而在高速时变化较和缓,但它的总趋势是随雷诺数的增加而减少,黏压阻力大约与航速的二次方成正比例关系,即 $R_{pv} \propto v^2$ 。

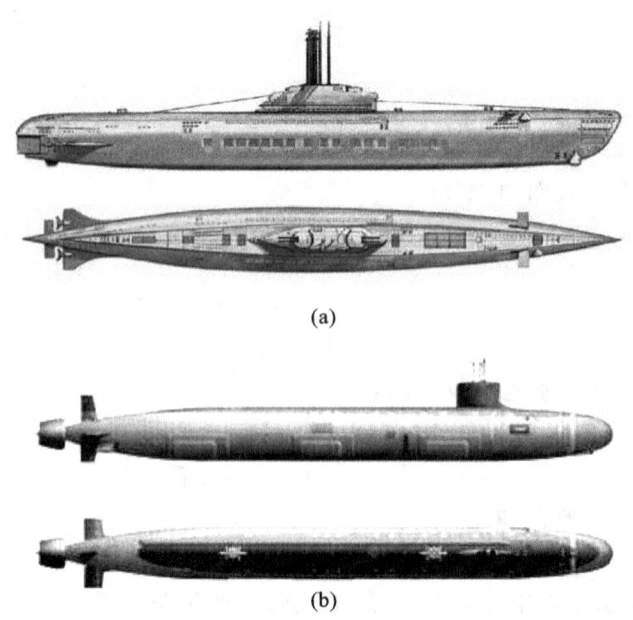

(a)

(b)

图 4-29　潜艇形状变化的比较

(a)第二次世界大战以前的潜艇艇体形状;(b)现代潜艇的艇体形状

4. 兴波阻力

舰船在水面航行时,水质点在重力和惯性作用下形成波浪,这就是船行波(见图 4-30)。波浪的形成改变了船体周围压力的分布,艏部区域出现波峰而成为高压区,艉部区域出现波谷而成为低压区,这样就形成了艏艉压力差,构成了兴波阻力。同时波浪产生是需要能量的,该能量是由舰船提供的。兴波阻力与舰速、舰艏形状和舰船的长宽比有关。舰速愈高,兴波阻力愈大,兴波阻力约与航速的六次方成正比,即 $R_w \propto v^6$;长宽比(L/B)愈大,则兴波阻力愈小。此外,兴波阻力还与兴波的强弱及波的干扰情况(见图 4-31)有关。通常为了减少舰船兴起的波浪,应将船艏做成尖瘦形状。为了产生有利的波形干扰,有的民用船舶将船艏做成球鼻艏,如图 4-32 所示。有的在舰艉设置压浪板,以便在舰船的艏、艉形成的波浪与舰船自身形成的波浪产生波峰与波谷相互间的有利叠加,从而达到减小兴波阻力的目的。

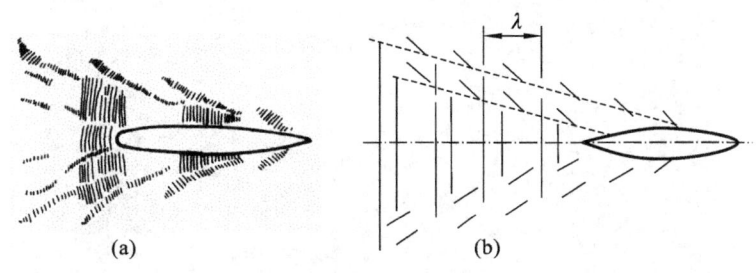

图 4-30　船行波

(a)实际船行波;(b)简化船行波

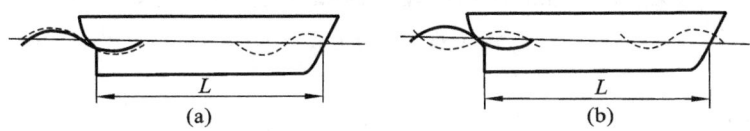

图 4-31　有利和不利干扰示意

(a)不利干扰;(b)有利干扰

注:图中虚线为艏横波,实线为艉横波。

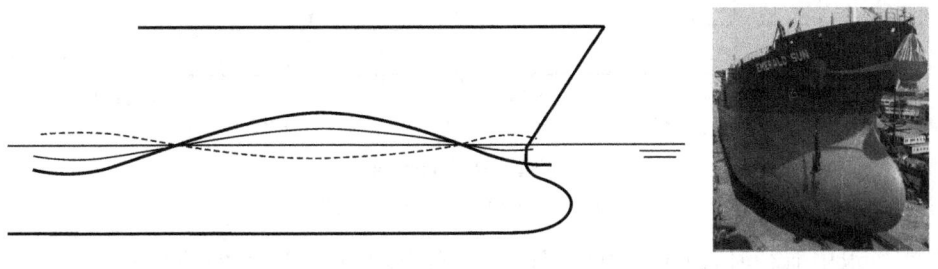

图 4-32　球鼻艏

5. 附加阻力

1)附体阻力

由于舰上装有很多突出体,如水面舰船主要有轴支架、舵、舭龙骨(或减摇鳍),潜艇上还有指挥室围壳、稳定翼等,这些突出于船体的附属体在航行时都会造成阻力(见图 4-33),统称为附体阻力。一般附体阻力占裸船体阻力的比例对于水面高速船可达 10%～15%,对于潜艇可达 30%～50%。

2)空气阻力

舰船在航行时,其船体水线以上部分和上层建筑所受到的阻力为空气的阻力。但由于空气密度很小(约为水的 $\frac{1}{800}$),在舰船总阻力中所占比例很小,一般约为总阻力的 2%。

3)波浪阻力

舰船在风浪中航行时的阻力较静水中为大,所增加的阻力称为波浪中的阻力增值,或称为波浪阻力,其大小与风浪大小、方向及船型、航速等因素有关。图 4-34 所示为波浪阻力曲线。

图 4-33　潜艇附体阻力

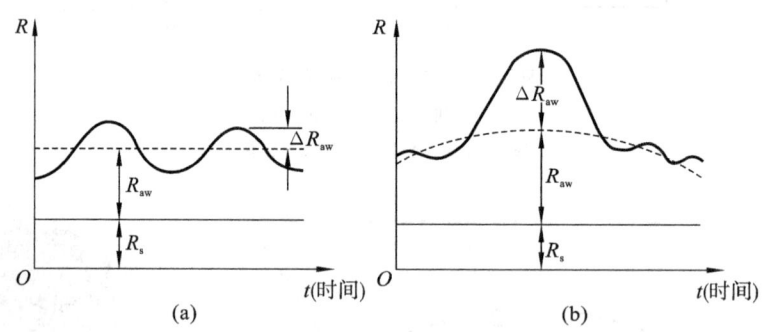

图 4-34　波浪阻力曲线

(a)在规则波中;(b)在不规则波中

　　舰船在风浪中航行时,由于风浪作用而产生阻力增值,如舰船保持与静水中相同的功率,航速必然会有所下降,这种航速的减小称为速度损失,简称失速。

　　考虑到波浪阻力,如要维持静水中的相同航速,则舰船功率必须较原静水功率有所增加,所增加的功率通常以储备功率的形式来表现。在舰船设计中常用储备功率百分数来表示储备功率的大小,该百分数是在除开附体阻力、空气阻力所需静水航行功率之外增加的功率百分数,记为 k_{aw}。通常总是综合考虑波浪阻力、强风作用下所增加的空气阻力、污底增加的阻力、主机性能下降以及在风浪中由于操纵性恶化而增加的阻力等各种因素。这样计及波浪阻力等因素后的实际有效功率 P_{ew} 与静水有效功率 P_{et} 的关系为

$$P_{ew} = P_{et}(1 + k_{aw}) \tag{4-21}$$

　　静水有效功率为

$$P_{et} = P_{eb}(1 + k_{ap} + k_{aa})$$

式中　　P_{eb}——裸船体所需有效功率;

　　　　k_{ap}——附体阻力百分数;

　　　　k_{aa}——空气阻力百分数。

6. 舰船阻力的预报

　　由于舰船阻力问题极为复杂,一般很难用数学解析的方法来计算阻力,因此,确定舰船阻

力时,主要是通过模型试验,或者应用一些经验公式或试验图谱进行近似估算。

1) 模型试验

采用与实船成几何相似的模型(见图 4-35),以预定的速度放在水池中拖动,测出其做等速运动时的阻力,然后根据一定法则将模型的阻力换算成实船的阻力。

图 4-35　在波浪中航行的船模

下面介绍一下模型与实船间阻力换算的弗劳德法。

(1) 弗劳德假定:

①假定舰船总阻力 R_t 可以分为独立的两个部分:摩擦阻力 R_f,只与雷诺数 Re 有关;黏压阻力 R_{pv} 与兴波阻力 R_w 合并后的剩余阻力 R_r,只与弗劳德数 Fr($Fr = \dfrac{v}{\sqrt{gL}}$)有关。因此有

$$C_t = C_f(Re) + C_r(Fr) \tag{4-22}$$

式中　C_f——摩擦阻力系数。

　　　C_r——剩余阻力系数。

　　　C_t——阻力系数,其计算式为

$$C_t = \frac{R}{\frac{1}{2}\rho v^2 S}$$

其中:ρ 为流体密度,kg/m³;v 为航速,m/s;S 为舰船船体湿表面积,m²。

②假定船体的摩擦阻力等于同速度、同长度、同湿表面积的平板的摩擦阻力,这样就可以用平板摩擦阻力公式计算船体的摩擦阻力。这一假定通常称为相当平板假定。

(2) 换算方法:以缩尺比 λ 制作一模型舰船,由模型试验得到 R_{tm} 与 v_m 的关系曲线。

①船模试验可以测得 R_{tm}、v_m 的关系,可得

$$C_{tm} = \frac{R_{tm}}{\frac{1}{2}\rho_m S_m v_m^2}$$

其中,由重力相似得 $v_m = \dfrac{v_s}{\sqrt{\lambda}}$,由几何相似得 $S_m = \dfrac{S_s}{\lambda^2}$。

②按照弗劳德假定的阻力分类,可得

$$C_{rm} = C_{tm} - C_{fm}(Re_m)$$

其中 $C_{fm}(Re_m)$ 由 $C_f = \dfrac{0.075}{(\lg Re - 2.0)^2}$ 计算。

③由相似关系,如果重力相似,则 $Fr_m = Fr_s$,则 $C_{rs}(Fr_s) = C_{rm}(Fr_m)$。

④最后求得实船总阻力 $R_{ts} = \dfrac{1}{2}\rho_s S_s v_s^2 (C_{fs}(Re_s) + C_{rs}(Fr_s) + \Delta C_f)$，其中 $C_{fs}(Re_s)$ 由下式计算：

$$C_f = \frac{0.075}{(\lg Re - 2.0)^2}$$

此外，有

$$\Delta C_f = \begin{cases} 0.4 \times 10^{-3} & \text{（水面）} \\ 0.6 \times 10^{-3} & \text{（水下）} \end{cases}$$

2）海军部系数

近似估算方法一般是：根据各种系列模型的试验结果及实船航行记录加以整理归纳，制成图谱或总结出一定的近似公式，使用时根据被计算船的船形参数、排水量及要求的航速，求出其阻力或所需要的有效功率。

造船工程人员和海军部队用得比较广泛的一种方法是"海军部系数法"，该方法是母型船数据估算法中最为简便的一种。此方法要求母型船与设计船的主尺度比、船型系数、形状以及相应速度比较接近。这个方法的基础是假定设计船与母型船的弗劳德数（Fr）相等，这样可以得到以下结论：

（1）对于形状近似的船，湿表面积大致与排水量 Δ 的 $\dfrac{2}{3}$ 次方成比例，即 $S \propto \Delta^{\frac{2}{3}}$。

（2）对于形状相近且大小、速度相差不多的两艘船，可以认为两者的雷诺数（Re）相近，故可认为两者的 $C_f(Re)$ 近似相等，即等于常数。这样，两船的摩擦阻力 $R_f \propto \Delta^{\frac{2}{3}} v^2$。

（3）同样，若在低速或弗劳德数相近时，近似有 $C_r(Fr)$ 等于常数，则两船的剩余阻力 $R_r \propto \Delta^{\frac{2}{3}} v^2$。

由此可得总阻力和有效功率分别为：

$$R_t = R_f + R_r \propto \Delta^{\frac{2}{3}} v^2$$
$$P_e \propto \Delta^{\frac{2}{3}} v^3 \tag{4-23}$$

式中

$$\Delta^{\frac{2}{3}} v^2 = C_N P_e$$

C_N 称为海军部系数，有

$$C_N = \frac{\Delta^{\frac{2}{3}} v^3}{P_e}$$

式中　Δ ——舰船排水量，t；

　　　v ——舰船航速，kn；

　　　P_e ——主机功率，马力（1 马力 = 735.499 W）。

在实际应用中，若两条船形状相类似，且其相对航速（通常用特征值弗劳德数 Fr 来表示）相近，则可认为其海军部系数相等。对同一条船而言，只要它的速度、排水量或主机功率改变不大，则可认为其海军部系数是不变的。有了上述概念后，可以方便地处理很多问题。例如：在舰船航行中，当排水量改变，或主机功率有不大的改变（如柴油机个别气缸封缸）时，可以应用改变前的海军部系数来估计速度的改变；当排水量不变，而要将速度提高至某一值时，利用海军部系数可相应地求出需要增加的功率大小。

7. 阻力与航速的关系

目前，一般的排水型船的最高航速仅达到三十多节，其主要的原因是由于各种阻力随着航

速的增长有不同的增长规律,大体说来有如下规律:

$$R_f \propto v^{1.83}, R_{pv} \propto v^2, R_w \propto v^{4\sim6} \tag{4-24}$$

因此,处于不同航速范围内的各种舰船,其阻力组成的比例也是不同的。一般来说,低速船所受阻力主要是摩擦阻力,而高速船所受阻力主要是兴波阻力。至于黏压阻力,对于排水型船,由于船形比较瘦长,其总是居于次要地位。表 4-7 列出了各种舰船阻力组成的大致比例。

处于水下状态的潜艇,在距水面大于 1/2 艇长的深水区航行时,可以认为其不再受自由表面的影响,兴波阻力可以忽略不计,而摩擦阻力占据其主导地位。

表 4-7　各种舰船阻力组成比例

各阻力成分		水面舰船			潜艇		运输船油船货船
		各种辅助舰船	扫雷舰等中速船	驱逐舰等高速船	水面	水下	
裸船体阻力	摩擦阻力/裸船体阻力	70%	55%	35%	60%	90%	70%
	黏压阻力/裸船体阻力	10%	10%	10%	10%	10%	25%
	兴波阻力/裸船体阻力	20%	35%	55%	30%	无	5%
附体阻力/裸船体阻力		10%~20%	10%~15%	10%~15%	10%	≥30%	10%~15%
空气阻力/裸船体阻力		<2%	≈2	2%~4%	可不计	无	2%~4%

8. 降低阻力的措施

降低阻力一直是一个重要的课题,经过多年的实践,在这方面人们已取得很多成果和经验。优良船型对阻力性能的影响是与航速密切相关的,在不同速度范围内,船型系数对阻力的影响不仅仅在程度上不同,甚至还有本质上的差别。因此,所谓阻力性能优良的船型是对某一定速度范围而言的。换句话说,船型优良与否将随速度而异,低速时阻力性能良好的船型,在高速时阻力性能可能反而不佳。由此可以推断:对于不同速度范围内的船舶,影响船体阻力的主要船型系数应该是不同的,为此,在舰船设计过程中考虑参数时的出发点应视具体情况而定。如对低速船应注意降低摩擦阻力和形状阻力,对高速船应注意降低兴波阻力。

目前研究一般水面排水型船的阻力问题,较普遍的是按照弗劳德数将各类船舶分为低速船、中速船和高速船。一般辅助舰船大多属于中、低速船;水面作战舰船属于高速船。各类舰船的速度范围不同,因而它们的主要阻力成分亦不一样,所以在船型设计中所考虑的侧重面各不相同。

低速船航速较低,兴波阻力很小,其总阻力中摩擦阻力与黏压阻力占主要成分,因此在设计这类船舶时,重点在于减小摩擦阻力和黏压阻力。摩擦阻力主要取决于船体的湿表面积,因而低速船的形状一般设计得比较肥短,其目的是为了获得较小的船体湿表面积以减小摩擦阻力。但这类舰船的艉部易于产生旋涡,因此必须注意去流段的设计,以防止黏压阻力增大。

中速船的航速较低速船有所增大,兴波阻力成分随之增大,故在设计过程中既要注意减小兴波阻力,又要防止其他阻力成分的增长。为此,一方面要适当地选择船型系数以造成艏、艉波系的有利干扰;另一方面,船型适当地趋于瘦削,这样可以避免产生大量旋涡,有利于减小黏压阻力。

高速船的兴波阻力是总阻力中的主要成分,有时可达 50% 以上。为此,设计中应力求减小兴波阻力。一般说来,高速船兴起的波浪长度都比较长,艏、艉波系在船艉产生有利干扰的可能性很小,所以在设计时应致力于减小船艉波系的波高,因而这类船都比较瘦长,特别是前体,其目的就在于尽可能减小兴波阻力。

潜艇以在水下航行为主,其主要的阻力成分是摩擦阻力和黏压阻力,为了减小湿表面积和形成良好的去流段形状,潜艇最适宜采用的艇型是水滴型,横剖面为圆形。考虑到潜艇内部总体布置的要求,潜艇中部增加了一段平行中体。现代各国的新型潜艇基本的艇型大致趋于一致,为水滴型加平行中体的船型。

4.4.2　舰船推进器

推进器的功能是将动力装置发出的功率,经过它的作用转换成作用于舰上的推力。推进器类型很多,如风帆、桨、明轮、螺旋桨、直翼推进器、喷水推进器等。目前舰船上最普遍采用的是螺旋桨,因此下面主要介绍这种推进器。

1. 螺旋桨构造

螺旋桨由表面为螺旋面的若干叶片组成,桨叶固定在桨毂上(见图4-36)。反映螺旋桨特性的主要构造要素是螺旋桨的直径、螺距、叶数、盘面比以及螺旋桨的叶切面形状等。

图 4-36　螺旋桨

螺旋桨的直径是指叶片最外端的梢圆直径,代表桨的大小,对螺旋桨的效率、推力、力矩有重大影响。螺距是叶片上各点旋转一周时的移动距离。在一定范围内,螺距大叶片所产生的推力就大,但螺距太大,将使主机重载,并容易产生空泡。叶数是指一个螺旋桨上叶片的数量。目前民船螺旋桨以四叶为主,水面舰船为了减少噪声及振动,多采用五叶螺旋桨(见图4-37(a)),而潜艇螺旋桨一般采用六叶或七叶(见图4-37(b))。盘面比是各叶片面积总和与梢圆面积之比。盘面比大,则效率较低,但对防止空泡腐蚀有利。叶切面形状常见的有弓形和机翼形两种,前者空泡性能好,便于加工,后者升力性能好,但制造比较麻烦。

2. 螺旋桨工作原理

螺旋桨是靠叶片打水来工作的。而整个叶片的作用可以看作无数个"叶片元"作用的总和。所谓叶片元,是指从叶片上沿半径方向截取的一小块叶片。因而,叶片元的作用相当于一个很短的机翼的作用。

螺旋桨工作时,按照相对运动的观点,可以认为叶片不动,而水流以速度 v 及冲角 α_k 流向叶元体。此时,翼型下表面(对应桨叶的叶面)处流速减小,而上表面(对应桨叶的叶背)流速增

 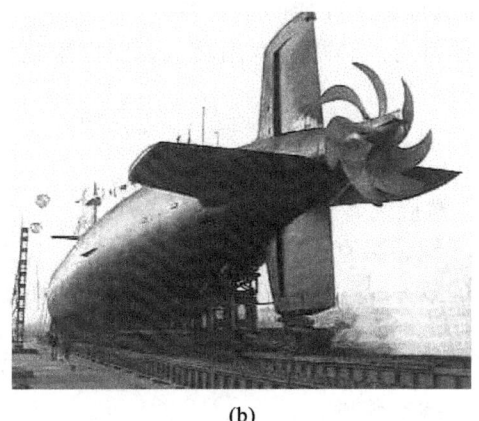

(a)　　　　　　　　　　　　　　　(b)

图 4-37　安装在舰船艉部的螺旋桨

(a)五叶螺旋桨；(b)七叶螺旋桨

大，根据伯努利原理，上表面压力减小，下表面压力增大，因此构成上、下表面压力差，由此产生向上的压力合力。此合力在垂直于流速方向上的分力称为升力。升力沿前进方向的分力就是推动舰船前进的推力。升力沿流速方向的分力称为阻力，阻力形成扭矩，将消耗主机功率。

3. 螺旋桨的水动力性能

螺旋桨的水动力性能反映了一定几何形状的螺旋桨在水中运动时所产生的推力、消耗的转矩和效率与其运动特性（进速 v_A 和转速 n）间的关系。为了清楚地描述以上参数之间的关系，有必要先介绍表征螺旋桨运动的特性系数并分析螺旋桨在不同运动状态下水动力性能的变化。

设螺旋桨的转速为 n、进速为 v_A，则其旋转一周在轴向所前进的距离 $h_P = v_A/n$ 称为进程。图 4-38 表示螺旋桨旋转一周时半径 r 处叶元体的运动情况。螺距 P 和进程 h_P 之差（$P-h_P$）称为滑脱（见图 4-39），滑脱与螺距的比值称为滑脱比，以 s 来表示，即

$$s = \frac{P-h_P}{P} = 1 - \frac{h_P}{P} = 1 - \frac{v_A}{Pn} \tag{4-25}$$

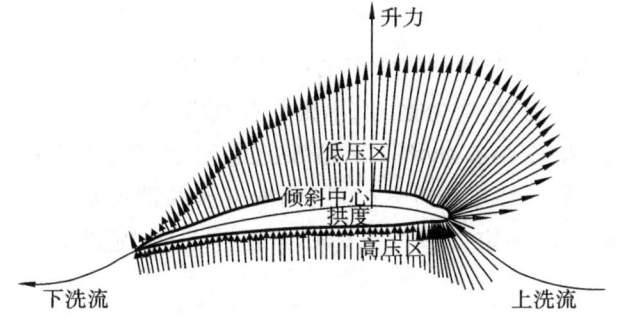

图 4-38　螺旋桨叶元体受力情况

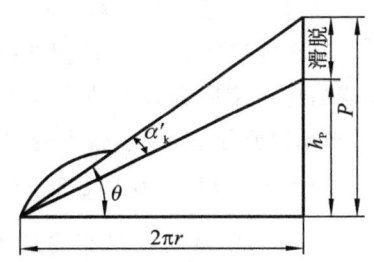

图 4-39　螺旋桨的滑脱

进程 h_P 与螺旋桨直径 D 的比值称为进速系数，以 J 来表示，即

$$J = \frac{h_P}{D} = \frac{v_A}{nD} = \frac{P}{D}(1-s) \tag{4-26}$$

在螺距 P 一定的情况下，滑脱比 s 的大小即代表螺旋桨叶元体攻角 α'_k 的大小，滑脱比大（或进速系数）小，即表示攻角大，若转速一定，则螺旋桨的推力和扭矩亦大，因此，滑脱比（或进

速系数)是影响螺旋桨性能的重要参数。

螺旋桨的推力及转矩通常用两个无因次系数——推力系数和转矩系数来表示：

$$K_t = \frac{T}{\rho n^2 D^4}, \quad K_q = \frac{Q}{\rho n^2 D^5} \tag{4-27}$$

式中　ρ——水的密度，kg/m^3；

　　　n——螺旋桨转速，r/s；

　　　D——螺旋桨直径，m。

螺旋桨的效率 η_0 也可以用无因次系数 K_t、K_q 及 J 来表示：

$$\eta_0 = \frac{Tv_A}{2\pi nQ} = \frac{K_t \rho n^2 D^4 v_A}{2\pi K_q \rho n^2 D^5} = \frac{K_t}{K_q} \cdot \frac{v_A}{2\pi nD} = \frac{K_t}{K_q} \cdot \frac{J}{2\pi} \tag{4-28}$$

式中　v_A——螺旋桨进速。

螺旋桨的推力系数 K_t、转矩系数 K_q 及效率 η_0 仅与进速系数 J 有关，它们随 J 变化的关系曲线称为螺旋桨的敞水性能曲线，如图 4-40 所示，由于 K_q 数值一般很小，常画出 $10K_q$ 曲线。

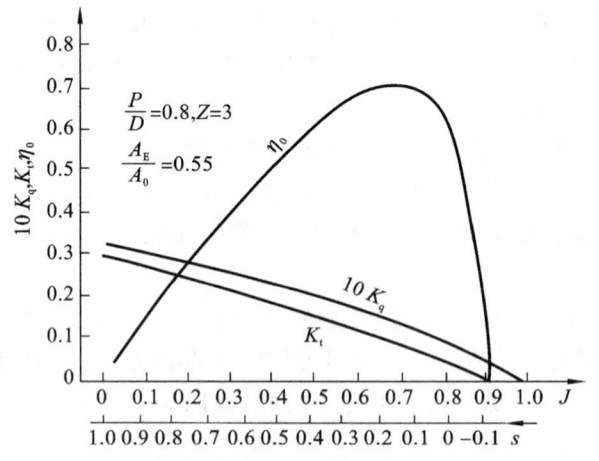

图 4-40　螺旋桨敞水性能曲线

4. 螺旋桨效率

推进器的效率与一般机械的效率一样，被定义为有效功率与消耗功率之比。

设在理想情况下，推进器在静水中以速度 v_s 前进，产生推力 P，则其有效功率为 $P \cdot v_s$。推进器消耗功率应为有效功率加上损失功率。大家知道，水流原来是静止的，经过推进器作用以后，水流得到了速度 c_a，带着这部分能量的水进入尾流后消失掉，因此推进器的消耗功除了有效功率 $P \cdot v_s$ 以外，还应包括每秒流过推进器的一定质量的流体所带走的动能，显然它等于 $\frac{1}{2}mc_a^2$。因此，理想推进器的效率为

$$\eta_A = \frac{\text{有效功率}}{\text{消耗功率}} = \frac{P \cdot v_s}{P \cdot v_s + \frac{1}{2}mc_a^2} < 1 \tag{4-29}$$

式中　c_a——推进器的轴向诱导速度。

由式(4-29)可知，即使是理想推进器，其效率也总是小于 1 的。由于实际推进器还存在许多种损失(如水流的旋转、流体的黏性、水流的不均匀性以及与船体之间相互干扰等造成的损

失),因此其效率比理想推进器的效率还要低(根据经验,一般要低 0.2 左右)。现代舰船推进器效率,对于高速船如快艇、驱逐舰等一般为 0.6~0.65,对于一些重负荷船如拖船、扫雷舰(扫雷时)等一般为 0.4~0.5。

提高推进器效率,对提高舰船的快速性有重要意义。因此,各国很重视对推进器的研究。

5. 船型与螺旋桨的相互作用

当舰船在水中航行时,由于水受到船体影响而产生运动,船艉处总有一股水流伴随运动,这种情况称为伴流。伴流速度与舰速之比 ω 称为伴流系数,船型较肥则伴流现象显著。

另外,螺旋桨在船艉部转动时,如同旋转着的风扇吸空气一样,有抽吸水的作用,船艉水流增大,压力降低,导致阻力增加,阻力的增加量称为阻力增额。因此螺旋桨发出的总推力中,要有一部分推力用于克服这个阻力增额而损失掉,这部分损失掉的推力与总推力之比称为推力减额系数 t,它与伴流合并作用即构成船身效率 $\eta_H = (1-t)/(1-\omega)$。可见合理利用伴流可以提高舰船的推进效率,但是伴流场的不均匀性对螺旋桨的影响更主要地表现在对螺旋桨空泡现象、激振力等方面,以至于人们常将 η_H 作为船形(附体)设计的一个衡准。

6. 螺旋桨的空泡现象

1) 空泡现象及对螺旋桨性能的影响

由物理学原理我们知道,水的沸点随压力而变,如果压力比较低,那么沸点也将降低,以致即使在常温下水也会沸腾。由螺旋桨工作原理可知,推进器上推力主要部分由叶背上压力降低而得来(此部分压力占 70%~80%)。叶背上压力降低多少取决于螺旋桨的转速和攻角 α_k'(它与螺距有关)。随着舰船速度的提高以及高速主机的采用,螺旋桨转速越来越高,叶背上压力也愈小。叶背上压力达到一定值时,叶背处的水会沸腾,导致局部位置出现"空泡"。随着水流速度继续增加,空泡范围扩大,以至于空泡完全布满整个叶背,甚至会扩展至叶面。这种现象称为空泡现象,如图 4-41、图 4-42 所示。

图 4-41 螺旋桨空泡现象(一)

试验表明,空泡发展过程可以分为两个阶段。

第一阶段:由叶背表面某处开始出现空泡到空泡几乎布满整个叶背。这一阶段里,推力、力矩和效率仍保持不变,即空泡对螺旋桨性能没有影响。但它可能对螺旋桨起"剥蚀"作用,使叶片表面产生凹陷、裂纹甚至断掉,会对螺旋桨、舵、附体、船体产生极具破坏力的空化剥蚀。

第二阶段:空泡不仅布满叶背,而且扩展到桨叶范围以外。此时推力、力矩和效率会降低,

图 4-42　螺旋桨空泡现象(二)

如果设计不当,螺旋桨将产生不出所预计的推力,从而使舰船达不到预计的航速。

目前,高速船螺旋桨剥蚀是一个严重的问题,所以在螺旋桨设计时,应力求避免空泡现象出现。如图 4-43 所示,使用不同形状的毂帽可对毂涡形态产生直接影响,进而起到控制空泡现象的作用。

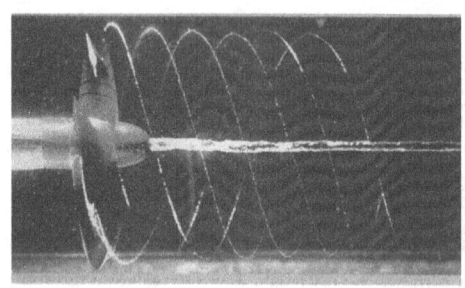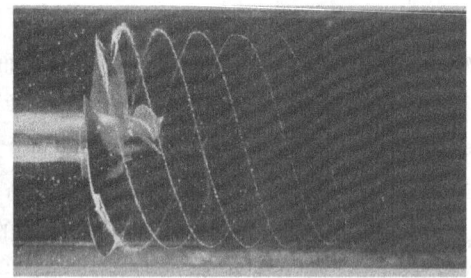

图 4-43　毂帽对空泡现象的控制作用

2) 空泡噪声

螺旋桨在工作时所产生的噪声很复杂,其基本噪声有:空泡噪声;伴流不均匀和斜流引起的桨叶振动噪声;由螺旋桨后的旋涡产生的旋涡噪声;由船体艉部轴系振动以及螺旋桨引起的船体振动造成的噪声等。其中最主要的是空泡噪声,空泡噪声是螺旋桨空泡的发生和溃灭使流体产生微振动的结果。这可由螺旋桨模型在水洞中的空泡试验结果来证明:在螺旋桨空泡出现之前,所测得的螺旋桨噪声很难与系统的固有噪声区别出来。但螺旋桨空泡刚一出现,噪声即突然增大,并且随着空泡的不断产生和发展,螺旋桨的噪声越来越大。

在实际使用中,螺旋桨出现空泡和噪声对作战舰船的战术与技术性能均是不利的,因此,必须设法减少或避免螺旋桨空泡的发生,这也是降低螺旋桨噪声的主要途径。可以通过增大螺旋桨的直径、降低螺旋桨转速、增大螺旋桨的盘面比、采用更为合理的叶切面形状以使叶面载荷分布更均匀等措施来达到。对潜艇而言可增大航行深度。此外,设计有利于螺旋桨工作的舰船艉部及其附体的线型,从有利于螺旋桨工作的角度来布置艉部附体,使螺旋桨在较均匀的水流中工作,这些措施都能减少螺旋桨空泡和振动,从而达到降低噪声的目的。

7. 特种推进器

为了使舰船适应各种航行条件,充分利用主机功率,改善推进器的性能或满足特殊要求,还出现了多种形式的特种推进器,在舰船上常见的有可变(调)螺距螺旋桨、导管螺旋桨、喷水推进器、泵喷推进器等。

1）可变螺距螺旋桨

可变螺距螺旋桨的桨叶插在桨毂上，可通过一套传动机构使桨叶转动而改变其螺距，从而改变其推力和推进效率，如图 4-44 所示。这种螺旋桨在不同航速下均能充分发挥主机的功率，并且能够通过螺距的改变来达到使舰船前进、加速、减速和倒退的目的。但是可调距螺旋桨操纵机构复杂，造价较高。

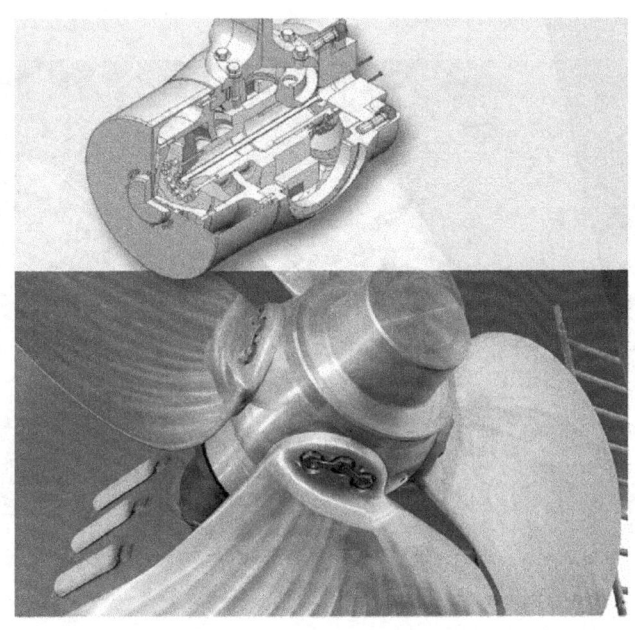

图 4-44　可变螺距螺旋桨

2）导管螺旋桨

导管螺旋桨是在普通螺旋桨的外面安装一个有机翼形切面的圆形套筒而形成的，如图 4-45 所示。它在通常情况下可以提高 20％～50％ 的推力，也可使推进效率提高。如我国"33"型潜艇，其主电动机功率与"03"型潜艇一样，但排水量比"03"型潜艇几乎增加了 30％，由于其采用了导管螺旋桨，因此，水下航速并不比"03"型潜艇低（当然其中还有一些其他因素的影响）。此外，导管螺旋桨还具有减轻艉部振动的作用，而且螺旋桨叶片不易损坏。

图 4-45　导管螺旋桨

3）喷水推进器

喷水推进器是一种依靠喷管喷射水流,利用反作用力产生推力的推进装置,它由进水管道、推进泵、方向舵和倒航斗、控制与监测系统等组成,如图 4-46 所示。推进泵装在舰船内,由舰船外吸水并将水流加速后,自喷口向舰船后部喷出,水的反作用力推进舰船前进。喷水推进器结构简单,工作可靠,并具有良好的保护性,噪声也较低,其主要问题是在舰船以低速航行时工作效率低。

图 4-46　喷水推进器

4）泵喷推进器

泵喷推进器是由圆管(又称导管)及定子、转子组成,如图 4-47 所示。固定在导管上的定子是一个带有径向叶片的圆盘,能沿水流的方向产生一个螺旋运动;转子是由推进器的轴加许多叶片构成的,这些叶片与螺旋桨叶片不同,它们是外缘较宽、内缘较窄的楔形叶片。泵喷按定子、转子相对位置不同可分为两种:定子位于转子前面的称为前泵喷推进器,它具有较好的安静性;定子位于转子后面的称为后泵喷推进器,它的优点是可消除转子尾流中的旋涡,使转子表面压力升高,从而提高总推力(可提高 25％ 左右)。泵喷推进器曾在鱼雷上使用。英国海军于 1983 年率先将其应用在了"特拉法尔加"级核潜艇上。

图 4-47　泵喷推进器

4.5 操　纵　性

舰船在正常航行过程中,或者是在实施主炮、副炮火力攻击和发射鱼雷、导弹时,需要能够以一定的速度和航向稳定运动;在特殊的情况下,如紧急避碰、调整阵形、变换战位等时,又要求舰船能快速执行指挥员的命令,灵活地转换到新的航向和位置上。这就要求舰船具备良好的操纵性。所谓舰船操纵性,是指舰船借其控制装置改变或保持其航向、航速、位置和姿态的能力。

操纵性也是舰船战术技术性能要素之一,是舰船为保证航行安全性和机动性而必须具有的一种航海性能,主要包括航向稳定性、回转性、应舵性和惯性。

4.5.1　航向稳定性

1. 航向稳定性的定义

舰船在航行时,总是会受到各种偶然的外界干扰,如风、浪、流等因素的影响,而偏离原来的运动状态。如果这些外界干扰因素去掉之后,舰船能够恢复到原来的运动状态,则运动是稳定的,否则是不稳定的。运动是否稳定,必须指明是对哪一个参数而言的,对于不同的运动参数舰船稳定性可以是不同的。舰船运动稳定性可以分成以下几种(见图 4-48)。

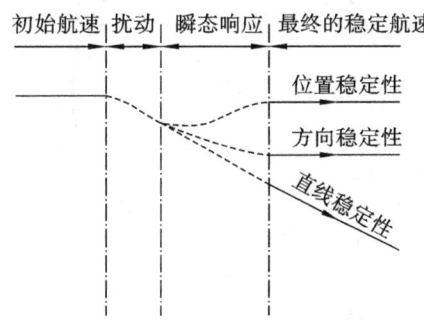

图 4-48　舰船运动稳定性分类

(1) 直线稳定性:舰船受瞬时扰动后,不经操舵或修正控制,自动沿着新的航向保持直线航行状态,但航向发生变化。

(2) 方向稳定性:舰船受瞬时扰动后,新航线为与原航线平行的另一直线。

(3) 位置稳定性:舰船受瞬时扰动后,最终仍按原航线的延长线航行。

仔细观察可以发现:舰船若具有位置稳定性,则必然同时具有方向稳定性和直线稳定性;舰船若具有方向稳定性,则必然具有直线稳定性。反之,舰船若不具有方向稳定性,必然也不具有位置稳定性;舰船若不具有直线稳定性,也一定不具有方向稳定性和位置稳定性。

通常将舰船的直线稳定性称为航向稳定性。操纵性中所提到的舰船航向稳定性都是指其直线稳定性。

2. 舰船自动稳定性与控制稳定性

事实上舰船在保持舵角 $\delta = 0$ 情况下,舰船只可能出现沿新的航向直线航行的情况,即只具有直线稳定性。舰船不操舵的稳定性称为自动稳定性。

要使舰船保持位置稳定和方向稳定,必须不断地操舵,这种通过操舵而实现的稳定性称为控制稳定性。

操纵性讨论的是舰船的自动稳定性,而事实上控制稳定性已涉及舰船的闭环操纵性能。虽然可以通过操舵实现舰船的位置和方向的稳定,但是舰船控制稳定性的品质与其自动稳定性具有极大的关系。良好的自动稳定性(直线稳定性)使得操舵控制容易;反之,较差的自动稳定性将导致保持控制稳定性时操舵频率高,操舵角度大,舵装置磨损大,耗费功率多,使航行阻力增加,甚至有可能使舰船无法保持方向或位置控制的稳定性。所以,讨论舰船的自动稳定性是十分必要的。

4.5.2　回转性

舰船以零舵角做直线航行,由某一时刻舵转至某一舵角,并保持该舵角不变,船重心的轨迹将是先保持一段直线,然后弯曲,最后为一圆,如图 4-49 所示。根据舰船回转的特点,将回转过程分为转舵、发展和定常三个阶段。在以较大舵角回转时,由于作用在舰船重心的舵力和船体横向惯性力不平衡,高速船会产生很大的横倾;同时漂角增大,船体阻力增大,使螺旋桨的工作条件改变,造成舰船前进的速度显著减小。

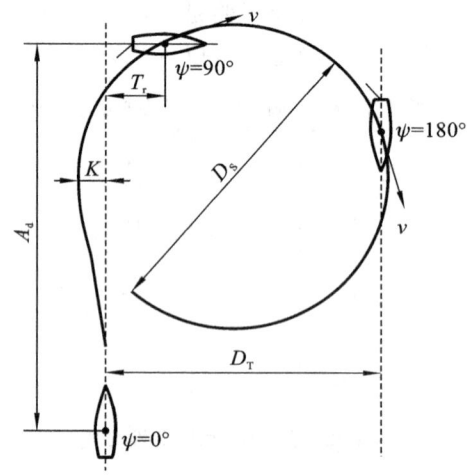

图 4-49　舰船回转

与舰船回转性相关的参数有如下几个。

(1) 定常回转直径 D_S:这是最常用的回转特征参数。常以相对回转直径 D_S/L(L 为船长)来替代表示舰船回转特征。

(2) 战术直径 D_T:船回转 180°时,其重心距初始直线航线的距离。一般来说 $D_T=(0.9\sim1.2)D_S$。

(3) 纵距 A_d:自转舵开始至艏向角(船头所指方向)改变 90°时,船重心沿初始直航线前进的距离。

(4) 正横距 T_r:舰船回转 90°时重心距初始直航线的距离。

(5) 反横距 K:舰船重心离开初始直航线向与回转方向相反的方向横移的最大距离。

(6) 回转周期 T:从转舵起至舰船回转 360°时所经过的时间。

(7) 定常回转的航速 v_S、漂角 β_S、横倾角 ϕ_S。

舰船在回转初期,航向还未改变,因舵力导致的向内力矩的作用,船体会向内倾斜,如图

4-50(a)所示；在回转过程中，由于形成了漂角，内侧水流速度高、水压降低，外侧水流速度低、水压增高，将产生向外的力矩，使船体向外倾斜，如图 4-50(b)、(c)所示。

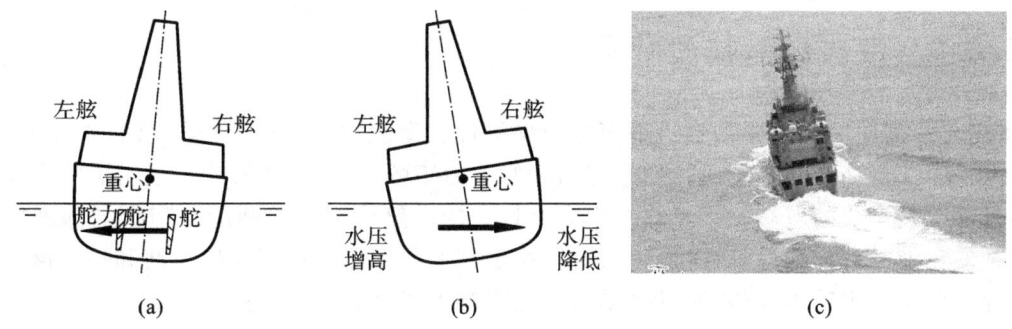

图 4-50　舰船回转过程中的横倾

(a)船体内倾受力；(b)船体外倾受力；(c)船体外倾照片

舰船操纵性中的航向稳定性和回转性是互相制约的，所以在舰船设计时，应根据舰船的用途以及航行区域对舰船操纵性的要求来确定舰船回转性。对于近岸航行舰船及反水雷舰船，由于其航向变动频繁，舰船必须具有良好的回转性，以保障其航行的安全性。

4.5.3　应舵性

应舵性是指舰船回转初期对舵反应的能力。应舵性好，驾驶者操舵后能较快地进入新的航向，或者舰船偏离航向时经操舵后能很快回到原来航向上来。应舵性和回转性是有区别的。有的舰船应舵快，回转直径小；但是，有的舰船应舵快，回转直径不一定小。应舵快、回转直径小，对舰船在狭窄海区或海港内掉头是有利的。

如图 4-51 所示，A 船和 B 船都在 t_0 时刻以同一舵角向右改变航向，A 船在 t_1 时刻艏向变化 $90°$，B 船在 t_2 时刻艏向变化 $90°$，若 $t_1 < t_2$，则说明 A 船的应舵性好于 B 船。

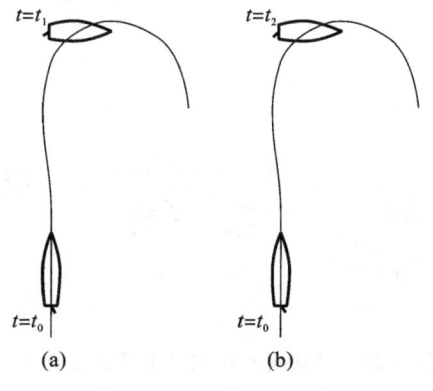

图 4-51　应舵性的比较

(a)A 船；(b)B 船

4.5.4　惯性

舰船惯性是指舰船在推进器停止工作或随机全速倒车后继续向前运动的特性，是舰船战术技术性能的要素之一。它通常以停车冲程和停车时间来表示。正确掌握舰船惯性对保证操纵舰船安全航行、机动及系泊等有重要作用。

4.5.5　潜艇操纵性的特殊性

潜艇与水面舰船的差异在于铅垂面运动操纵性。潜艇在航行时,除受波浪、水流影响外,还受浮力变化、变动载荷等造成的剩余浮力和倾斜力矩的影响,这些影响不仅可破坏潜艇的平衡,而且能改变潜艇的航态。为了弥补不完全稳定的潜艇的重量差和能在稳定的深度控制潜艇,以及使它能抵抗如波浪、所发射鱼雷等作用于其上的外部力量而保持平衡和进行潜浮深度调整,除了用均衡水舱外,还要通过摆动水平舵来产生正升力和负升力。

一般潜艇都具有两种水平舵,即艏水平舵和艉水平舵。装在指挥台围壳上的艏水平舵又称为围壳舵。潜艇在水下航行时,为了使潜艇航行稳定,在其艉部还装有稳定鳍。水平舵是控制潜艇在铅垂面内运动的重要工具。

当水平舵转动一个角度时,水流作用到舵板上,舵上就产生一个向上或者向下的流体动力,使潜艇上浮或下潜。潜艇的艉水平舵由于距艇体重心较远,且舵面积较大,其产生的力矩较艏水平舵产生的力矩大,效率也较高,尤其在高速航行时更为明显。艉水平舵用于产生纵倾或保持已有纵倾角。在低速航行时艏水平舵可产生正、负升力,改变航行深度。围壳舵由于距潜艇重心比较近,可以实现接近于无纵倾变深运动。

有的潜艇在某航速范围内可能会出现操舵反常现象,这时的航速称为逆速。艏水平舵和艉水平舵的逆速点是不一样的。当潜艇的航速高于艉水平舵的逆速点时,艉水平舵操上浮舵,潜艇上浮,能正常操纵,如图 4-52 所示;当潜艇航速低于艉水平舵的逆速点时,艉水平舵操上浮舵,潜艇将下潜,出现反常操纵,如图 4-53 所示。当潜艇航速低于艏水平舵的逆速点时,围壳舵操上浮舵,潜艇上浮,如图 4-54 所示;潜艇航速高于艏水平舵逆速点时,围壳舵操上浮舵,潜艇将反常下潜,如图 4-55 所示。由此可见,在设计时,要使艉水平舵的逆速点低于最小航速,艏水平舵的逆速点高于潜艇最大航速或者不存在逆速,这样可以避免操舵失灵的反常现象。

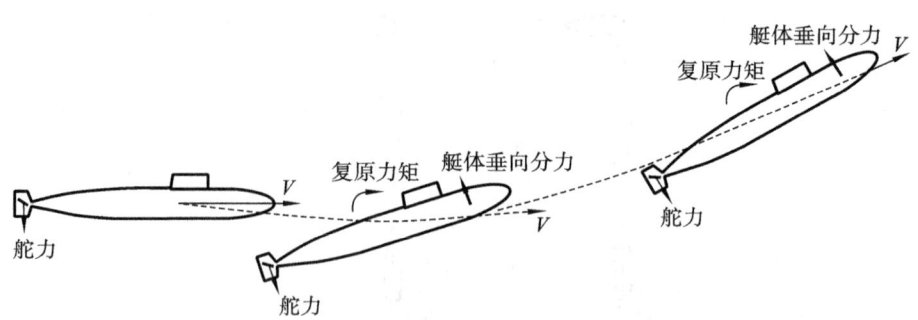

图 4-52　潜艇艉水平舵操上浮舵正常上浮

潜艇在水上航行时,在水平面内运动的操纵性与水面舰船类似;在水下航行时,由于上下艇体不对称,回转时有些潜艇会出现艏倾增大和下沉的现象,而有些潜艇的艉倾会增大,随后由于有一个向上的仰角而上浮。

关于潜艇在水下航行、机动、作战、使用时的操纵性,还有很多内容需要去探索,如空间运动、高速运动、大攻角强机动的非线性、紧急倒车运动、浅海操纵、近海底近冰层运动等问题都有待深入研究。

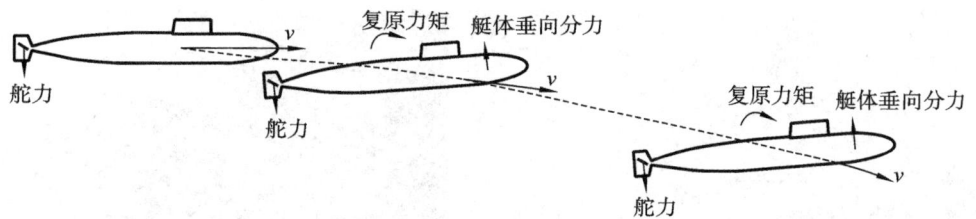

图 4-53　潜艇舰水平舵操上浮舵反常下潜

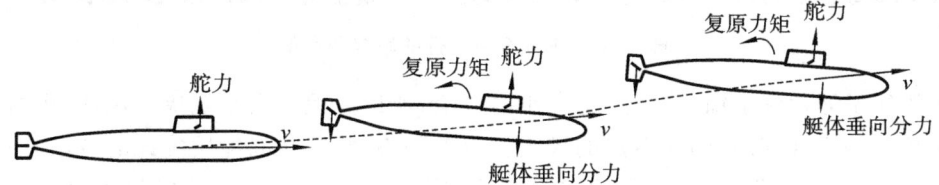

图 4-54　潜艇围壳舵操上浮舵正常上浮

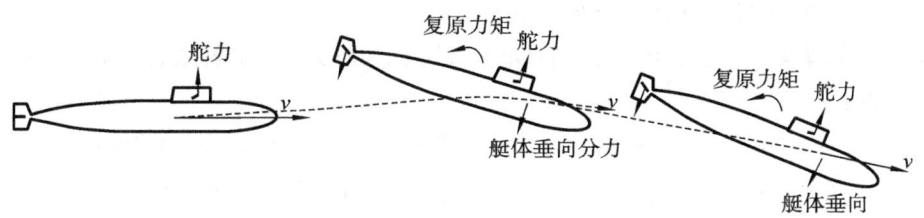

图 4-55　潜艇围壳舵操上浮舵反常下潜

4.6　适　航　性

　　舰船主要航行和战斗在海洋上,海面经常性地会出现或大或小的风浪,而海浪将使舰船产生摇摆运动。如果舰船在海浪的作用下摇摆比较剧烈,舰员的晕船率会上升,战斗行动会受到干扰;此外,舰船上装备的使用,比如说舰载机起降、导弹发射、主副炮瞄准与火力打击等都会受到舰船摇摆幅度的限制。舰船在多大的风浪下仍能够安全航行并正常使用武器呢? 这是舰船适航性研究关注的问题。舰船适航性的含义是指舰船在一定海况下安全航行和正常使用武器装备的能力。舰船的适航性取决于舰船在风浪中的操纵性、快速性、稳性、不沉性和坚固性。舰船适航性总是和耐波性联系在一起。耐波性是指舰船在波浪中的运动响应势态,如图 4-56所示。从概念上讲,舰船适航性涵盖的范围更广,但由于二者都是关于波浪中舰船安全航行的性能,因此,很多资料上对二者并无明显的区分,而且把舰船耐波性的指标,作为考察舰船适航性的主要依据。

4.6.1　海浪要素

　　海浪是自由海面的起伏和传播现象,它主要是由风引起的。一定速度的风,将其能量传给自由水面,使得水面在重力作用下产生起伏振荡。风作用的时间越长,水面积累的能量越大,水面积蓄的能量通过波浪的传播带走。当风传给水的能量等于由波浪所带走的能量时,这一

图 4-56　在海浪中航行的军舰和民船

区域海面的能量即达到平衡,产生一定大小的波浪,所以波浪的大小取决于风速、风时、风程。

　　风本身就是不规则的,因此海浪的最大特点就是不规则性,只能用统计的方法处理。但是传到风区以外,能量较集中、较规则的波浪,即所谓的涌浪,或者风区的风停止以后,小的波浪消失后形成的能量较大的较规则的涌浪,可近似地用正弦波来表示。海浪可以用大量不同幅值、不同相位的平面规则进行波的叠加来表示。

　　表示平面规则波的要素有波长 λ 、周期 T 、波速 c 、波数 k 、波幅 ζ_a 、波高 h 、频率 ω ,它们之间的关系如下:

$$\omega = 2\pi/T, \quad h = 2\zeta_a, \quad c = \lambda/T = \omega/k, \quad k = \omega^2/g = 2\pi/\lambda$$
$$T = \sqrt{2\pi\lambda/g} = 0.8\sqrt{\lambda}, \quad c = \sqrt{g\lambda/2\pi} = 1.25\sqrt{\lambda}$$

　　由于海浪的不规则性,通常采用有义浪高来表示浪级,如表 4-8 所示。

　　有义浪高 $(h_w)_{1/3}$ 等于三分之一大波波高的平均值。

表 4-8　浪级表

浪级	名称	有义浪高 $(h_w)_{1/3}$ /m	浪级	名称	有义浪高 $(h_w)_{1/3}$ /m
0	无浪	0	5	大浪	$2.50 \leqslant (h_w)_{1/3} < 4.00$
1	微浪	$0 \leqslant (h_w)_{1/3} < 0.10$	6	巨浪	$4.00 \leqslant (h_w)_{1/3} < 6.00$
2	小浪	$0.10 \leqslant (h_w)_{1/3} < 0.50$	7	狂浪	$6.00 \leqslant (h_w)_{1/3} < 9.00$
3	轻浪	$0.50 \leqslant (h_w)_{1/3} < 1.25$	8	狂涛	$9.00 \leqslant (h_w)_{1/3} < 14.0$
4	中浪	$1.25 \leqslant (h_w)_{1/3} < 2.50$	9	怒涛	$(h_w)_{1/3} \geqslant 14.0$

4.6.2　摇摆对舰船的影响

　　图 4-57 所示为在海浪中摇摆的舰船。

　　舰船在波浪中的摇摆包括横摇、纵摇、垂荡、艏摇、纵荡、横荡,如图 4-58 所示,其中以横摇、纵摇和垂荡三种运动最为显著,对舰船的性能影响最大。舰船摇摆会引起各种不良后果,主要影响如图 4-59 所示。

　　由此可见,摇摆对舰船的战斗力有很重要的影响。因此,现代舰船设计中很注意适航性预报和减少舰船的摇摆。

图 4-57　在海浪中摇摆的舰船

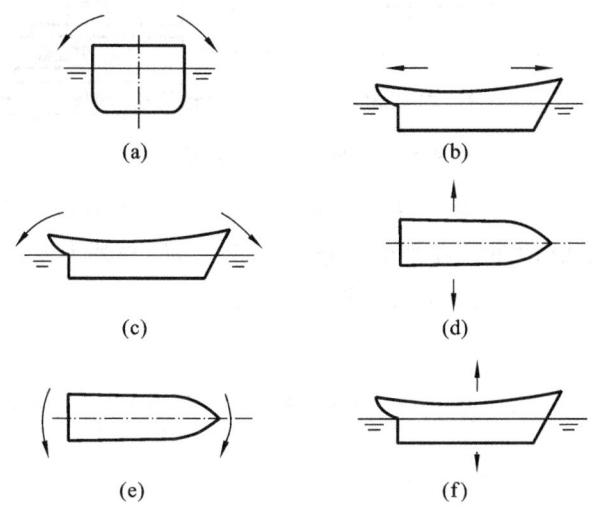

图 4-58　舰船的运动形态

(a)横摇；(b)纵荡；(c)纵摇；(d)横荡；(e)艏摇；(f)垂荡

4.6.3　表征舰船摇摆的主要参数

表征舰船摇摆的主要参数是摇摆周期和摇摆幅值。摇摆周期是指每一摇摆循环所经历的时间,摇摆幅值是指每个循环的最大摇摆角。一般摇摆周期愈小、摆幅愈大,则摇摆愈猛烈。

舰船摇摆分为自由摇摆和强制摇摆。

（1）自由摇摆是处在静水中的舰船,在初始摇摆外力消失后,由于惯性的作用而产生的摇

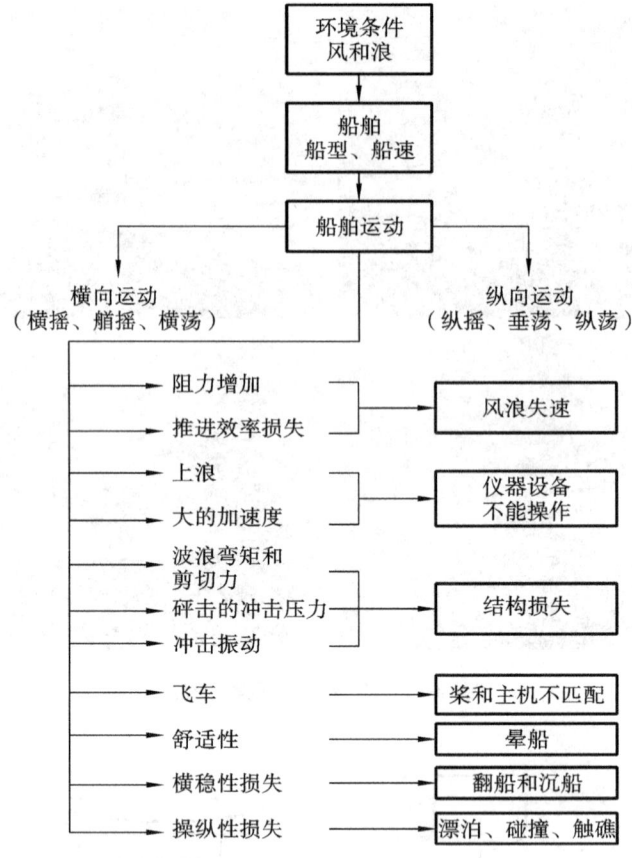

图 4-59　舰船波浪中的运动影响

摆。摇摆的幅值等于外力作用时的摆角。在摇摆过程中,由于阻尼的作用,摆幅逐渐减小,但舰船摇摆周期是不变的,它取决于舰船重量分布、船体外形,与外力无关,所以称之为固有摇摆周期。舰船的固有摇摆周期可按以下公式近似估算。

横向摇摆周期

$$T_\theta = 0.58\sqrt{\frac{B^2 + 4z_g^2}{h}}\text{（民船）}, \qquad T_e = \frac{2CB}{\sqrt{h}}\text{（军船）}$$

纵向摇摆周期

$$T_\phi \approx 2.4\sqrt{T}\text{（民船）}$$

式中　B——水线宽,m;

　　　z_g——重心高度,m;

　　　h——横稳性高,m;

　　　T——平均吃水,m;

　　　$C \approx 0.33 \sim 0.4$。

由以上各式可以看出,舰船固有摇摆周期与船宽、重心高度、横稳性高的大小有关。横稳性高小,摇摆周期大,摇摆的速度和加速度小,摇摆比较缓和;反之,则摇摆激烈。因此,适航性与稳性具有一定的矛盾。

(2)强制摇摆是舰船由于周期性外力(波浪)的作用而产生的摇摆。它的摇摆周期取决于外力的周期(在规则波中,波浪有一定的周期),而其幅值大小则取决于外力的大小、阻尼、外力周期与舰船固有周期之比。如果外力周期与舰船固有周期相等,则摇摆幅值将逐渐增大,甚至导致舰船翻掉,这种现象称为谐摇或共振。在舰船设计中要尽力避免这种情况。

不同的舰船对适航性有不同的要求,排水量较大的水面舰船一般要求在较高的海浪和海况等级下能执行任务,因此通常对每种舰船都有不同的适航性要求。

4.6.4　防摇措施

为了改善舰船适航性,除了舰船设计时尽可能增大其横摇固有周期外,通常还设置一些减摇装置来减小摇摆幅度。常用的有下列几种(见图 4-60):

(1) 舭龙骨　这是一种简单而又有效的装置,它是位于船舯舭部两侧的结构。舭龙骨长度一般为船长的 1/3～2/3,宽度一般为船宽的 3％～5％。这种装置通常可减少横摇幅值 20％～25％。

(2) 减摇鳍　它装在舰船两舷舯部,形似舵,故又称侧舵。使用时可借助于舰船内的操纵机构将它转动,利用水流通过减摇鳍时产生的升力来减小舰船摇摆幅度。这种设备的减摇效果取决于航速,航速愈高效果愈好。

(3) 减摇水舱　它是设在船体内部左右舷连通的 U 形或槽形水舱,其工作原理是使水舱内的水的运动周期和舰船在波浪上的摇摆周期相近,使水在水舱内产生的力矩能抵消波浪造成的倾斜力矩,从而达到减小舰船的摇摆幅值的目的。

本书第 5 章将对这三种减摇装置做详细介绍。

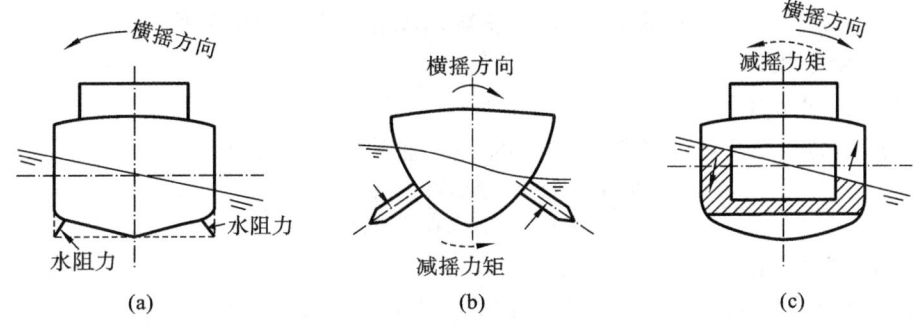

图 4-60　舰船减摇方法
(a)舭龙骨减摇;(b)减摇鳍减摇;(c)减摇水舱减摇

4.6.5　舰船适航性指标

舰船适航性的好坏与船体形状和主尺度的选择有密切关系,因此在舰船设计初期就应考虑适航性的要求,适航性与舰船其他性能要求一起影响着舰船设计的全过程。

适航性指标受很多因素的影响,它不仅与海洋环境条件有关,也与舰船任务有关。舰船适航性指标可以分为两大类:一类是单项指标,即针对适航性中某一性能的指标;另一类是综合指标,即对感兴趣的若干适航性指标的综合评价。在适航性评价中,选用哪一种指标应根据设计要求和舰船的工作任务来决定。

1. 适航性单项指标

1）舰船的绝对运动幅值

舰船的绝对运动幅值一般包括横摇角、纵摇角、垂荡幅值、甲板上某点的垂向位移和船底某点的垂向位移。横摇角、纵摇角和垂荡幅值与舰员的舒适性、各种仪器装备能否正常运行有关，其中横摇角过大还会直接影响舰船的安全性。甲板上某点垂向位移的大小对于具有舰载机能力的舰船是一个重要指标，关系到飞机的起降安全。

2）横摇运动周期

为了避免舰船与常遭遇的波浪发生横摇谐振，有时对横摇固有周期提出限制要求。例如，我国东海一带常遇到的海浪波长在 50～60 m 左右，相应的波浪周期在 6s 左右，因此，经常在这一带航行舰船的横摇固有周期最好避开这一数值。

3）绝对加速度

它主要包括垂向加速度和晕船率。垂向加速度的大小与垂向惯性力成正比，过大的惯性力有可能损伤装备，降低系统效能，影响飞机起降。晕船率主要取决于运动加速度和运动周期，随着垂向加速度的增大，晕船率显著增加。

4）相对波面运动的相关指标

针对船体相对波面运动的适航性指标包括船底砰击频率、舰船声呐罩出水频率、甲板淹湿频率和螺旋桨出水概率。对不同类型的舰船而言，这些指标的重要性是不同的。

5）波浪中的失速

舰船在风浪中的失速是指动力装置功率调定后，舰船在风浪中较在静水中航行时航速的降低值。这里的航速降低值不包括主动减速成分，即不包括舰船在风浪中航行时为了减少风浪对舰船的不利影响而人为调低主机功率，使航速较静水中下降的数值。

2. 适航性综合指标

1）作业时间百分比

舰船在规定的装载及环境条件下，能够完成作业的时间百分比：

$$q_1 = \frac{\text{在波浪中能够完成作业的时间}}{\text{在静水中能够完成作业的时间}} \times 100\% \qquad (4\text{-}30)$$

2）期望航速百分比

舰船在波浪中的平均航速对舰船航行在静水中时的设计航速的比值：

$$q_2 = \frac{\text{在波浪中的平均航速}}{\text{在静水中的设计航速}} \times 100\% \qquad (4\text{-}31)$$

计算作业时间百分比和期望航速百分比首先需要明确对应舰船各种任务的诸适航性指标，并进行相应的计算，然后根据选定的适航性指标的衡准值和风浪的长期统计分布资料来完成适航性综合指标的计算。因此，适航性综合指标计算结果的可靠性不仅取决于适航性计算的正确性，也取决于适航性衡准值的选择和长期风浪预报的正确性。

本 章 小 结

本章介绍了舰船航行性能与相关指标，以及改善舰船航行性能的措施。舰船的航行性能反映了舰船在海上平衡和运动的规律，描述的是舰船作为一种可运动的海上作战平台所必须具备的基本性能。其中浮性、稳性、不沉性体现平台在海上的生存能力和安全性，快速性、操纵性、适航性体现平台的机动能力和航行性能。

思 考 题

1. 潜艇在水中保持平衡状态,必须满足哪两个条件?

2. 舰船的漂浮状态通常有哪几种(绘出示意图)? 表征各种浮态的参数有哪几个?

3. 什么是舰船静水力曲线?

4. 什么是储备浮力? 它对保证舰船安全有何意义?

5. 满足平衡条件的浮态是否一定能保持?

6. 何谓舰船的初稳性?

7. 什么是稳心、稳心半径? 稳心半径主要与哪些因素有关?

8. 什么是横稳性高? 它的大小与哪些因素有关? 如何根据它判断舰船的稳性? 为什么舰船总是横向倾覆而不是纵向翻掉? 横稳性高是否越大越好? 为什么?

9. 舰船阻力可以如何分类? 哪些阻力成分是由于水的黏性产生的?

10. 摩擦阻力、黏压阻力、兴波阻力随舰船航速变化规律分别是怎样的?

11. 水面舰船和潜艇减小航行阻力的方式有什么区别? 为什么?

12. 舰船螺旋桨的推力是如何产生的?

13. 螺旋桨为什么会出现空泡现象? 第一阶段空泡和第二阶段空泡是如何划分的?

14. 简述舰船航行的直线稳定性、方向稳定性、位置稳定性的含义。哪种稳定性要求最高?

15. 与水面舰船相比,潜艇操纵的特殊性主要是什么?

16. 舰船在高速回转过程中,舰体会发生明显的倾斜,其原因是什么?

17. 海浪浪级的大小是通过什么来表示的? 其含义是什么?

18. 舰船在风浪中的运动响应形式有哪些?

19. 舰船的横摇周期与哪些船型系数相关?

20. 舰船工程上采用的防摇措施主要有哪些?

第5章 舰船装置与系统

舰船装置和舰船系统依托舰船平台而存在,是构成现代舰船的两个重要组成部分,它们在保证舰船顺利完成各项使命任务方面起到了举足轻重的作用。

5.1 舰船装置

舰船除了具备坚固耐用的船体和良好的航行性能外,还必须装备各种控制船舶运动、保证停泊和海上安全、装卸物资以及为使用和专门目的而设置的专用器具和机械系统,使舰船能够完成其使命,这些船用的器具和机械就是船体设备。随着科学技术的发展和舰船需求的变化,船体设备在不断地改进,已从帆船时代人力操作的锚、舵等船具,发展到现代由各种动力驱动的综合体,这些综合体被称为舰船装置。

舰船装置包括舵装置、系船装置、减摇装置、救生设备、海上补给接收装置,以及烟囱、桅杆等通用装置,部分舰船还配备了舰载机弹射器、直升机着舰装置、布扫雷装置,以及起货设备等特种装置。

5.1.1 舵装置

舵是中国历史上的一项重大发明,也是中国对世界造船和航运事业的一大贡献。舵是由桨演变而来的。早期人们是通过划桨动作的变更来控制船只航行方向的,后来出现了专司航向控制的舵桨。舵桨安装在船艉,利用其在水中左右摆动来掌握航向,它不再离开水面,因而便失去了划水的职能。之后舵桨的外形得到不断改进,特别是桨翼变短变宽,增大了与水的接触面积,加强了控制方向的能力,在此基础上就慢慢形成了舵。

在舵的应用过程中人们持续不断地对其进行改进,以满足船舶操纵的需求。为了使操舵更加轻便,人们将一部分舵面面积分布在舵柱的前方,于是出现了平衡舵。早期的舵柱是由船艉斜伸而出的,后来一些船把舵柱改为垂直伸进水中,舵面与舵柱的连接位置也由舵面中部移到边上,这样就产生了垂直舵。此外,中国古代还发明了一种开孔舵,在舵面上打了许多小孔,由于水的表面张力的作用,这些小孔并不影响舵的性能,但转舵却更为省力。舵大约在公元10世纪时被阿拉伯航海者所引用,12世纪传到欧洲,为15世纪大航海时代的到来创造了科学的条件。

船用舵发展到今天,形式已是多种多样,最为常见的是平板舵和流线型舵,此外还有整流帽舵、襟翼舵、反应舵、主动舵、制流板舵、鱼尾舵、转柱舵等。除了舵这种传统的操作装置以外,部分船舶上又采用了一些新的操纵装置,如转动导流管、侧向推进器、Z形推进器(又称全回转导管螺旋桨)等。

1. 舵装置的功能和组成

舵装置是保障舰船操纵性的一种主要设备。舰船在航行中保持航向、改变航向和进行回转运动都主要依靠舵装置来实现。舵装置由舵、舵机和转舵机构、传动装置、操舵控制系统等构成,如图 5-1 所示。

(1)舵　通常安装在船艉,承受相对水流的作用,利用舵产生的升力使船回转。一般而言,水面舰船至少设两个舵,且个数应与螺旋桨的数目对应;特殊情况下允许设一个舵,宜采用平衡舵。舵应尽量布置在螺旋桨尾流内,以提高舵效;满舵时,舵叶不突出水线面外廓线。

(2)舵机和转舵机构　安装在舵机舱内,舵机为转舵的动力源,通过转舵机构将力矩传递给舵杆,从而带动舵叶转动。

(3)传动装置　使得舵机能够按照控制系统的操舵信号产生相应驱动动作的装置,其形式有机械式、液压式和电动式等。机械式只在小船上还有使用,液压式和电动式在船舶上应用广泛。特别是电动式,因其操作轻便、动作灵敏、不受船体变形和气候的影响,新造船上应用更多。

(4)操舵控制系统　主要部件安装在驾驶室内,将舵令通过电力或液压控制系统,由驾驶室传递给舵机,以控制其动作,其中包括舵角反馈装置。

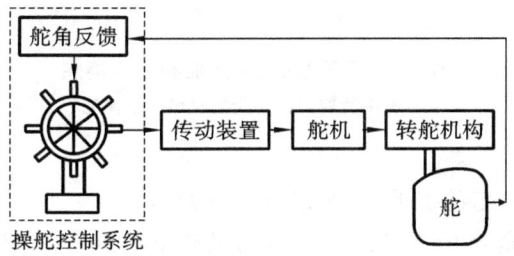

图 5-1　舵装置原理图

2. 转船原理

根据流体力学中的机翼理论可知,舰船在正常航行时,水流对称地流过舵叶两侧,不产生舵力,舰船不会产生偏转。而当舵偏离舰船中纵剖面某一舵角时,水流的对称性被破坏,舵叶两侧的流场随之发生变化,迎流面的流速较背流面慢,从而产生垂直于舵叶的压力差,于是在舵上产生一个与中纵剖面垂直的转船力,如图 5-2 所示。舰船在航行中舵角为 α,舵受到的水流作用力称为舵力 F,则 F 可分解为船前进阻力 $F\sin\alpha$ 和转船力 $F\cos\alpha$,可知舰船受到的转船力矩为 $M = FL\cos\alpha/2$。

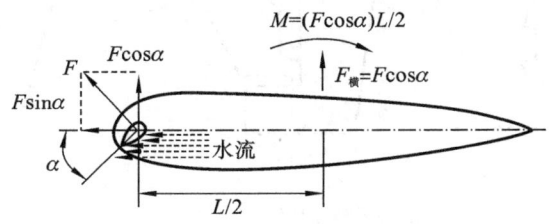

图 5-2　转船力矩原理图

当舰船在航行时,驾驶人员操纵舵轮或手柄,通过控制装置带动船艉部的舵机,再经转舵机构带动舵转动,从而使舰船按照预定的路线航行。

3. 舵

舵的类型较多,一般按下述几种方法进行分类。

1) 按舵杆轴线的位置分类

按舵杆轴线的位置,舵可分为不平衡舵、平衡舵和半平衡舵。

(1)不平衡舵 整个舵叶都在舵杆的后面者,称为不平衡舵,如图 5-3(a)所示。不平衡舵结构强度较高,适用于浅水和冰区航行场合,但所需舵机功率大,倒车操纵性也差。

(2)平衡舵 舵杆中心线位于舵叶导边后的一定距离处者,称为平衡舵,如图 5-3(b)所示。平衡舵的压力中心较接近舵杆轴线,可减少舵机力矩,节省功率,在各类舰船中应用最广。

(3)半平衡舵 舵杆轴线前面的舵面积仅分布在下半部者,称为半平衡舵,如图 5-3(c)所示。

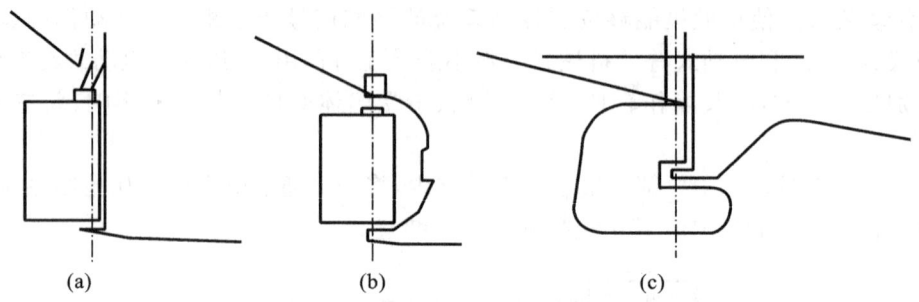

图 5-3 不平衡舵、平衡舵和半平衡舵

(a)不平衡舵;(b)平衡舵;(c)半平衡舵

2) 按舵的支承方式来分类

按支承方式,舵可分为舵踵支承舵、半悬挂舵和悬挂舵。

(1)舵踵支承舵 在舵叶的下端或上下端均设有支承点者,称为舵踵支承舵,如图 5-4(a)所示,其一般为平衡舵。

(2)半悬挂舵 半悬挂舵是半平衡舵,舵叶的上部支承于挂舵臂或艉柱的舵钮上,下部呈悬挂状,如图 5-4(b)所示,适用于远洋打捞船、远洋调查船等军用辅助舰船和民船。

(3)悬挂舵 仅在船体内部设有支承点者为悬挂舵,如图 5-4(c)所示。悬挂舵多为平衡舵,它在巡洋舰、驱逐舰、护卫舰、快艇等舰船上应用广泛。

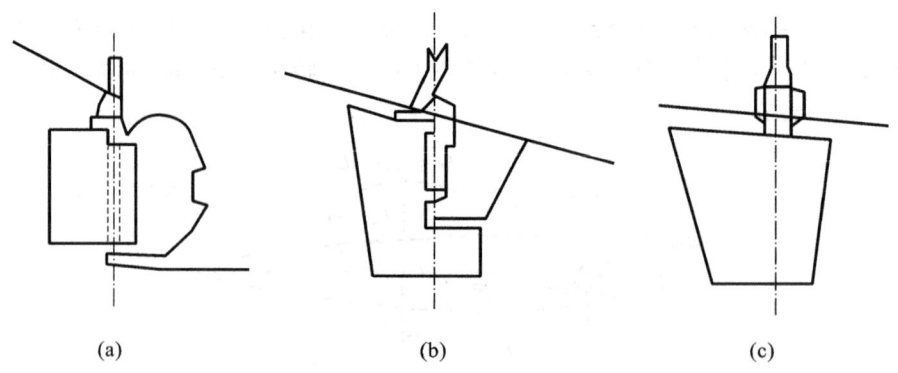

图 5-4 舵踵支承舵、半悬挂舵和悬挂舵

(a)舵踵支承舵;(b)半悬挂舵;(c)悬挂舵

3) 按形式分类

舵按形式分类,包括常规舵和为了提高舵的效能和螺旋桨效率而开发的形式各异的特种舵,如整流帽舵(见图 5-5)、襟翼舵、反应舵、主动舵、差动舵等。

（1）整流帽舵　整流帽填充了通常是涡流低压区的空间,从而使得螺旋桨桨毂区的尾流得到改善,不仅能提高螺旋桨的推力和效率,还能改善船艉的振动情况。

（2）襟翼舵　襟翼舵可通过调节襟翼来增加舵叶的曲度,从而达到增加舵升力的目的。襟翼舵最大能提高 60% 的升力。

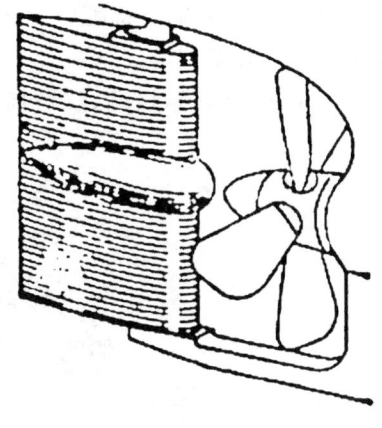

图 5-5　整流帽舵

4. 舵机

舵机是指能够按照预定要求迅速可靠地将舵叶转到并保持在指定的舵角,以使船舶航向在给定航线上的动力机械。舵机一般安装在船艉的舵机舱内。小型船因转舵力较小,通过人力即可完成转舵,通常不安装舵机;舵机主要应用在大、中型船舶上。

舵机按其动力源可分为人力舵机、电动舵机和液压舵机。

（1）人力舵机　人力舵机仅在小艇、非自航驳船及小型船舶上使用,或用于水面舰船的应急操舵。

（2）电动舵机　电动舵机需要较大的启动力矩和过载能力,一般多采用直流电动机作为驱动电动机。电动舵机运行平稳、结构简单、占据空间小,但当舵机功率较大时,往往需要大功率的交流机组,较不方便,已逐渐被液压舵机所取代。

（3）液压舵机　液压舵机是以液压油为工作介质,能够实现转舵并保持舵位的装置。它是根据油液不可压缩性及流量、流向、油压的可控制性,使输给舵机的动能转化为液压能,再由液压能转化为机械能,从而达到转舵的目的的。它与气动舵机和电动舵机相比,具有功率增益高、转动惯量小、输出力矩大、运行平稳、快速性好、体积小、灵敏度高、控制功率小及可承受负载功率大等优点。液压舵机在船舶上应用广泛。

液压舵机又可分为手动型、机动型和电动-液压驱动型。其中电动-液压驱动型是以电力方式来控制舵机驱动油泵中油液的流量、流向和油压,使舵保持或偏转的装置。它具有转矩大、传动灵敏、动作平稳、无振动、操作轻快、噪声小、自重轻、外形尺寸小等优点。目前很多舰船都采用电动-液压舵机,而大中型高速船采用这种舵机更为普遍。其不足之处是制造精度要求高、维修保养也较为复杂。

5.1.2　系船装置

舰船在使用期间只有两种状态,一种是航行,另一种是停泊。停泊通常有两种方式,一种称为锚泊,另一种称为系泊。系船装置就是将舰船安全可靠地停泊在预定的海域、码头、浮筒和毗邻的船旁,并能拖带舰船航行的一种舰船装置。系船装置由锚装置、系泊装置和拖带装置三大部分组成。

1. 锚装置

锚装置是指利用抛锚入水,依靠锚的抓力而使舰船停泊在水面上某一位置的设备。舰船在港口躲避风暴、等候泊位,在锚地待机、训练、检修和执行其他各项任务时,都需要停泊在指定位置,因此各类舰船上都配备有锚装置。锚装置还可以协助舰船离港、调头、脱离搁浅,以及协助登陆舰艇退滩。

锚装置主要由锚、锚链、锚链筒、止链器、锚机、锚链管、锚链舱和弃链器等组成,如图 5-6 所示。

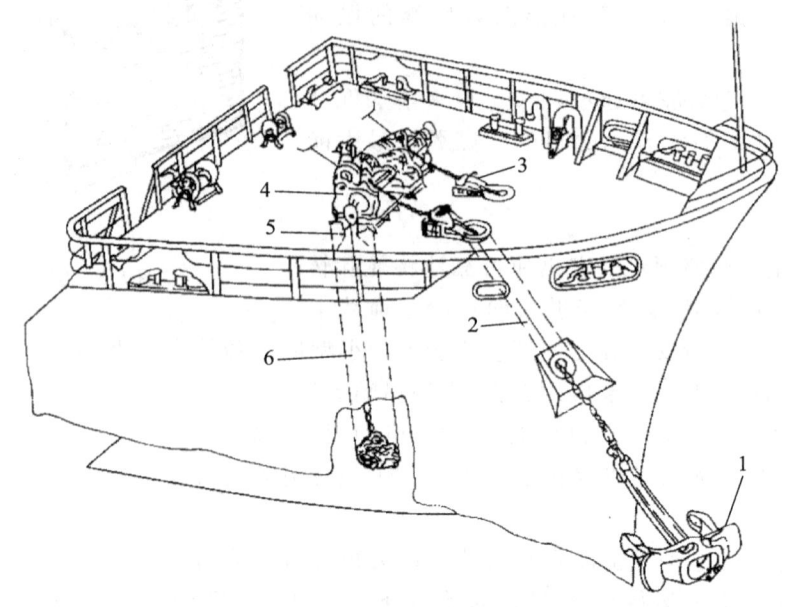

图 5-6　锚装置布置图

1—锚;2—锚链筒;3—止链器;4—锚机;5—锚链管;6—锚链舱

1) 锚

锚是一种专用停船器具,它利用锚爪紧紧地抓住海床,通过锚链把舰船与海床牢固地连成一体,反抗着力图使舰船脱离锚位的各种外力。除小船外,船舶通常设有两只艏锚,称为主锚。较大的舰船还加设一只备用主锚,在有些船(如登陆舰艇)上还设有一只艉锚,多采用大抓力锚。

锚的种类很多,根据是否具有横杆可分为无杆锚(见图 5-7)和有杆锚(见图 5-8)。

(1) 无杆锚　无杆锚又称山字锚、转爪锚。其收藏方便、稳定性好,对各种土质的适应性强,常作为各种舰艇的主锚。无杆锚的锚爪能转动,转角常为 45°,爪的重量占锚重的 60% 以上。常用的无杆锚有霍尔锚、斯贝克锚、AC14 型锚和鲍尔特锚等。

(2) 有杆锚　有杆锚也称为普通锚。有杆锚的锚干和锚爪为一整体浇铸结构,锚杆是活动的。抛锚时,锚杆与横杆处于互相垂直状态;收锚时,横杆与锚杆贴靠在一起。典型的有杆锚有海军锚、丹福氏锚和马氏锚。

2) 锚链

锚链是连接锚和船体之间的链环,用来传递和缓冲舰船所受的外力,将舰船系于锚位。锚链链节根据所处的位置不同可分为锚端链节、中间链节和末端链节,如图 5-9 所示。

(1) 锚端链节　与锚卸扣相连的一段链节,由普通链环、加大链环、转环、末端链环和链端卸扣等组成。

(2) 末端链节　与锚链仓中的弃链器相连的一段链节,由普通链环、加大链环、转环、末端链环等连接而成。

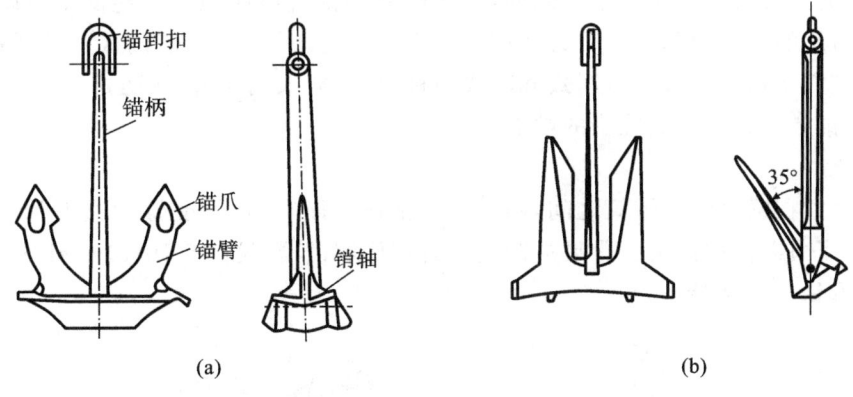

图 5-7　典型无杆锚

(a)霍尔锚;(b)AC14 型锚

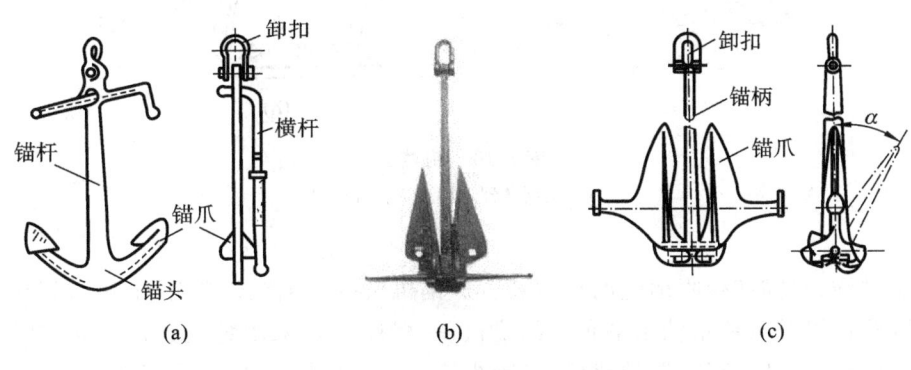

图 5-8　典型有杆锚

(a)海军锚;(b)丹福氏锚;(c)马氏锚

（3）中间链节　连接锚端链节和末端链节的一段链节,由普通链环和连接链环组成,它是锚链的主要组成部分。它的长度用节来计量,每节长约为 27.5 m,节与节之间用连接链环连接。链环的数目均为单数,以保证连接卸扣通过锚链轮时,始终按同一方向通过。中间链节的总长度应为节长的整数倍。锚链的总长度就是指中间链节的总长度。锚端链节和末端链节的长度根据锚装置的布置而定,其长度不计入锚链的总长。如果舰艇上要配置两个艏锚,两根锚链允许一长一短,但其长度差应为节长的倍数。

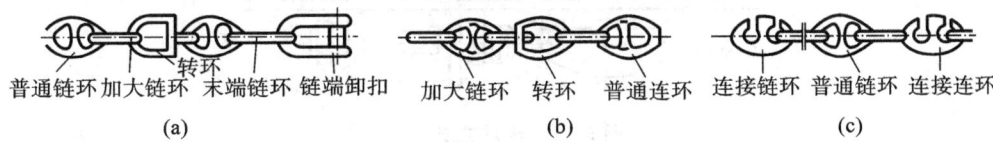

图 5-9　用连接链环组成的锚链

(a)锚端链节;(b)末端链节;(c)中间链节

3）锚链筒

锚链筒在舰船起、抛锚时作为锚链的通道,在舰船航行时用于收存锚。通常只有无杆转爪锚(霍尔锚、斯贝克锚等)才能收存于锚链筒中。在一般舰船上,艏锚的锚链筒设于船舶艏部的两弦。筒内设有喷水装置,起锚时用于冲洗锚链和锚。

有些舰船的艏锚设在舰艏中心线上,其锚链筒也应设在舰艏中心线处。当船舶设有艉锚时,其锚链筒通常设在艉部船体中心线处,形式同艏部锚链筒相似。一些低干舷船或快速船,为了减少锚引起的水阻力和空气阻力及锚爪引起的水花飞溅,会在舷侧板上将锚链筒做成能包藏锚头的锚穴。锚穴的形式有明式和暗式两种,将锚放入锚穴后,从明式锚穴外可看到整个锚爪,从暗式锚穴外只能看到锚头的端面。

4) 制链器

制链器设置在锚机和锚链筒之间,用来夹住锚链。航行时,承受锚的重力和惯性力;锚泊时,承受锚链张力以保护锚机。常见的制链器有螺旋制链器(见图 5-10(a))、闸刀式制链器(见图 5-10(b))和链式制链器。

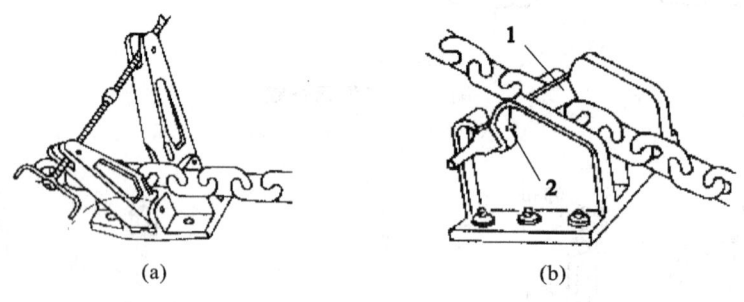

(a)　　　　　　　　　　　(b)

图 5-10　制链器

(a)螺旋制链器;(b)闸刀式制链器

5) 锚机

锚机是抛锚、起锚和绞收缆绳的机械装置。锚机按链轮轴线位置分,有卧式锚机和立式锚机两种。卧式锚机是指链轮轴水平布置的锚机,一般船上多采用卧式锚机。立式锚机也称为起缆绞盘,是指链轮轴铅直布置的锚机,可减少锚机所占甲板面积,多用于军舰。图 5-11 所示为电动立式锚机。

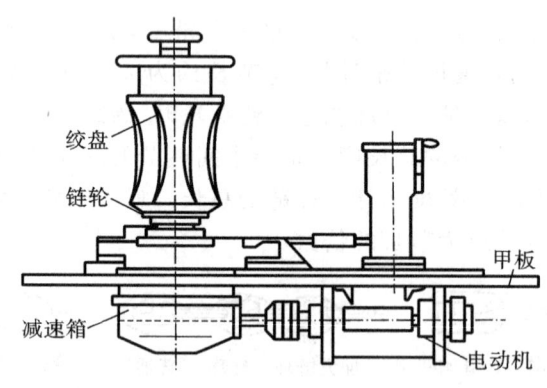

绞盘
链轮
甲板
减速箱
电动机

图 5-11　电动立式锚机

6) 锚链舱

锚链舱是存放锚链的舱室。一般设在防撞舱壁之前,锚机下面,艏尖舱的上面或后面,其形状为圆形或方形。舱内设有污水井和排水管系以排除积水,防止锚链锈蚀。舱壁上设有人孔和壁梯,供人员进出锚链舱之用。

7) 锚链管

锚链管是锚链进出锚链舱的通道,位于链轮的下方,正对锚链舱的中央。它的上部设有防水盖,开航后应关闭,以防海水进入锚链舱。

8) 弃链器

弃链器是使锚链末端与船体相连,在遭遇紧急情况弃链时能迅速解脱锚链的一种专用装置。它通常装设在锚链舱舱壁上或其他人员易于到达的地方。主要有横闩式和螺旋式。

2. 系泊装置

系泊是指利用系缆设备将舰船安全牢固地系结于码头、浮筒、船坞或其他舰船的一种停泊方法。系泊装置由缆索、挽缆装置、导缆装置和绞缆机组成。

1) 缆索

缆索是指用于把船系于码头、浮筒、船坞或相邻舰船的专用绳索。常见的有钢丝缆、植物纤维缆、合成纤维缆及复合缆。

钢丝缆强度大、重量轻、使用寿命长,为大中型舰船的主要缆索。植物纤维缆通常有白棕绳、油麻绳等,价格便宜、柔软,但强度和耐腐蚀性一般,多用于小船。合成纤维缆有锦纶绳、丙纶绳、尼龙绳等,质地柔软、强度高、重量轻、耐腐蚀,应用广泛。复合缆是近年生产出的一种金属与纤维复合而成的缆绳,缆绳每股均有金属丝核心,外覆纤维护套,有 3 股、4 股或 6 股之分,强度较大,可用于系船缆或拖缆。

2) 挽缆装置

挽缆装置主要用于固定系船索的自由端。舰船艏艉楼和船舯左右舷甲板等部位设有挽缆用的带缆桩,用以系牢缆绳的一端。带缆桩的受力很大,要求基座必须十分牢固,缆桩附近的甲板均需加强。缆桩有铸造的,也有钢板围焊而成的,因铸造带缆桩重量大,所以广泛采用焊接带缆桩。带缆桩类型很多,有单柱式、双柱式、单十字式、双十字式、斜式带缆桩和羊角桩等,大中型舰船多采用双柱带缆桩。图 5-12 所示为各种带缆桩。

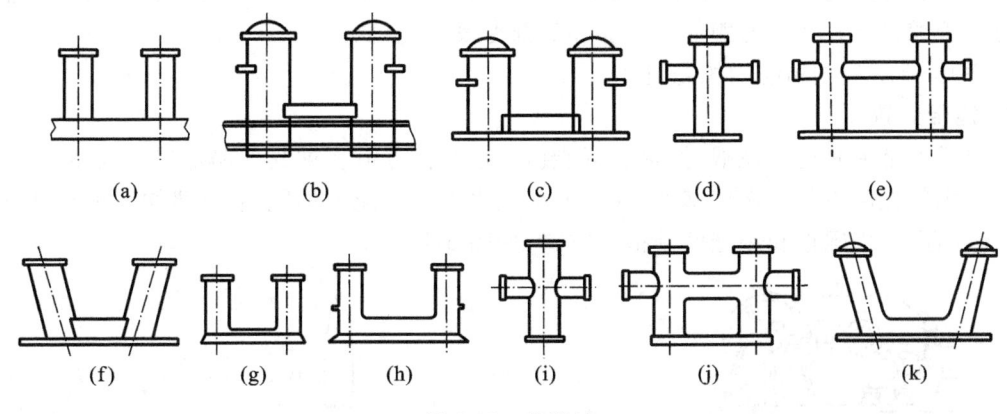

图 5-12　带缆桩

(a)普通带缆桩;(b)嵌入式带缆桩;(c)简易带缆桩;(d)单十字式带缆桩;(e)双十字式带缆桩
(f)斜式带缆桩;(g)直立式铸造带缆桩;(h)挡板式铸造带缆桩;(i)单十字式铸造带缆桩;
(j)双十字式铸造带缆桩;(k)斜式铸造带缆桩

3) 导缆装置

导缆装置一般设在船艏艉及两舷,能将缆绳按一定方向从舷内通向舷外,再引至码头或其他系缆地点,限制其位置偏移,并可减少缆绳与舷边的磨损,避免缆绳因急剧弯折所受应力增大。导缆装置包括导缆钳、滚轮导缆器和导缆孔等。

(1)导缆钳　导缆钳(见图 5-13)一般设置在艏艉楼的舷墙上或甲板上。为减轻对系缆的摩擦,大中型舰船都采用带滚轮的导缆钳,通常有单滚轮、双滚轮和三滚轮的导缆钳。

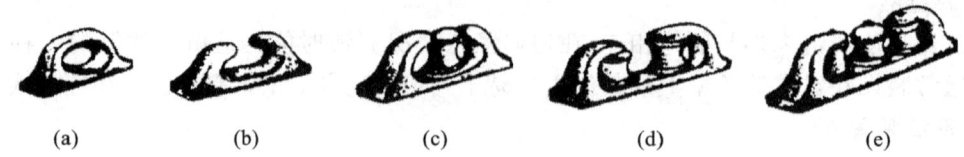

图 5-13　导缆钳

(a)AY、AZ 斜式无滚轮导缆钳;(b)B 型直式无滚轮导缆钳;(c)A 型单滚轮导缆钳;
(d)B 型双滚轮导缆钳;(e)C 型三滚轮导缆钳

（2）滚轮导缆器　滚轮导缆器是设在船舷、由数个独立滚轮组成的导缆器,有单滚轮、双滚轮等类型。图 5-14 所示为双滚轮导缆器。滚轮导缆器制造工艺简单,节省材料,多用于大型舰船。

（3）导缆孔　一般设置在主甲板的舷墙处。导缆孔有圆形和椭圆形两种(见图 5-15),通常由铸铁或铸钢制成,常安装在舷墙上。

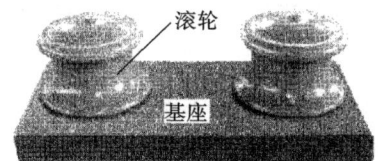

图 5-14　双滚轮导缆器

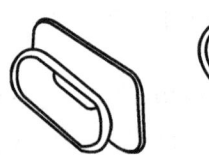

图 5-15　导缆孔

4）绞缆机

绞缆机也称系缆绞车,主要用于收绞缆绳。船艏绞缆机一般由锚机的卷筒替代,在船艉甲板则另设绞缆机。某些大型舰船在船艏和舯部专设绞缆机。

图 5-16 所示为电动起锚绞缆机。

3. 拖带装置

舰船无论是平时还是在战时,都有可能执行拖带任务或者被其他船拖带。例如,将遭受严重战损的舰船拖离战区或拖回基地、拖带失事或失去操纵能力的舰船、拖带快艇航渡和拖带靶船等。舰船多采用艉拖和旁拖两种拖带方式,如图 5-17 所示。

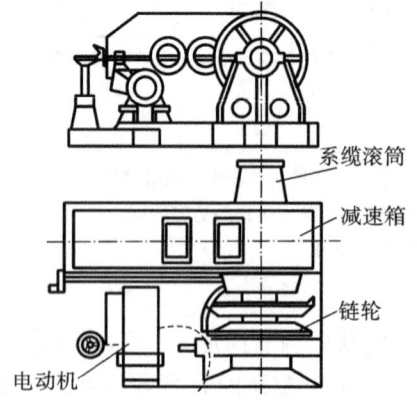

图 5-16　电动起锚绞缆机

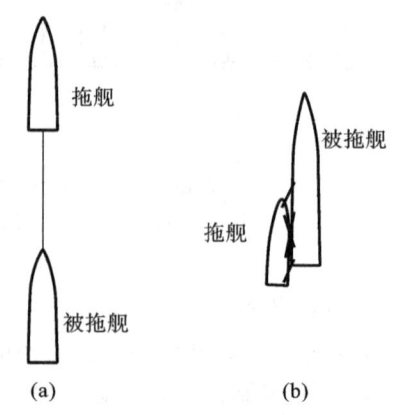

图 5-17　拖带方式

(a)艉拖;(b)旁拖

拖带装置的拖带部分设于舰船艉部,一般由艉拖柱(在拖带时供固定拖索用)、拖缆(拖带舰船用)、带缆柱、拖缆卷车和拖索孔组成;被拖带部分设于舰船艏部,一般由拖钩(在被拖带时供固定拖缆用)、拖缆和拖缆孔组成。

(1)拖缆(拖索)　钢缆、麻缆、合成纤维缆和锚链都可以作为拖缆。由于麻缆的强度小,一般很少采用,而采用钢缆较多。在拖带用的钢缆的两端应带有套环,在套环内嵌有钢衬圈。

(2)拖钩　用于固定和解脱拖缆,其种类很多,弹簧拖钩是目前常用的。最近新研制出一种气动拖钩,可借助压缩空气使拖缆解脱迅速,并可实现遥控。

(3)拖缆孔　设在舰船艉部,目的是限制拖缆在铅直方向和水平方向上的移动。有开式、闭式两种,目前使用闭式的较多。由于拖缆孔磨损严重,因此其与船体结构的连接采用螺栓固定形式,以便于更换。

(4)拖缆卷车　用于收藏和保护缆索。

5.1.3　减摇装置

舰船在航行中受风、浪作用而产生的剧烈摇摆,会严重影响舰船的作战能力和执行任务的效率。为了改善舰船的耐波性,通常在舰船上增设舭龙骨、减摇水舱和减摇鳍等减摇装置。

1. 舭龙骨

舭龙骨装在船舯两舷舭部外侧,是与舭部外板垂直的长条形板材结构,如图 5-18 所示。当舰船横摇时,舭龙骨将产生同横摇相反的阻力,形成减摇力矩,从而减小舰船的横摇幅值。舭龙骨结构简单、造价低、效能高,且不需要经常维修,损坏后易更换,因此在舰船上得到了广泛应用。

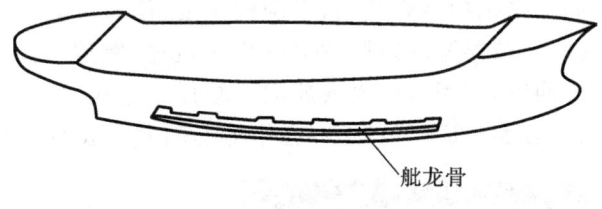

舭龙骨

图 5-18　舭龙骨

2. 减摇水舱

舰船横摇时,减摇水舱水道内的水将产生往复运动,使舷边水柜内的水上下波动,从而产生抵抗横摇的稳定力矩。减摇水舱根据控制形式的不同分为被动式减摇水舱和主动式减摇水舱。

(1)被动式减摇水舱　常见的被动式减摇水舱有 U 形减摇水舱、舷边开式减摇水舱和自由液面减摇水舱,如图 5-19 所示。U 形减摇水舱早在 20 世纪初已经出现,至今仍广泛应用在各类船舶上,它是由连通水道沟通部分充水的两个舷边水舱组成的。舷边开式减摇水舱设在舰船的两舷,适当选取舱内水面的面积和舷侧开孔的面积间的比值,在横摇时可以使水舱内水的重量产生力矩而减缓舰船的横摇。自由液面减摇水舱是 20 世纪 60 年代出现的平面型水舱,它对称设置在舰船两弦,有深槽横向连通,利用横摇时自由液面的作用产生稳定力矩。这种水舱适应性强,减摇效果好,我国 1964 年已在实船上装置。

(2)主动式减摇水舱　主动式减摇水舱借助泵等设备,根据横摇情况,将水从一弦打向另

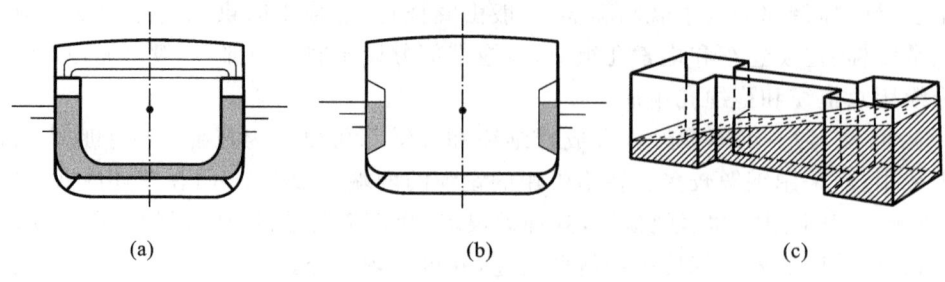

图 5-19　减摇水舱

（a）U 形减摇水舱；（b）舷边开式减摇水舱；（c）自由液面减摇水舱

一弦，以减少船的横摇。主动式减摇水舱效果很好，但需要很大的动力，因此很少采用。

3. 减摇鳍

人们在长期的航海生活中发现，虽然大海里有惊涛骇浪，鱼儿却能自如地游来游去。后来经研究得知在鱼身上长着若干对平衡器——鳍，鱼的背鳍和臀鳍都能起到稳定作用，从而可防止鱼身左右摇晃。通过对鱼的大量仿生学研究，舰船设计师们得到了重要的启发：可以利用鳍的作用来减少船舶在大风浪中航行时产生的摇摆。于是用于舰艇的减摇装置——减摇鳍问世。

1923 年日本的元良信太郎首先设计出实用的减摇鳍，并装于对岛航线的"睦丸"船上，经实船试验获得良好的效果，横摇幅值平均降低 70% 左右。1958 年，英国"玛丽皇后"号在大风浪条件下进行了减摇鳍性能的试验。当减摇鳍不工作时，船的横摇角达 25°；减摇鳍工作时，船的横摇角平均为 2° 左右，可见其减摇效果是很好的。

减摇鳍是减摇效果最好的减摇装置，它装在船舯两舷舭部，剖面为机翼形，如图 5-20 所示。使用时可通过船内的操纵机构将它转动，以调整角度，使水流在鳍上产生作用力，从而形成减摇力矩，减小横摇幅值。减摇鳍的减摇效果取决于航速，航速越高，效果越好。有些舰船上安装的减摇鳍可折叠或伸缩，不用时可收入船内。减摇鳍结构复杂、造价高，因此多用于高速船，特别是在舰艇和高级客船上应用较广，而在中低速船上一般不考虑采用。

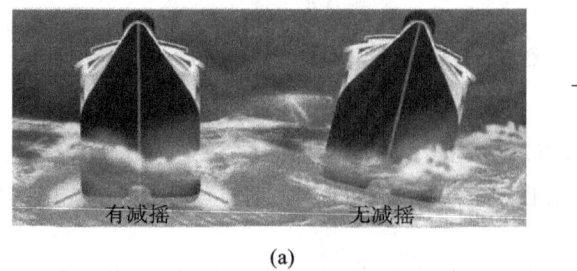
有减摇　　　无减摇

（a）

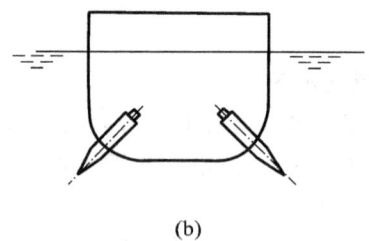

（b）

图 5-20　减摇鳍

（a）减摇效果；（b）减摇鳍示意图

5.1.4　救生设备

船舶救生是保障船上人员生命安全的重要措施之一。1912 年英国客轮"泰坦尼克"号首航时触冰山而沉没，由于船载救生设备缺乏等问题，造成了 1 500 余人丧生的重大海难。国际海事组织对此予以了高度重视，于 1914 年制定了《国际海上人命安全公约》。该公约对海船的救生设备等提出了较高的要求,并做出了具体的明文规定。公约要求船舶海上施救的方式和救生设备的性能必须符合有关公约、规定和协议的要求。此后该公约几经修改,日臻完善。1983 年国际海事组织通过的修正案,又对救生设备提出了新的要求。据此,我国制定了《海船救生设备规范》,对船舶救生设备的配备、各种救生设备的技术性能等都做了明确的规定。

救生设备是指在船舶遇险时,使船上人员安全迅速撤离船舶并在水上维持生命的专用设备的总称。救生设备包括救生艇、救生筏、救生浮、救生圈、救生衣等。

1. 救生艇

救生艇是水面舰船的主要救生工具。艇内备有一定数量的粮食、饮用水、桨、篙等属具。此外,艇内还设有水密空气箱或泡沫塑料浮体以构成储备浮力,保证艇体在载满额定乘员、属具并灌满水时也不致沉没。

救生艇按结构形式的不同,可分为开敞式救生航(见图 5-21)、部分封闭式救生艇、全封闭式救生艇(见图 5-22)。

图 5-21　开敞式救生艇　　　　　　　　　图 5-22　全封闭式救生艇

根据艇体材料的不同,救生艇可分为木质救生艇、钢质救生艇和玻璃钢救生艇三种。木质救生艇历史悠久、浮力大、不易沉没,但水密性差、易燃,目前基本不再使用。钢质救生艇耐火性好,但易腐蚀,也很少采用。玻璃钢救生艇重量轻,强度高,耐腐蚀,表面光滑,制造与维修工艺简单,保养方便,经久耐用,目前已被国内外广泛采用。

救生艇按照推进方式的不同,可分为非机动救生艇(也称为划桨救生艇)和机动救生艇。非机动救生艇主要依靠划桨,或利用手摇、脚踏等人力推进装置,或利用风帆推进。机动救生艇通常以柴油机为动力装置,既可满载乘员较快地撤离遇险船只,又可以拖带非机动救生艇和救生筏。

救生艇具有良好的浮性、稳性和航海性能,较其他的救生工具有更大的安全性;但质量较大,且所占甲板面积与空间较大。近年来研制成功并投入使用的具有自扶正能力的全封闭式救生艇,在翻转时能自动停车,扶正后能继续运转,能在 −15 ℃低温下和艇内有一定积水时启动,提高了救生设备在恶劣条件下使用的安全可靠性。

2. 救生筏

救生筏是船舶配备的用于紧急情况下脱离危险区域或从遇难船舶紧急撤离的救生设施和装备。虽然其比救生艇小,但当船舶遇险产生严重纵倾和横倾,救生艇无法吊放时,救生筏仍可以有效地发挥作用,因此在船上救生筏与救生艇有着同样重要的地位。现代的船舶除了需按全体乘员人数配齐救生艇外,还需按全体乘员人数的 25%～50%配备救生筏。救生筏上不配备动力机械,只配备几只小桨,其载人量因规格不同而异,可载 4～45 人不等。

救生筏有刚性救生筏和气胀救生筏(见图 4-23)两种。刚性救生筏周边有空气箱或硬质塑料浮力块提供浮力,比较笨重,现已基本被淘汰。气胀救生筏使用方便、安全可靠、重量轻,收起时体积小,目前应用最为普遍。

气胀救生筏平时不充气,折叠后储放在玻璃钢筒内。使用时,连同玻璃钢一起抛入水中,入水后拉动充气绳开启筏体内的二氧化碳充气瓶,在不到 1 min 的时间内筏便自动充气膨胀成型,这就是最为常见的抛投式气胀救生筏。通常情况下遇险者只能先跳入水中然后登筏,有时也可沿船只舷边的登乘设施(如软梯、撤离滑梯等)进入筏内。抛投式气胀救生筏的这种登筏方式不适合寒冷地区和较大风浪时的救生,也不适合老弱病残者。为此,又出现了吊放式气胀救生筏。它可在甲板上充气成型,载满遇险人员后再吊放至水面(见图 5-24),已在客船上广泛应用。

救生筏顶部帐篷可使遇险人员免受风浪、寒冷和日晒的侵害;筏底外部设有四个平衡水袋,用以提高救生筏的稳性;筏内还备有食品、淡水、药品、信号设备和划桨等属具。有时船舶突然沉没,来不及释放救生筏(艇)等生存设备,为了保证救生筏(艇)在船沉之前有效地脱开沉船并漂浮在水面上,救生筏(艇)自动浮起、自动解脱装置近年来已经逐步应用到船上。

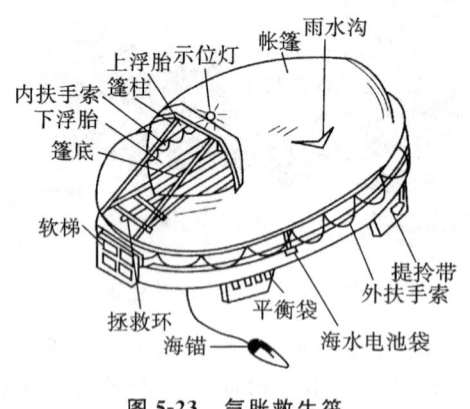

图 5-23　气胀救生筏　　　　　　　　图 5-24　吊放式气胀救生筏及吊放装置

3. 救生浮

救生浮是一个用钢质空气箱或泡沫塑料包以帆布、玻璃纤维增强塑料等制成的矩形或椭圆形浮体。它的外围装设有一圈救生索及若干浮子把手,供落水人员在水面攀扶用;中间设有绳网和木格踏脚板,供体弱的遇险人员登乘用;还备有划桨及自亮浮灯等属具。救生浮的乘员定额一般为 6～20 人,不储备食品、淡水,也不设座位,仅在内河船或沿海短程船舶上被允许使用。

4. 救生圈

救生圈是供落水人员套于腋下,能在水中提供浮力的环状浮体。它是以泡沫塑料等材料制成的,外面包帆布或塑料,漆上醒目的颜色。救生圈外径不大于 760 mm,内径不小于 440 mm,质量不小于 2.5 kg,能在淡水中支持不小于 14.5 kg 的铁块达 24h,其强度应保证从 10 m 高向下抛投时不损坏,不产生永久变形。

救生圈配备有自亮浮灯,其亮度应不低于 2 支烛光,点燃时间不少于 45 min。其通常还带有烟雾信号释放装置,当救生圈抛出时能自动把烟雾剂点燃,在水面上发出橙黄色烟雾以显示其位置;烟雾信号的能见距离一般不小于 2n mile,持续时间不少于 15 min。

5. 救生衣

救生衣是供落水者穿着,能在水中提供浮力以承托落水人员的背心状救生用具。要求救生衣穿在身上具有足够的浮力,使落水者头部能露出水面。船上人员每人均应配有一件救生衣,对于客船还应附加船上总人数 5% 的救生衣,平时存放在明显易见且容易取出的处所。根据需要,救生衣还应附加一些属具,如救生衣电池浮灯、救生衣哨笛以及防鲨粉等,供待救人员使用,以便引起救援者的注意并防御鲨鱼侵袭。

5.1.5　海上补给接收装置

舰船的燃油载量通常是有限的,若不进行海上补给,舰船在海上的活动半径和逗留时间都将受到限制。采用海上补给接收装置可以增加舰船的续航力,扩大舰船的活动范围,增加舰船每年的在航时间,从而提高舰船的利用率。海上补给接收装置用于舰船在海上航行或锚泊时,补给和接收燃油、滑油、淡水、粮食、弹药等补给品,还可以用于人员转送。

根据补给方式的不同,舰艇补给可分为航行横向补给、航行纵向补给、锚(漂)泊补给和垂直补给;按照补给品的种类,又可分为液货(燃油、滑油、淡水)补给和干货(粮食、弹药等)补给。

1. 航行横向补给

航行横向补给是指补给舰船和接收舰船编成横队航行,通过跨接于两舰间的横向补给装置,由补给舰向接收舰实施液货、干货补给和人员输送。可在两舷同时实施多舰补给。

1)横向液货补给接收装置

横向液货补给接收装置由补给舰的补给装置和接收舰的接收装置两部分组成。

(1)横向液货补给装置　横向液货补给装置可在五级和五级以下海况同时补给燃料油、柴油和生活饮用水。典型的横向液货补给装置主要由补给门架、高架索索具及其恒张力补偿系统、输油(水)探头、输油(水)软管、鞍座及扫线设备等组成。

补给门架主要用于支承高架索索具和悬吊软管,并通过它收放高架索索具和软管。高架索是跨接于补给舰的补给门架和接收舰的接收柱之间的钢缆,是补给舰与接收舰之间的"桥梁"。恒张力补偿系统可以自动调整高架索的长度,并保持索的张力基本不变。输油(水)探头是专门用来与接收舰进行对接的加油(水)接头,是横向液货补给装置的关键设备。鞍座是用于连接软管的铜制弯管,两端连接输油(水)软管,上部和下部分别设有吊耳,上端吊耳连接滑轮并挂在高架索上,通过牵动滑轮可以带动鞍座进行软管的收、放作业和输油探头的对接。扫线设备是补给结束后用以清除管内残油的专用设备,通常利用高压空气直接吹扫。

(2)横向液货接收装置　横向液货接收装置固定安装在接收舰上,主要由接收柱、安全脱钩、接收头等组成。图 5-25 所示为横向油料接收装置,淡水接收装置结构与之相似。

接收柱固定在上层建筑的围壁上,用以承受高架索张力和固定液货接收装置。安全脱钩用于挂接高架索,并可通过它使高架索快速解脱。接收头主要由弯管、本体、滑套、手动解脱手柄、弹簧、钢球、控棒和锥导管等组成,用于与输油探头对接。

进行液货补给时,补给舰的输油探头和输油软管在控制索的控制下,通过高架索传递到接收舰,并与接收舰的接收头结合,即可对接收舰实施油料补给。补给结束时,需要用扫线装置将管内的残油压入接收舰的油管,然后扳动解脱手柄,使输油探头与接收舰的接收头分离。

2)横向干货补给接收装置

横向干货补给接收装置包括补给舰的补给装置和接收舰的接收装置两部分。

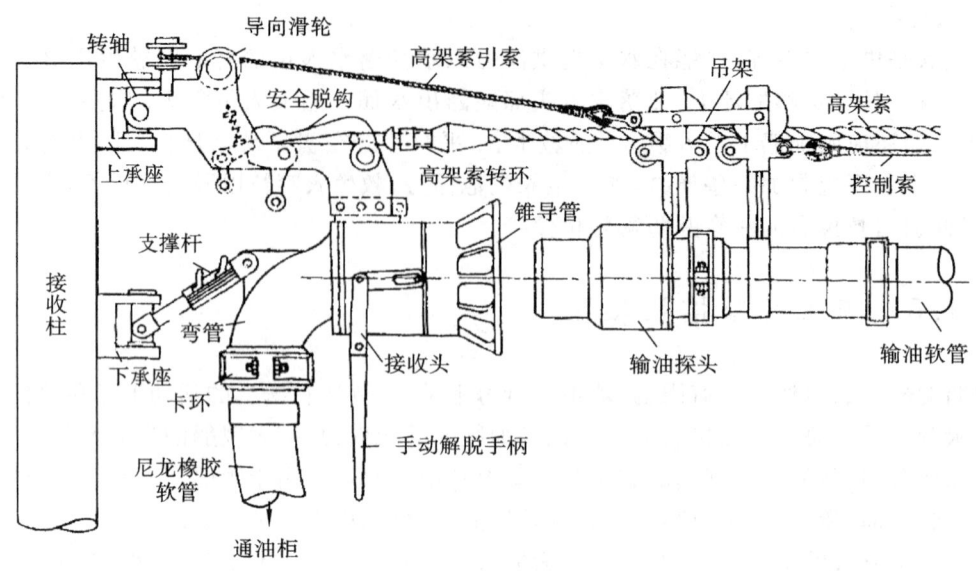

图 5-25　横向油料接收装置与输油探头

（1）横向干货补给装置　横向干货补给装置通常采用通索法，由内外牵索支承和传送货物，如图 5-26 所示。补给装置主要由升降机、传送头、载货小车、滑架等组成。升降机用于提升和放下装有传送头、重物和索道的滑架；滑架用于固定传送头，提升和放下传送头，形成索道的支承；传送头跟随索道输送和接收载货小车。

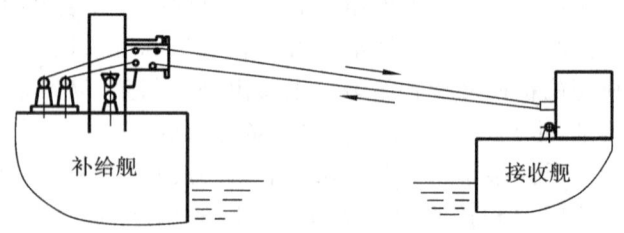

图 5-26　横向干货通索补给

（2）横向干货接收装置　横向干货接收装置固定安置在接收舰上，主要由升降立柱、升降传动机组、升降滑块和多功能接收头等组成，如图 5-27 所示。进行干货补给时，补给舰在载货小车装上货物后，提起重物和滑架，启动内外牵索绞车，分别收索和放索，带动载货小车沿索道移动到接收舰，接收舰启动升降传动机组，将载货小车降到甲板后即可卸货。接收舰卸货后，补给舰再启动内外牵索绞车放索和收索，将载货小车收回。

2. 航行纵向补给

航行纵向补给是指补给舰船和接收舰船编成纵队，在保持同向同速航行中，通过软管对接收舰船实施液货补给。纵向补给可在六级和六级以下海况实施，但同一时间内只能对一艘舰船实施补给。

纵向补给装置分为纵向油料补给装置和纵向淡水补给装置，它们在结构上相同或者相似，如图 5-28 所示。纵向油料补给装置包括补给舰的补给装置和接收舰的接收装置两部分。

1）纵向油料补给装置

纵向油料补给装置安装在补给舰的艉部，主要由卷管机、补给软管、快速接头、减磨滚筒、

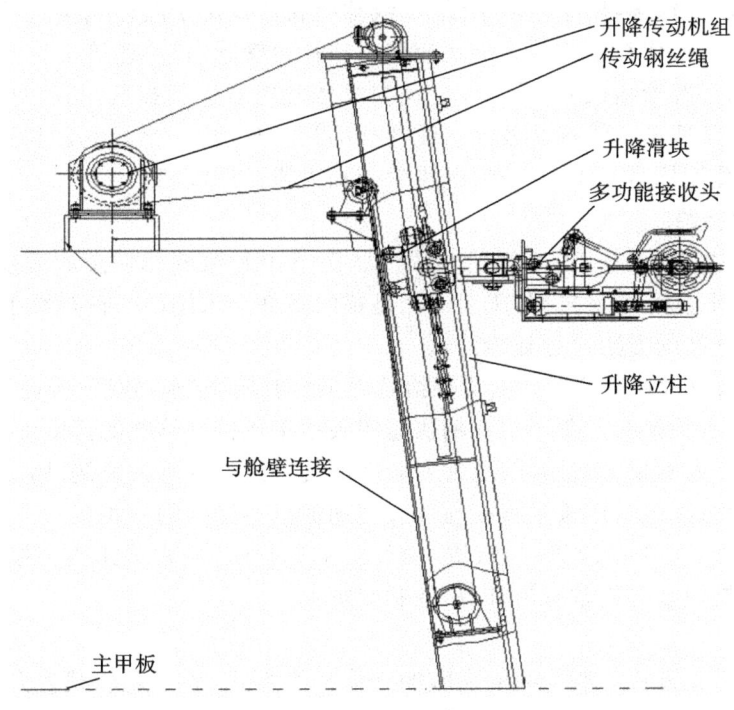

图 5-27　横向干货接收装置

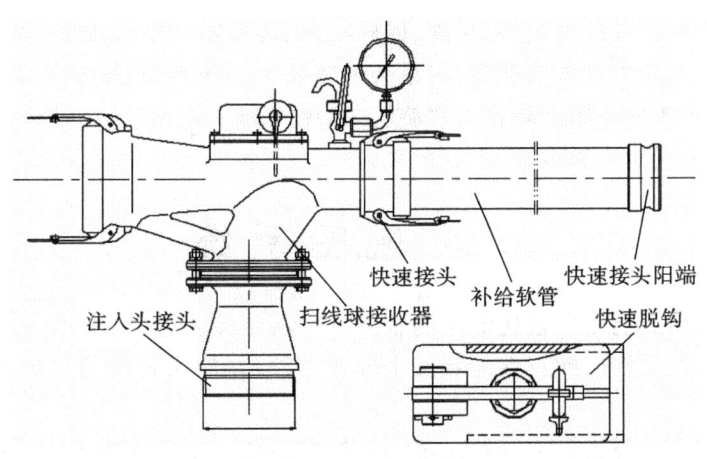

图 5-28　纵向补给装置

端头帽罩、引缆浮标及扫线球发送器等组成。卷管机是存放补给软管和收放补给软管的专用
设备;减磨滚筒是对补给时的软管进行导向限位和用于减轻其磨损的设备;快速接头用于与接
收舰的扫线球接收器对接;端头帽罩连接在软管前端,用于防止海水进入管内,并在收回软管
时自动放出软管内的气体;引缆浮标是一种特制的玻璃钢浮标,其作用是指示补给软管的漂浮
位置,便于接收舰捞取软管,并用于补给结束后将扫线球带回补给舰;扫线球发送器安装在卷
管机前的进油管上,当补给结束时,通入压缩空气推动扫线球将补给软管内的余油扫除干净。

　　2) 纵向油料接收装置

　　纵向油料接收装置安装在各型接收舰的前部左右舷侧,通常由减磨滚筒、快速脱钩、捞锚
和扫线球接收器等设备组成。快速脱钩的主要作用是承受软管的作用力和快速解脱软管;捞

锚是一个很小的四爪铁锚,用于捞取引缆;扫线球接收器仅用于航行纵向油料补给。

补给时,接收舰捞取补给舰放出的快速接头和补给软管,将快速接头与本舰的扫线球接收器对接,实施补给。补给结束后,补给舰启动扫线球发送器进行扫线,扫线球到达接收舰扫线球接收器后,接收舰取出扫线球并放入引缆浮标的扫线球舱中,然后解脱快速接头,打开快速脱钩,使软管、引缆浮标落入水中,补给舰将软管和引缆浮标收回。

3. 锚(漂)泊补给

锚泊补给又称为锚地补给,是舰船在锚泊状态下由补给舰船向接收舰船实施物资补充。漂泊补给是在水深过大,海域宽阔,舰船无法抛锚的条件下采用的一种补给手段。锚(漂)泊补给通常采用两舰并靠的方法进行补给。

(1)锚(漂)泊液货补给装置　液货补给装置主要有输油(水)软管、普通型双柄快速接头、鞍座、吊管架和注入头接头。普通型双柄快速接头用于连接补给舰的固定钢管和软管;鞍座通过吊环将软管吊在吊管架上;吊管架通常安装在液货补给站附近的舷侧,用于将软管和注入头接头吊放到接收舰;注入头接头是直接与接收舰加油口相连接的专用接头。

(2)锚(漂)泊干货补给装置　锚(漂)泊补给干货物资,通常采用人力搬运法和机械吊装法。吊装使用的机械装置通常有吊杆、吊柱和起重机。

4. 垂直补给

垂直补给是由直升机与舰船共同实施的立体补给方式,通常是舰载直升机采用外挂或内装干货或桶(袋)装液货物资,将物资从补给舰船经空中运送到接收舰船的一种补给方式。垂直补给可在四级和四级以下海况实施。

垂直补给装置主要有吊臂组件、吊索、回转吊环、运补箱、网兜、货盘、货框等。吊臂组件主要用来在作业过程中发生意外情况时,将吊装的货物紧急解脱,以确保直升机的安全;吊索主要用于悬吊货物;回转吊环用于防止货物旋转,以免引起吊索扭转;运补箱用来运补各种箱装零散弹药,也可用于其他干货运补。

5.2　舰船系统

舰船系统是指舰船上用以输送流体的管路、仪表、阀件、动力机械、附属机械及其附件的统称。它是为舰船达到良好的航行性能和安全创造条件,并能满足舰船管理和船上人员生活需要而设置的。

舰船系统按其功能分为动力管路系统和全舰性系统。动力管路系统服务于舰船动力装置中的主机和辅机,主要由燃油管路系统、滑油管路系统、冷却管路系统和压缩空气管路系统等组成,它通常划分到舰船动力装置中。因此,舰船系统一般仅仅是指全舰性系统。

全舰性系统主要是为保障舰船生命力、控制舰船状态和保障舰员日常生活等需要而设置的,由舱底系统、消防系统、日用水系统、通风系统、供暖系统与空调系统等组成。

5.2.1　舱底系统

在舰船的舱底部分或双层底内,为保障舰船航行和战斗时的安全而设置的管路和设备称为舱底系统。舱底系统包括舱底水系统、排水系统、压载水系统和平衡系统。

1. 舱底水系统

舱底水系统是指为排除舱底积水,在舰船上设置的专用抽水设备和管路。在舰船的正常使用中,由于机舱设备的漏水漏油、管路泄漏、冲洗水漏入、船体接缝渗漏、风浪雨水的侵入等原因,会形成舱底水。舱底积水会腐蚀船体,增大舱室湿度,影响机器、仪表工作和人员生活;当舱底水积存过多时,将会严重影响舰船稳性,危及航行安全。由于舱底水未能排出而造成翻船的事例在国内外航海史上亦有记载。因此,必须及时排出舱底积水。

舱底积水的量一般较少,但其与水线的高度差较大,因而舱底水系统的舱底水泵通常选用干吸能力较强、排量相对较小的喷射泵或活塞泵。

2. 排水系统

当舰船触礁、搁浅,与其他舰船发生碰撞,或者在战斗中被炮弹、鱼雷、水雷、导弹等武器击中时,船体水线以下部分都可能发生局部破损,海水从破口大量涌入舱内,将危及舰船安全,此时必须迅速将舱内的海水排出舷外。此外,当舰船发生火灾时,启动水灭火系统后,舱内可能聚集大量海水,需要迅速地将其排出舷外。舱底水系统的排量有限,通常不能满足这些灾害发生时的排水需求,因此在舰船上一般另设专门处理舱室大量进水的排放系统,即排水系统。

排水系统的功能是在堵漏完毕后,将进入舱室的大量海水排出舷外。当大量海水涌入时,完全靠排水系统来保证舰船的不沉性也是不现实的。在实际中还要按照不沉性的要求将舰船划分为一定数量的水密舱段,以限制海水的蔓延;在各个水密舱段或重要舱室设置排水系统,从而在全船内形成数个独立的排水系统,以保证舰船的安全。排水系统的排水泵通常选用排量较大的离心泵或轴流泵。

小型舰船由于内部空间较小,设置专用的排水系统有一定的难度,而民船发生战损的可能性不大,所以对于小型舰船和民用船舶,一般不设置排水系统,只是适当增大舱底水系统的排量,舱内大量积水的排放功能由舱底水系统来完成。

3. 压载水系统

舰船在实际航行中,由于航行水域的不同,浮力在变化;由于燃料、水、食品、弹药的消耗与补给,重力也在变化。这些都将导致舰船的漂浮状态发生变化,影响舰船的航行性能和作战能力。另外,由于作战或维修的需要,也要人为地造成一些倾斜。例如,登陆舰艇冲滩时,可向艉部舱室注水,造成一定的艉倾,以利于抢滩;螺旋桨检修时,可向艏部舱室注入适量的海水。因此,舰船上需设置压载水系统,以调整舰船吃水和纵横倾。

压载水系统主要由压载水泵、压载水舱、压载水管路及有关阀件组成。压载水泵一般要求排量大,而压头较低,不要求有干吸能力,通常选用离心泵。压载水舱离舰船平衡中心越远,则注、排水调节功能越强,所以通常将压载水舱布置在船的艏、艉部;压载水舱可以专设,也可由淡水舱、燃油舱兼作。

4. 平衡系统

平衡系统的功能与压载水系统相似,主要用于调节舰船的纵横倾。平衡系统和压载水系统的区别在于平衡系统是用来在破损情况下扶正舰船,有时也称为"紧急扶正系统"。具体而言,平衡系统用于在舰船破损后,调整大范围的纵倾和横倾。

在战斗中舰船若水下部分破损,会有大量进水,使舰船失去平衡,从而使舰船的战斗力受到直接影响,因此,此时必须采取紧急扶正措施,即人为地在破损船体对称隔舱内进行均衡浸水。这种以损失剩余浮力来消除倾斜的办法称为紧急扶正,就是平衡系统的工作原理。

舰船上设有纵、横倾平衡隔舱,分为日用平衡隔舱和应急平衡隔舱两种。日用平衡隔舱一般是空舱,也可由压载水舱代替(但它的扶正能力较差);应急平衡隔舱通常为装有次要设备的舱室,如修理间和贮藏室,供舰船破损后紧急扶正时使用。

紧急扶正可采用重力自流、机械灌注或者这二者的混合方法。

5.2.2　消防系统

舰船无论在航行、停泊还是在进坞修理时,都可能发生火灾,在战斗时发生火灾的可能性更大。消防系统的主要作用是在舰船发生火灾时灭火。由于舰船的用途、携带和运载物品的种类不同,火灾的起因和火情都不同,船上往往同时设置两种或两种以上的消防系统。舰船常用的消防系统有水灭火系统、水蒸气灭火系统、二氧化碳灭火系统、卤代烷灭火系统、泡沫灭火系统和干粉灭火系统。

1. 水灭火系统

水灭火的基本原理是利用水将燃烧物的温度降低到燃点以下,同时也起到窒息灭火作用。

水灭火系统由消防泵、应急消防泵、消防总管、支管、消防栓、消防水带及国际通岸接头等组成。为了保证系统工作的可靠性,水灭火系统通常采用分段布置的方式,每个分段内设置独立的消防泵、总管和操纵部位,段与段之间由消防总管连接,这在防火设计中称为防火区划。根据规范要求,防火区划的长度一般不超过 40 m。每两个防火区划之间的隔壁为耐火舱壁。在舰船建造规范中,对通过耐火舱壁的管路和开孔都有严格的要求。消防泵一般采用独立驱动的离心泵,舰船上除设置固定式消防泵外,通常还配备移动式应急消防泵。消防泵将水从舷外打入,通过管路分别送到消防栓,再经过接在消防栓上的消防水带和喷嘴喷出灭火。

水灭火系统是舰船上各住舱、工作舱室、战斗部位、露天甲板、通道、贮藏室以及机炉舱(零星火灾)等处所的主要灭火手段。水灭火系统结构简单,水源取之容易,几乎每艘舰船都有安装。有些舰船除采用水枪喷射灭火外,还在部分重要的舱室装设了自动喷水灭火系统和压力水雾灭火系统。

2. 水蒸气灭火系统

水蒸气灭火系统是利用低压饱和水蒸气充满燃烧的空间,使舱内的含氧量下降至不可燃烧的比例,从而限制外界气体进入舱内使火窒息的消防系统。

水蒸气灭火系统由蒸汽锅炉、分配阀箱、控制阀、灭火管及气喷嘴等组成。它用固定管系将锅炉中的饱和水蒸气经阀箱分配至各个舱室。根据舰船的具体情况,按分组或集中两种方式进行系统布置。小型舰船多采用集中布置,此时只需设置一个蒸汽分配阀箱,即可控制全船所有的被保护舱室。中大型舰船可按分组方式布置,每组各设一个分配阀箱,分配阀箱通向各个舱室的灭火管路。

水蒸气灭火系统结构简单、经济、工作方便迅速,对一般火灾均能适应,通常用在蒸汽动力舰船上。它最适用于船上的密闭舱室,如货舱、燃油舱、隔离空舱。在油船上的水蒸气灭火系统,还可兼作蒸汽熏舱及驱逐油气之用,因而在油船上也被广泛采用。但对于硝酸钾、碳化钠等的火灾,有引起爆炸的危险,应予以注意。

3. 二氧化碳灭火系统

二氧化碳灭火系统是利用二氧化碳不助燃、不导电、比空气重、对物体无腐蚀作用等特性来破坏燃烧条件的消防系统。液化二氧化碳喷出后会迅速汽化,其密度大于空气,因而能下沉覆盖在燃烧物的表面,使燃烧物与氧气隔绝;另外,液化二氧化碳汽化时会吸收大量的热,使火场温度降低,从而破坏燃烧条件。

二氧化碳灭火系统由二氧化碳主气瓶组、启动瓶组、施放总管、支管、分配集管、喷嘴和操纵装置等组成。它灭火时快速可靠,不污染设备,残余气体易于排除,失火现场易于保持以查明原因,多装在机炉舱或电器设备多的舱室,一般用来扑灭大火或封舱灭火。二氧化碳灭火系统在扑灭表面火灾时十分有效,但对于深层的隐火应注意防止复燃。

4. 卤代烷灭火系统

卤代烷灭火系统是利用卤代烷的惰性、稳定性和不燃性来达到灭火目的的消防系统。卤代烷中的氟原子有助于灭火剂保持稳定性,溴原子是灭火过程中的有效成分,其可破坏燃烧产生的氢原子而中断链式反应,使燃烧停止。

卤代烷灭火系统主要采用 1201、1301 以及 2402 等卤代烷灭火剂,其绝缘性能好、毒性和腐蚀性低,灭火快、效率高、灭火后不留痕迹,在低温或强气流下不阻塞喷嘴,长期储存不变质。卤代烷灭火剂适用于扑灭现场有油类、电器、精密仪器、有机溶剂等的火灾,也适用于现场有小型固体可燃物的火灾。

卤代烷灭火系统常用于扑灭机器处所、机库和坦克舱以及油船的油泵舱等舱室所发生的火灾,或者作为弹药库、轻油舱的抑爆系统。卤代烷灭火系采用全浸没灭火方式,其灭火剂容器一般放在被保护舱室的外面,通常设置在灭火站,并且在被保护舱室的外面进行灭火操作。

5. 泡沫灭火系统

泡沫灭火系统是利用窒息和冷却来破坏燃烧条件而达到灭火目的的。

采用化学或空气-机械方法制成泡沫,泡沫密度较小,可以附着在液体表面,使燃烧物与空气隔绝而窒息。泡沫内含黏附剂,因而泡沫强韧、黏稠、细密,有较长时间的稳定性,可黏附在固体表面;泡沫内有水分,对燃烧物表面也能起到冷却作用。所以,泡沫灭火不仅适用于油类火灾,而且适用于固体火灾。由于泡沫内含水分能导电,因而不能用于扑灭电器火灾。对酒精、乙醚、丙酮火灾等也不适用,因而这几种物质挥发性强,能破坏泡沫,使其失去隔离窒息的作用。

6. 干粉灭火系统

干粉灭火剂兼有物理灭火和化学灭火的作用。干粉洒在火区吸热可分解出二氧化碳、水蒸气及干粉雾,对火焰辐射热起到屏蔽作用,降低燃料的蒸发速度,并对燃烧起窒息作用。同时,羟自由基、氢自由基、氧自由基等被粉末粒子大量吸附和转化,使燃烧的链式反应终止,从而达到灭火的目的。

干粉灭火系统主要用于扑救可燃气体和可燃、易燃液体火灾,也适用于扑救电气设备火灾。这种灭火系统以前一般用在液化气体船上,现在货船、客船和消防船上都有采用。

5.2.3　日用水系统

日用水系统是保证舰船管理和船上人员生活所必需的上、下水道系统。上水道系统是供水系统,其任务是供给船上饮用水、洗涤水、冲洗用的清水和舷外水。下水道系统是排污系统,其作用是将厕所的粪便水,浴室、洗脸间、厨房等污水,甲板的冲洗水、雨水等排泄至舷外。

日用水供水系统用水量不均匀,使用量变化幅度较大,因此应根据舰船的特点,选用不同的供水形式。目前,船上有重力式供水、循环水泵供水和压力式供水三种供水方法。

　　图 5-29 所示为压力式冷热水柜供水系统。饮用水、洗涤水和冲洗用水的水质标准都不一样,所以供水系统分别设置饮用水子系统、洗涤水子系统和日用海水子系统。三部分一般独立设置,互不相通,只在必要的地方设置带有截止阀的连通装置。

　　船上供水经过使用后形成污水,必须及时有效地将其排出。排污的基本方式有两种,对于位置高者,多通过自流方式将污水排出舷外;对于位置低者,则往往先将污水排至舱底的专用舱,再利用机械方法将其排出舷外。排污系统除了需排出洗涤后的污水、粪便水,还需排出甲板落水,因而船上应设置居住舱室内生活污水疏水管路、粪便污水排泄管路和甲板排水管路。

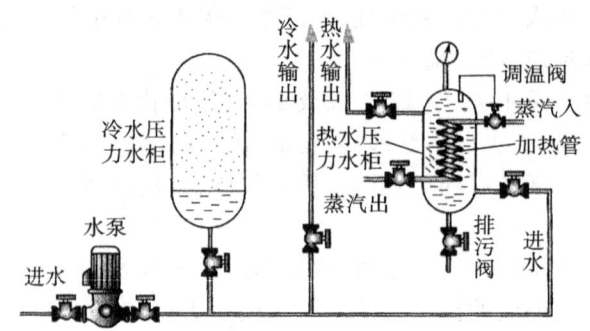

图 5-29　压力式冷热水柜供水系统

5.2.4　通风、供暖与空调系统

　　通风系统主要用来排除舱室内浑浊和高温的空气,输进外界的新鲜空气,保证船上人员的工作和生活条件,提供设备正常运转的环境。通风的形式按空气动力的不同分为自然通风和机械通风两类。自然通风受外界气候条件和舰船的航行情况所制约。机械通风受外界的影响不大,能按需要供给舱室内的通风量。根据舱室的工作性质,通风形式又可分为全船通风、机炉舱通风和弹药舱通风等。通风系统根据舱室的性质可分为进气式、排气式和进排气组合式三种。

　　舰船在冬季较多采用蒸汽供暖系统。一般由主锅炉或辅锅炉提供饱和蒸汽,并通过管路进入取暖器内供有关舱室取暖。

　　空气调节(简称空调)是利用各种手段控制舱室温度和湿度的空气处理过程。空调系统必须与通风系统联合工作,因此在许多规范、标准和文献上将两个系统合称为通风和空调系统。空调系统将外界或舱内的空气经过更新替换、冷却除湿、加热加湿以及过滤等处理后输入舱内,使舰船内部的空气温度、湿度保持在要求的范围内。一般而言,舰船舱室对空气温度和湿度的要求为:夏季 27 ℃,相对湿度为 50%;冬季 20 ℃,相对湿度为 40%。

　　舰船空调系统根据空调装置的调节方法可分为单管风系统和双风管系统。单风管系统经风管向布风器只供入一种状态的空气,而双风管系统则经风管向布风器供入两种状态的空气。

　　单风管系统包括集中式单风管系统(见图 5-30)、区域再热式单风管系统(见图 5-31)、末端再处理式单风管系统等。

　　集中式单风管系统对空气处理的全过程都是在集中式空调器中完成,而且对各舱室的供风温差相同,要对各个舱室进行个别调节,只能通过改变布风器风门的开度来实现。这种系统简单,在货船上应用较多。其缺点是新风供给不稳定,个别舱室的温度调节容易影响其他

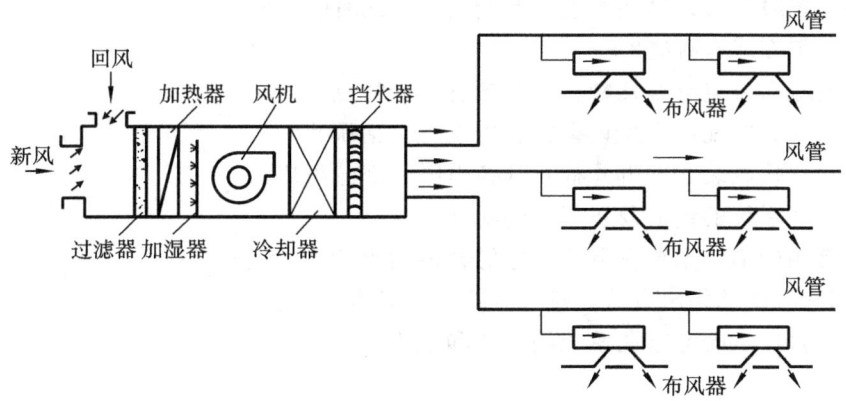

图 5-30　集中式单风管系统

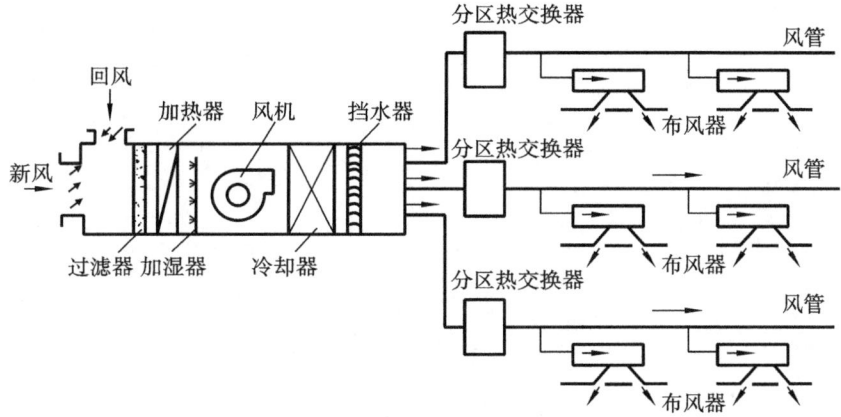

图 5-31　区域再热式单风管系统

舱室。

在区域再热式单风管系统中,几个相邻空调区的供风由同一台空调器完成,然后由分区热交换器根据需要对供风做进一步调节。该系统适合于分区较多的客船。

本 章 小 结

本章简要介绍了舰船装置和舰船系统的功能、组成及其特点。

舰船装置主要包括舵装置、系船装置、减摇装置、救生设备和海上补给接收装置等,其主要作用是满足舰船使用中的各项要求。舰船系统主要由舱底系统、消防系统、日用水系统、通风系统、供暖系统与空调系统等组成,其作用是保证舰船的正常工作和安全航行,满足船上人员正常工作与生活的需要。

思 考 题

1. 简述舵装置的作用与组成。常见舵的形式有哪些?说明其特点。
2. 锚装置由哪几部分组成的?它们各有什么作用?

3. 舰船抛锚时要考虑哪些因素？舰船抛锚方式有哪些？

4. 舰船系泊方式有哪些？

5. 典型的减摇装置有哪几种？它们各有什么特点？

6. 舰船为什么要配备救生设备？救生设备包括哪些？

7. 海上补给接收装置有哪几种？其各由哪几部分组成？

8. 说明舱底系统的组成及各部分的功能。

9. 舰船常用的消防系统有哪些？它们各适用于什么火灾？

10. 日用水系统的供水方式有哪几种？它们各有什么特点？

11. 简述通风、供暖与空调系统的功能和组成。

第6章 现代舰船的特点与演变

舰船是海军的物质基础,体现着海军的技术性质:是黄水海军或是绿水、蓝水海军。舰船的演变受到需求的牵引、技术与经济的制约,在复杂的社会背景下呈现出多种多样的发展轨迹。本章力图通过具体舰船类型特征、演变实例的介绍让读者了解舰船的基本特点,辨别典型的舰船,进一步使读者加深对舰船的认识。

6.1 现代舰船特点概述

第二次世界大战后,随着现代科学技术和武器装备的飞速发展,舰船也得到很快的发展,并跨入现代化阶段。现代舰船是一个庞大的家族,内容广泛,下面以舰种为单元分别介绍典型战斗舰船。

6.1.1 航空母舰

航空母舰(简称航母)是以舰载机为主要武器并作为舰载机海上活动基地的大型军舰,是一座海上浮动机场。它起源于20世纪初。世界上第一艘真正意义上的航空母舰是1918年英国由"卡吉士"商船改造而成的"百眼巨人"号。英国在1918年又开始专门设计建造"竞技神"号航空母舰,其于1923年完工服役。

航空母舰真正显示其威力是在第二次世界大战期间,它终结了战列舰的海上霸主地位(在世界各国海军中,唯有美国保存了4艘战列舰,并曾几度启用和进行现代化改装,但在参加海湾战争后,战列舰已全部退役);在1982年的马尔维纳斯群岛战争、1991年的海湾战争、1999年的科索沃战争和2003年的伊拉克战争中,航空母舰充分显示出了其在现代海战中的重要作用。目前,航空母舰依旧是海上编队的主力,是海上最强大的武器系统。

1. 航空母舰的使命任务及其分类

航空母舰的主要使命任务是:攻击和消灭敌方的水面舰船、潜艇和大中型勤务舰船;袭击敌方基地港口设施和纵深战略目标;夺取作战海区制空权;支援登陆和抗登陆作战等。

航空母舰按排水量的大小可分为大型航空母舰(排水量在60 000 t以上)、中型航空母舰(排水量为30 000～60 000 t)和小型航空母舰(排水量在30 000 t以下)。按使命任务可分为:攻击型航空母舰、反潜型航空母舰、护航型航空母舰和多用途型航空母舰。按动力装置的不同可分为常规动力航空母舰和核动力航空母舰。

攻击型航空母舰是以舰载攻击机、战斗机为主要武器的航空母舰。其主要使命任务是攻击敌舰船,袭击海岸设施和陆上目标,实施对空作战,夺取作战海区的制空权和制海权。其多为大中型,排水量在30 000 t以上。其航海性能好,防护力强(水上船体有装甲防护区、水下船体有防雷舱)。可搭载固定翼飞机60～100架,航速为30～35 kn。如美国于20世纪50年代建成的 4 艘"福莱斯特"级攻击型航空母舰,满载排水量为 78 000 t,最大航速为 33 kn,可搭载飞机 80 架。1961 年开始服役的世界上第一艘核动力攻击型航空母舰"企业"号,满载排水量为 89 000 t,最大航速为 34 kn,搭载飞机 90 架。进入 20 世纪 70 年代以后,随着飞机和潜艇的迅速发展,美国对攻击型航空母舰陆续进行了现代化改装,装备了反潜机、反潜直升机和其他反潜设备,使其变成多用途型航空母舰,既可执行攻击任务,又可实施反潜作战。此后美国再没有新造攻击型航空母舰,而转入建造大型多用途航空母舰。

反潜型航空母舰是以舰载反潜机为主要武器的航空母舰。其主要使命任务是对敌潜艇进行警戒、搜索和攻击等。它的排水量较小(一般在 40 000 t 以下),主要装备有反潜机和反潜直升机及其机载探潜设备(吊放声呐、航空磁力探潜仪、声呐浮标、红外探测仪、雷达等),能搜索发现下潜深度大、水下航速高的现代化核动力潜艇和常规动力潜艇,并用机载航空反潜鱼雷和深水炸弹进行对潜攻击。20 世纪 80 年代后,各国海军已不再建造专门的反潜型航空母舰,其反潜任务由多用途型航空母舰和直升机母舰承担。

多用途型航空母舰既具有攻击型又具有反潜型特点,可搭载舰载攻击机、战斗机(歼击机)、预警机、反潜机(反潜直升机)、电子干扰飞机、运输直升机、加油机等多种类型飞机,多为大型航空母舰,具有更大的独立作战能力。如美国 1975 年建成的"尼米兹"级核动力航空母舰"卡尔·文森"号(见图 6-1),满载排水量为 91 000 t,最大航速为 33 kn,搭载舰载机 90~100架,其中包括舰载攻击机 40 架,舰载战斗机 20~24 架,舰载反潜机 5~10 架,反潜直升机 6~8 架,以及舰载侦察机、预警机、电子战飞机、空中加油机等多架,是当时排水量最大,搭载舰载机最多,电子设备最先进的航空母舰,堪称当时世界上的"超级航空母舰"。图 6-2 所示"库兹涅佐夫"号航母也是一种多用途航空母舰。

图 6-1　"尼米兹"级核动力航空母舰"卡尔·文森"号

2. 航空母舰的主要性能及其装备

现代航空母舰排水量小的近 20 000 t,大的可达 90 000 t 以上。船体尺寸比较庞大,通常长度为 200~340 m,宽度(包括飞行甲板)为 30~80 m,吃水为 7.5~11.5 m,高度(包括上层建筑)为 40~70 m。现代航空母舰为了满足编队活动和舰载机起飞的需要,其航速一般为 26~35 kn,动力装置功率达 $(1\sim3)\times10^5$ 马力。至于续航力,常规动力航空母舰为 8 000~14 000 n mile,核动力航空母舰可达 $(4\sim7)\times10^5$ n mile。每昼夜可机动 600 n mile,舰载机活动范围可达几百万平方千里。图 6-3 所示为舰载机停放在航空母舰上的情形。

图 6-2　"库兹涅佐夫"号航空母舰

图 6-3　舰载机的停放

航空母舰的主要装备是舰载机(见图 6-4)。根据排水量及所担负的使命不同,航空母舰装有不同数量和不同类型的飞机。

为了组织指挥战斗,舰上设有各种雷达、声呐、观察通信设备以及电子指挥系统。如美国"尼米兹"航空母舰上的"海军战术数据系统"能同时对数以百计的各种目标进行跟踪、识别,计算出各种参数,供舰长及各级指挥部门进行判断和下达作战命令。

为了方便各种飞机在舰上起飞、待机和着陆,在航空母舰上设有飞行甲板(见图 6-5)。飞机在航母甲板上的起飞方式包括弹射式(见图 6-6)、滑跃式和垂直起降式(直升机、垂直起降飞机采用)三种。飞行甲板一般长 $180 \sim 340$ m,宽 $34 \sim 77$ m,形状为棱形或长方形,总面积达 $6\,000 \sim 20\,000$ m²。飞行甲板一般分为降落区、起飞区和待机区等几部分。

起飞区通常布置在飞行甲板的前端,设有供飞机起飞用的弹射器。

降落区一般做成斜角形,它与舰船中心线成 $10° \sim 15°$ 夹角,这样起降之间影响较小。在降落区内设有拦机网和拦阻索。为了保证飞机安全降落,舰上设有一套助降装置。在过去的航空母舰上通常采用光学助降镜,近年来发展了一种"全天候电子助降系统",通过航空母舰上的一个精确跟踪雷达,测出飞机在降落时与航空母舰的相对位置和运动参数,通过计算机反馈到

图 6-4　美国舰载机编队

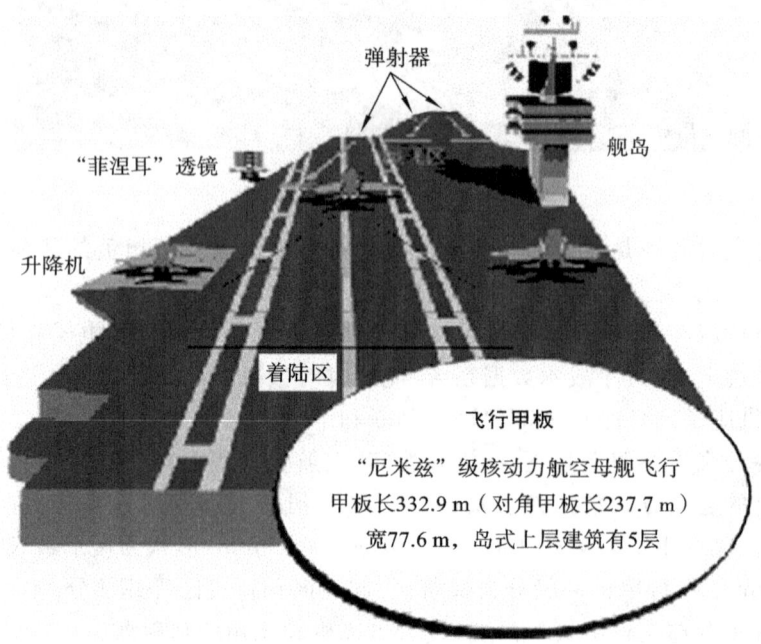

图 6-5　航空母舰甲板平面图

飞机上的自动驾驶仪,引导飞机正确着陆。

　　待机区在升降机附近,一般有两个。它可以通过升降机在甲板到机库之间转运飞机。

图 6-6　航空母舰上飞机的弹射起飞

目前拥有航空母舰的国家主要有美国、俄罗斯、中国、法国、英国、意大利、印度、泰国等国。近年来，随着冷战的结束，各个国家的海军都在调整自己的发展战略。航空母舰以其巨大的战斗力和威慑力吸引了众多国家的注意力，而且随着一些中小国家（如泰国）拥有了航空母舰，航空母舰的发展进入了一个新的时期。

6.1.2　巡洋舰和驱逐舰

巡洋舰和驱逐舰是两种相对古老的舰种，至今依然活跃在海洋上，也是水面战斗舰艇的主力舰种。大型驱逐舰的排水量与部分巡洋舰的排水量相差无几，如美国的"提康德罗加"级巡洋舰与"阿利·伯克"级驱逐舰，所以这里把巡洋舰与驱逐舰合在一起介绍。

1. 巡洋舰

巡洋舰是一种介于战列舰和驱逐舰之间的水面舰船，是海军战斗舰艇的主要舰种之一。它装备有导弹、鱼雷、舰炮和直升机等强大的攻、防武器，具有较高的航速，较大的续航力和良好的耐波性，能够在恶劣气象条件下，进行长期的远洋机动作战，是一种多用途的水面战斗舰艇。

巡洋舰的主要使命任务是掩护航空母舰编队和其他舰船编队；保护己方或破坏敌方的海上交通线；袭击敌方舰船、基地、港口和空中目标；支援登陆和抗登陆作战；担负海上编队指挥任务等。

第二次世界大战初期，巡洋舰根据其排水量及舰炮口径不同，一般分为重巡洋舰和轻巡洋舰。重巡洋舰排水量一般在 14 000 t 以上，装有 8～9 座 203 mm 以上主炮，航速为 32～34 kn，续航力达 10 000 n mile 以上；轻巡洋舰排水量一般在 14 000 t 以下，装有 6～12 座 152 mm 的主炮并带有 6～10 具鱼雷发射管，航速在 35 kn 左右，续航力在 10 000 n mile 左右。由于某些技术的改进，以及出于完成某些特殊使命的需要，后来又发展出了一些专门的巡洋舰，如核动力巡洋舰、导弹巡洋舰、反潜巡洋舰等。

第二次世界大战后，由于导弹、核武器的出现，潜艇、飞机性能的改进，大型军舰的作用大为降低。因此巡洋舰发展比较缓慢，但 20 世纪 60 年代后，美、苏两国又开始大量建造巡洋舰。

美国的巡洋舰主要使命是担任航空母舰编队,进行对空、对潜防卫,因此主要武器装备是对空、对潜装备,主炮被降到极次要的地位,甚至有的巡洋舰上仅配备小口径对空火炮,排水量也比较小,一般都在 10 000 t 以下。

1983 年美国建成"提康德罗加"级巡洋舰,满载排水量为 9 466 t,装备有"宙斯盾"指挥控制系统,2 座双联装舰空、反潜共用导弹"发射"装置,2 座四联装"捕鲸叉"反舰导弹发射装置,2 座单管 127 mm 舰炮,2 座六管 20 mm"密集阵"舰炮,2 具三联装鱼雷发射管和 2 架直升机。最大舰速可达 30 kn 以上,续航力达 6 000 n mile。从第 6 艘开始换装 2 座各有 64 个单元的 MK41 导弹垂直发射装置,可发射舰空导弹、反潜导弹及反舰、对岸型的"战斧"巡航导弹,并具有战略核突击能力,作战能力大为提高。截至 1994 年,"提康罗德加"级巡洋舰共建造 27 艘,成为美国巡洋舰的主力。

此外,美国有一些巡洋舰采用了核动力装置(如"长滩"号、"弗吉尼亚"级巡洋舰等),这使得它们的续航力有很大的提高,从而能更好地适应航空母舰编队活动。"长滩"号核动力巡洋舰是世界上第一艘核动力水面舰船,也是第一艘武器装备防空导弹的军舰(1962 年增设了 2 座 127 mm 火炮),该舰已于 1995 年退役。由于造价昂贵、效费比低,并且操作复杂,维修不方便,目前美国已停止建造核动力巡洋舰,在役的核动力巡洋舰有许多还不到服役年限便已退出了现役。

苏联曾是拥有巡洋舰最多的国家,最多时曾拥有 42 艘(不包括类似航空母舰的载机巡洋舰),其中 30 艘是 20 世纪 60 年代以后建造的。这些新建巡洋舰都不安装大口径主炮,而代之以各种导弹。以反舰导弹为主要武器的巡洋舰,其主要任务是在公海上消灭敌水面舰船和运输船只,用导弹袭击港口、基地和岸上目标。如"基洛夫"级核动力导弹巡洋舰,其满载排水量为 24 300 t,是当今最大的巡洋舰,装备有 20 座反舰导弹(SS-N-19,可携带核弹头)发射装置,12 座舰空导弹垂直发射装置,2 座单管 100 mm 舰炮,8 座六管 30 mm 舰炮,2 座五联鱼雷发射装置和 3 架直升机,最大航速为 34 kn。至 1994 年,"基洛夫"级核动力导弹巡洋舰共建造 4 艘。

由于巡洋舰造价高昂,第二次世界大战以后,世界上只有美国和苏联继续建造巡洋舰(图 6-7 所示为苏联"光荣"级巡洋舰)。目前,由于驱逐舰的迅速发展,其排水量已逐渐接近甚至超过了巡洋舰的排水量。在作战使命和任务方面,大型驱逐舰亦可替代巡洋舰的作用,因此巡洋舰与大型驱逐舰有逐渐融合的趋势。

2. 驱逐舰

19 世纪后半叶,为应对鱼雷快艇给大型舰船构成的严重威胁,一些国家海军建造了一批排水量为 240～1 200 t,舰速为 23～29 kn 的鱼雷炮船,这就是驱逐舰的前身。

驱逐舰是以导弹、鱼雷、舰炮为主要武器,具有较强的多种作战能力的中型水面战斗舰艇。其主要使命任务是攻击潜艇和水面舰船,并担负护航、侦察、巡逻、警戒、布雷和对岸上目标实施火力袭击等任务。

驱逐舰的满载排水量一般为 3 500～9 500 t,多数为 4 000 t 左右,舰速为 30～36 kn。按其使命任务的不同,分为防空型、反潜型、对海型和多用途型驱逐舰。防空型驱逐舰装备有较强大的舰空导弹、舰炮武器系统和较先进的对空警戒和侦察设备,主要用于舰船编队区域防空。反潜型驱逐舰装备有较先进的对潜搜索探测设备、反潜直升机和较强的反潜武器系统,主要用于舰船编队反潜。对海型驱逐舰装备有较强大的反舰导弹武器系统,主要用于对水面舰船和岸上目标实施攻击。多用途型驱逐舰排水量较大,装备有先进的导弹、舰炮和反潜武器系

图 6-7　苏联"光荣"级巡洋舰

统,具有防空、反潜和对海多种作战能力。

驱逐舰根据排水量的不同,大致可分为三种:大型驱逐舰,又称驱逐领舰,排水量在4 500 t 以上,武器威力大,电子设备多,活动范围广,一般作为舰艇编队的指挥舰;中型驱逐舰,又称舰队驱逐舰,排水量为 2 500~4 500 t,大多是通用型的驱逐舰,能完成多种战斗任务,我国第一代驱逐舰就属于这一类;小型驱逐舰,又称护航驱逐舰,排水量一般在 2 500 t 以下,主要用于沿海防卫和为运输船队护航。

现代某些大型驱逐舰满载排水量已接近 10 000 t(如日本的"金刚"级驱逐舰满载排水量达9 485 t),最大航速可达 38 kn,经济航速为 15~20 kn,续航力为 3 000~6 000 n mile,自给力为 5~15 昼夜,有良好的不沉性(任意相邻三舱破损不沉、不翻),并设有完善的防核武器、防化学、防细菌、防火等系统。其主要武器有反舰、舰空、舰潜导弹,76~130 mm 主炮,20~57 mm 近程地火炮系统,反潜鱼雷,火箭式深水炸弹发射器,有的还载有直升机。舰上装有各种雷达、声呐、观通与导航设备,以及作战指挥系统。动力装置在 20 世纪 70 年代前多采用蒸汽动力装置,现在越来越多采用全燃气轮机动力装置或柴油机-燃气轮机联合动力装置。图 6-8 所示美国的"阿利·伯克"级驱逐舰即属于大型驱逐舰。

由于驱逐舰的使命任务不同,其排水量、武器装备亦有差别。驱逐舰是我国现阶段最大的水面战斗舰艇,所以承担了多种用途和综合作战的使命任务。我国现役的驱逐舰均装备了防空、反潜、反舰等类型的各种武器。

美国侧重于把驱逐舰作为航空母舰编队的护航舰,因此除了一些大型驱逐舰装备反舰导弹及巡航导弹外,大部分主要装备对空、对潜导弹等,如美国大量建造的"斯普鲁恩斯"级驱逐舰(共 31 艘),其满载排水量为 7 800 t,舰长 171.7 m,舰宽 16.8 m,装有 4 台 20 000 马力燃气轮机,最大航速为 33 kn,航速为 20 kn 时续航力为 6 000 n mile。装备有四联装"捕鲸叉"反舰导弹和八联装"海麻雀"舰空导弹发射装置,2 座 127 mm 舰炮,2 座六管 20 mm 近程武器系统,1 台"阿斯洛克"反潜导弹发射装置,2 座鱼雷发射装置,2 架直升机。

第二次世界大战时期,苏联等国仍将驱逐舰用于攻击水面舰船和运输船只,同时进一步提

图 6-8　美国"阿利·伯克"级驱逐舰

高了驱逐舰的反潜和防空能力。如苏联"现代"级驱逐舰,满载排水量为 7 300 t,长 156.0 m,宽 17.3 m,吃水 6.5 m,采用 2 台 75 000 kW 蒸汽轮机,最大航速为 32 kn,主要装备有:2 枚四联装 SS-N-22 型反舰导弹,2 枚 SA-N-7 型舰空导弹,2 座双管 130 mm 口径和 4 座六管 30 mm 近程舰炮,反潜武器为 2 具双管 533 鱼雷发射管、2 个六管 RBU-1000 火箭深弹发射装置。

　　我国早期服役的某型导弹驱逐舰属于传统型驱逐舰,是第一代导弹驱逐舰(见图 6-9),主要装备的武器有:双联装 130 mm 主炮、4 座双联装 37 mm 和 4 座 25 mm 小口径火炮,在舯部装有 2 座三联装反舰导弹发射装置。但总的来说该驱逐舰技术水平还比较低。20 世纪 90 年代初服役的 112 舰是我国第二代导弹驱逐舰,近年来,随着新型导弹驱逐舰的入列,我国驱逐舰已进入世界先进舰艇行列。

图 6-9　我国第一代驱逐舰

　　20 世纪 80 年代以来,驱逐舰排水量趋向大型化,开始采用全燃动力装置,并加装了能量回收系统;普遍装备导弹垂直发射系统和导弹防御系统,以及反潜、反舰、空中预警等多用途的直升机系统;进一步加强对空、对海、对潜搜索、跟踪和处理能力,完善作战指挥和武器自动化系统,强化快速反应能力;进一步改善适航性、居住性,增大续航力;采用隐身技术,降低了可探测性,提高了生命力,增强了远洋作战活动能力。随着海军装备技术的迅速发展,驱逐舰由于作战能力强,用途广泛,在各国海军中将占有主要地位。

6.1.3　护卫舰和其他小型舰艇

1. 护卫舰

护卫舰是一种以导弹、舰炮和反潜武器为主要武器的中小型战斗舰艇。护卫舰最初是为了对基地、港湾组织巡逻警戒而出现的。第一次世界大战中,由于德国潜艇的威慑,护卫舰被用来作为舰队编队,特别是运输船队的护航舰。第二次世界大战中,由于潜艇和航空兵的发展,舰队编队和运输船队的护航成为很大问题,因此各国大量建造护卫舰,并装备了雷达、声呐和深水炸弹发射装置、小口径自动炮,其排水量、航速和续航力亦逐步提高。现代护卫舰的排水量一般在 500~4 000 t 之间,最大航速为 25~35 kn,续航力为 4 500~5 500 n mile。装备有反舰、舰空导弹及多管火箭式深水炸弹发射装置,反潜鱼雷发射装置等。火炮一般有 76~100 mm 舰炮以及 37 mm 以下小口径舰炮。有的护卫舰还装有反潜直升机和反潜导弹。动力装置有柴油机、燃气轮机或柴油机、燃气联合动力装置。

护卫舰主要是担任舰队和运输船队的护航和基地、港口外的警戒巡逻任务,此外也能担负侦察、布雷、支援登陆和抗登陆作战等任务。其排水量、航速一般都比驱逐舰要小。护卫舰根据担负的使命及主要武器装备的差别可分为对海型、对空型、反潜型和多用途型。

(1) 对海型护卫舰　其主要使命任务是攻击敌水面舰船。一般装备有 4~8 枚反舰导弹,1~2 单管双联装 76~127 mm 口径舰炮,1~4 座单管或多管联装 20~40 mm 小口径速射舰炮等武器。有的还装有近程舰空导弹、火箭式深水炸弹和鱼雷等。对海型护卫舰大多是轻型护卫舰,排水量为 1 000~2 000 t,航速为 24~30 kn,主要用于承担基地和近海巡逻警戒任务,也能为运输船队护航。在有的中小国家海军中,作为水面舰船的主力,与导弹快艇、鱼雷快艇等组成小型舰艇编队遂行作战任务。因其用途广,造价低,受到发展中国家的重视。

(2) 对空型护卫舰　其主要使命任务是对空防御。主要装备有舰空导弹发射装置和中小口径舰炮,以及与其配套的对空警戒雷达、导弹制导雷达、炮瞄雷达和火控计算机等电子设备。具有较强的防空、反导能力。分为轻型防空型护卫舰和远洋防空型护卫舰。荷兰的"希姆斯科"级防空型导弹护卫舰,满载排水量为 3 750 t,航速为 30 kn。装有标准 IMR 型中程舰空导弹发射装置 1 座,八联装"海麻雀"型舰空导弹发射装置 1 座,七管"守门员"型 30 mm 近防炮 1 座,四联装"捕鲸叉"型反舰导弹发射装置 2 座,双联装鱼雷发射管 2 具,并有作战指挥系统。

(3) 反潜型护卫舰　其主要使命任务是攻击敌潜艇,具有由远及近 2~3 层探测和攻潜能力。通常装备有多联装反潜鱼雷发射管 2 具,多管火箭式深水炸弹发射装置 1~2 座,多联装反潜导弹发射装置 1 座,反潜直升机 1~2 架,以及中小口径舰炮、反舰导弹和近程舰空导弹,以增强防空、反导能力,并兼顾反舰能力。分为反潜型远洋护卫舰和反潜型轻型护卫舰两种。

(4) 多用途型护卫舰　多用途型护卫舰是具有反舰、防空、反潜等多种使命任务的护卫舰。20 世纪 70 年代,护卫舰排水量增大,普遍装备有反舰导弹、舰空导弹、舰炮、鱼雷、深水炸弹等武器及反潜直升机,形成了多用途型护卫舰,使护卫舰可以遂行多种任务。具有代表性的多用途护卫舰,如美国的"佩里"级、英国 23 型、法国的 FTI 型、荷兰的"科顿艾尔"级、意大利的"西北风"级、西班牙的"侦察"级等护卫舰。

护卫舰虽然总的使命相同,但由于各国具体使用差别较大,因而其排水量差别很大。美国的护卫舰,主要作为航空母舰编队,以及用于远洋船队的护航,因此排水量一般都在 3 000 t 以上,几乎与其他国家的中小型驱逐舰相当,例如"佩里"级护卫舰(共 82 艘),其是专为舰队和两栖舰船护航而设计的。满载排水量为 3 638 t,主尺度为 135.6 m×13.7 m×7.5 m,装有 2 台 20 000 马力的燃气轮机,最大航速为 29 kn,航速为 20 kn 时续航力为 4 500 n mile,主要武备有标准 IMR 对空导弹、"捕鲸叉"反舰导弹、1 座单管 76 mm 舰炮、反潜鱼雷发射装置 6 座、反潜火箭发射装置 1 座、中型反潜直升机 2 架,并装有先进的电子设备,特别是反潜系统较先进,能发现水下噪声,确定其类型、噪声源、位置、距离和方向。

　　苏联护卫舰比较多,按排水量分为三种。大型的排水量在 3 000 t 以上,舰上装有 100 mm 主炮、鱼雷发射管、反舰导弹、舰空导弹和各种反潜武器,是多用途的护卫舰。中型的排水量在 1 000～2 000 t,装有 76 mm 或 57 mm 口径火炮、舰空导弹(也有装鱼雷发射管的)及反潜武器。小型护卫舰排水量在 1 000 t 以下,装有 76 mm 或 57 mm 口径火炮、反舰导弹和火箭式深水炸弹发射装置等。

　　我国护卫舰过去的排水量都在 2 000 t 以下,装有 100 mm 主炮(有的为双联装),对海型装有反舰导弹、对空型装有舰空导弹,各型护卫舰上都装有各种反潜武器。现已有大型的护卫舰,其排水量接近于轻型的驱逐舰。

　　图 6-10 所示为美国"佩里"级护卫舰,图 6-11 所示为我国某型护卫舰。

图 6-10　美国"佩里"级护卫舰

2. 其他小型舰艇

1) 快艇

　　快艇是一种高速小型战斗舰艇。一般的战斗舰艇航速都不超过 40 kn,而大部分舰艇航速都在 35 kn 以下,运输船则在 20 kn 左右,而快艇的最大航速可达 40～60 kn。因为快艇体积小、速度快,机动灵活,能在近海与其他兵力协同或单独作战,歼灭敌中小型舰艇和运输船舶。此外还可以担负布雷、遣送侦察组和爆破组等任务。

　　快艇之所以具有很高的速度,主要是由于它采用了较大单位功率重量的动力装置与良好的艇型。快艇一般采用高速柴油机、燃气轮机或柴油机-燃气轮机联合动力装置,这些动力装置为快艇提供了强大的动力。为了适应高速航行,快艇一般采用有断级或无断级滑行艇型。

图 6-11　我国某型护卫舰

有的采用水翼艇型,水翼安装在艇的底部,当艇在水中高速航行时,水翼产生升力将艇体抬高,使艇体所受的阻力大大减小。

快艇根据其主要武器的不同分为鱼雷快艇和导弹快艇。

鱼雷快艇是以鱼雷为主要武器的小型高速水面战斗舰艇,主要用于在近海海域与其他兵力协同,以编队对敌大中型水面舰船实施鱼雷攻击,也可执行反潜、布雷的任务。英国于 1877 年最早研制成"闪电"号鱼雷快艇,其排水量为 34 t,航速为 19 kn,艇艏装有 1 具鱼雷发射管,舯部装载 2 枚鱼雷。在第一次、第二次世界大战中,鱼雷快艇发挥过重要作用,取得了较大战功。如 1917 年意大利、英国的鱼雷快艇分别击沉了奥地利巡洋舰"维也纳"号、俄国巡洋舰"阿柳格尔"号。在第二次世界大战中,英国等国的鱼雷快艇参加了约 800 次海战,击沉敌方舰船约 400 艘。苏联海军用鱼雷快艇对德国舰船攻击 385 次,发射鱼雷 539 枚,击沉舰船 209 艘。1950 年 6 月 29 日,朝鲜海军鱼雷快艇击沉美国巡洋舰"芝加哥"号,这是现代海战史上用鱼雷快艇击沉的最大军舰。

现代鱼雷快艇有滑行艇、半滑行艇、水翼艇和组合型艇等类型。满载排水量为 40~260 t,航速为 40~50 kn,续航力为 400~1 000 n mile,自给力为 2~5 昼夜;在 3~4 级海况下能有效地使用武器,在 4~6 级海况下能安全航行。装备有鱼雷发射管 2~6 具,25~76 mm 舰炮 1~2 座,以及射击指挥系统。有的还装有深水炸弹和水雷武器。艇上装有通信、导航设备,以及雷达、红外探测仪、激光夜视仪等。鱼雷快艇体积小、航速高、机动灵活、隐蔽性好、攻击威力大,但耐波性差,活动半径小,自卫能力弱。

我国曾于 20 世纪 50 年代成批建造双管鱼雷快艇,其满载排水量为 45 t,最大航速为 55 kn,主要装备有双联 533 mm 鱼雷发射管。20 世纪 70 年代又建成了四管鱼雷快艇。我国鱼雷快艇在海战中取得了突出的战果,在保卫海防中发挥了重要作用。

随着现代化探测和作战手段的发展,鱼雷快艇隐蔽出击的作战优势日益降低。导弹快艇出现后,鱼雷快艇的作用有所下降。但鱼雷快艇具有打击威力大、建造容易、周期短、造价低等优点,加之鱼雷性能不断提高,舰船隐身技术也不断发展,鱼雷快艇仍作为近海防御的兵力被予以保留和发展。

导弹快艇是以导弹为主要武器的小型高速水面战斗舰艇。主要用于在近海海区,单独或与其他兵力协同,对敌方大中型水面舰船实施导弹攻击;还可执行巡逻、警戒、反潜、布雷等任务。中小型导弹快艇的排水量为数十吨至 300 t。大型导弹快艇的排水量为 300~500 t,航速为 30～40 kn(水翼、气垫导弹快艇超过 40 kn),续航力为 500～3 000 n mile,自给力为 2～7 昼夜,在 3～5 级海况下能有效使用武器,在 5～7 级海况下能安全航行。一般装备有巡航式反舰导弹 2～8 枚,单管或双管 20～76 mm 舰炮 1～2 座,有的还装备有鱼雷发射管 2～4 具和深水炸弹、水雷等,还装有通信、导航、探测、指挥控制和电子对抗设备等。导弹快艇艇体小、航速高、机动灵活、攻击威力大、技术难度小,但续航力、自给力小,耐波性差,作战半径小,自卫能力较小。

20 世纪 50 年代末,苏联将 P6 级鱼雷快艇改装成"蚊子"级导弹快艇,满载排水量为 70 t,航速为 40 kn,装备"冥河"型反舰导弹 2 枚。这是世界上最早出现的导弹快艇。在 20 世纪 60 年代初,苏联又建成"黄蜂"级导弹快艇,满载排水量为 210 t,航速为 30 kn,装备"冥河"型反舰导弹 4 枚。在第三次中东战争中,埃及使用"蚊子"级导弹快艇击沉以色列"埃拉特"号驱逐舰,在海战史上首创导弹快艇击沉军舰的战例。第三次印巴战争中,印度使用"黄蜂"级导弹快艇 3 艘,在 2 艘护卫舰掩护下,奔袭在卡拉奇附近锚泊的巴基斯坦海军舰艇和岸上油库。印度导弹快艇共发射"冥河"型反舰导弹 15 枚,其中有 14 枚命中目标,击沉巴基斯坦驱逐舰"开伯尔"号,扫雷艇"穆罕菲兹"号和 3 艘巡逻艇,击伤驱逐舰"巴德尔"号,击毁油罐 2 座,印度导弹快艇无一损伤。导弹快艇的海战战绩,引起世界各国重视,各国海军开始争相发展导弹快艇。20 世纪 70 年代以后,大中型水面舰船广泛搭载直升机,舰船上和直升机上装备了先进的探测预警系统和性能优良的反舰导弹,舰船对付导弹的手段日益完善,反导能力大为提高,使得导弹快艇的作战效能降低,易被舰载机发现和攻击,丧失了攻击的突然性。20 世纪 70 年代以后,导弹快艇排水量增大,安装较多的自卫设备,以增强防空火力,提高生存能力,并向多用途方向发展。

以色列 1980 年建成服役的"萨尔"4.5 级导弹快艇,满载排水量为 498 t,最大航速为 31 kn,续航力为 1 500 n mile(30 kn 航速下),装备有"加布利埃尔"反舰导弹发射装置 4 座、"捕鲸叉"反舰导弹发射装置 4 座、76 mm 舰炮 2 座、20 mm 舰炮 2 座,还携带小型直升机 1 架。

我国在 20 世纪 50 年代成功研制出导弹快艇;60 年代初研制并大量制造了四管导弹快艇;60 年代中期,又研制了双管导弹快艇。21 世纪初又自行设计制造了双体穿浪船型导弹快艇(见图 6-12),上层建筑采用隐身设计,其代表了我国军用快艇的最新水平。

导弹快艇的发展趋势:发展既能进行导弹攻击,又能担任巡逻、警戒、护航等任务的导弹护卫艇;采用隐身技术,提高攻防能力,使用穿浪双体、气垫等新船型,以提高航速、续航力,改善适航性。

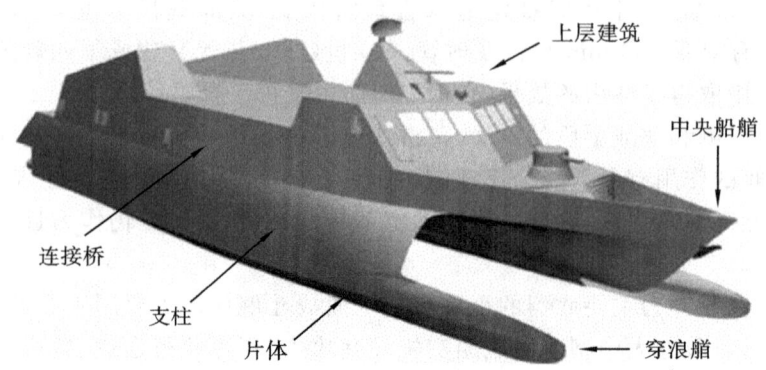

图 6-12 我国双体穿浪船型导弹快艇

2）猎潜（舰）艇

猎潜艇（排水量在 500 t 以上的称为猎潜舰）是以反潜武器为主要装备的小型水面舰船。它的主要使命是在近海搜索和攻击潜艇，还可担负近海的巡逻、警戒、护航和布雷等任务（见图6-13）。

猎潜艇的排水量为 100～500 t，最大航速为 24～38 kn（水翼或气垫猎潜艇可达 50 kn 以上），续航力为 1 000～3 000 n mile，自给力为 3～10 昼夜，在 3～5 级海况下能有效地使用武器，在 5～7 级海况下能安全航行。其主要武器装备有：反潜鱼雷发射装置 4～12 座，多管式深水炸弹发射装置 2～4 座，20～76 mm 口径舰炮。猎潜艇为了发现和攻击潜艇，在艇上装有声呐设备。

很多国家猎潜艇都同时担负海岸巡逻、警戒任务，因而又称之为巡逻艇。美国由于注重于大洋海区活动，舰队及运输船队护航的反潜任务主要由驱逐舰、护卫舰担负，所以近岸的猎潜艇很少。我国的猎潜艇除担负反潜任务外，还担负海岸警戒、巡逻等任务。其排水量为 400 t左右，航速为 30 kn 左右，一般配有双联装 57 mm、25 mm 口径火炮各 2 座，深水炸弹发射装置4 座，反潜深弹投放架 2 座，并有布雷设备。图 6-13 所示为我国某新型猎潜艇。

图 6-13　我国某新型猎潜艇

猎潜艇的发展趋势是提高适航性，降低自噪声，增强搜索潜艇的能力和增强所装备反潜武器的威力。

3）护卫艇

护卫艇是一种以中小口径舰炮为主要武器的小型战斗舰艇（见图 6-14）。它的主要使命任务是在近海海区执行巡逻、警戒、护航、护渔等任务，也称之为巡逻艇或炮艇。

护卫艇的排水量大多在 300 t 以下，最大航速为 15～35 kn（水翼和气垫艇可达 50～60 kn左右），装有 20～76 mm 口径舰炮多座，反舰导弹发射装置 2～3 座，并装有机枪和深水炸弹发射装置。动力装置大多为柴油机。由于护卫艇体积小、速度快、机动灵活，又有较强的火力，因此第三世界各国很重视护卫艇的发展。护卫艇在我国海岸巡逻、警戒以及护渔、护航中都起到了良好的作用。

我国在 20 世纪 60 年代自主设计制造的某型护卫艇，排水量为 125 t，艇速为 32 kn 左右，装有双联装 37（或 57）mm、25 mm 口径舰炮各 2 座，并有深弹投放架 1 座。在 20 世纪 80 年代又建成了新型导弹护卫艇，满载排水量为 520 t，最大航速为 32 kn，装备有反舰导弹发射装置2 架，双管 14.5 mm 机枪 2 架，火箭式深水炸弹发射装置 2 座。

图 6-14　苏联"纳努契卡"级护卫艇

6.1.4　潜艇

潜艇是一种既能在水面又能在水下进行航行、战斗和执行各种勤务的舰船。它具有良好的隐蔽性,较大的续航力、自给力和强大的突击威力。潜艇可以远离基地,在广大的海域上开展长期的活动。它既可以独立作战,又可以与海军其他兵力协同作战。

潜艇的使命任务是:攻击敌方运输舰船和大、中型水面舰船;进行海上机动作战,封锁敌方港口、基地和重要航道;进行反潜;实施战役侦察,布设攻、防水雷,巡逻和运送人员、物资等。

1. 常规潜艇

潜艇动力装置分为常规动力装置和核动力装置两种。采用常规动力装置的潜艇即常规潜艇。

常规动力装置主要由柴油机、蓄电池和电动机(包括主电动机、经航电动机)组成。潜艇在水面航行时主要由柴油机推动,在水下航行时则由蓄电池供电给电动机来推动。

由于蓄电池续航能力有限,仅能短时间在水下活动,为了提高潜艇的隐蔽性,AIP 系统就应运而生。AIP 系统也称为"不依赖空气推进系统",是常规潜艇发展史上的一次"动力革命"。经过较长时间发展,AIP 系统目前已具备了装艇使用条件,它使常规潜艇首次部分具备了如同核潜艇那样的长时间潜航能力,使诞生了百余年的常规潜艇又一次焕发了生机。

图 6-15 所示为瑞典开发的"哥特兰"级(A19)潜艇,首艇 1996 年正式服役。该级潜艇是世界上第一批采用 AIP 系统的潜艇。AIP 系统的应用被誉为是"常规潜艇动力装置的一次革命",对于提高潜艇持续作战能力十分重要。

2. 核动力潜艇

潜艇投入战争后,在两次世界大战中发挥了重要作用。但由于常规潜艇在水下航行时所用的是蓄电池供电的电动推进方式,蓄电池能量耗尽后,潜艇必须浮出水面充电,这就丧失了潜艇最大的优点——隐蔽性。而且电力推进航速低,续航力短,严重限制了潜艇作战能力的发挥。人们一直在苦苦寻找着将潜艇从"半潜艇"变成真正的潜艇的各种方法,直到原子能出现,才终于梦想成真。

首次将核动力应用于潜艇的,就是美国的"核潜艇之父"——美国海军核动力科学家海曼·乔治·里科弗。1954 年 1 月 21 日,人类第一艘核动力潜艇"鹦鹉螺"号在上万名观众的欢呼声中下水。

图 6-15　瑞典"哥特兰"级潜艇

核潜艇按其肩负的作战使命任务可以分为攻击型核潜艇(见图 6-16)和战略核潜艇(见图 6-17)。

图 6-16　美国"弗吉尼亚"级攻击型核潜艇

图 6-17　俄罗斯"台风"级战略核潜艇

顾名思义,攻击性核潜艇主要作战使命任务是攻击敌方大中型水面舰船及潜艇。而战略核潜艇是携带战略核武器的核动力潜艇,其主要起战略威慑作用。

第二次世界大战后,美国、苏联、法国、英国等国相继开始大力发展核动力战略潜艇和核动力攻击潜艇。战略潜艇已成为战略核威慑力量的重要组成部分;核动力攻击潜艇则以反战略潜艇为主要使命,可以从水下发射反潜导弹和巡航导弹,遂行反潜、反舰和对陆上目标攻击等多种任务。

6.2 现代舰船的发展趋势

舰船是最复杂的高技术武器系统,是一个国家经济、技术实力与国家战略的综合体现。本节先叙述水面舰船、潜艇及其他舰船的发展趋势与特点,再说明一些国家的选择情况。

6.2.1 水面舰船发展趋势与特点

高技术舰船是以信息化技术为龙头,整合新船型技术、新型的动力与推进技术、电力技术、隐身技术、新概念武器技术等高新技术群,所形成的舰船发展的制高点,是各强国争夺的重点。同时,各国也重视发展高速的、模块化、低成本的舰船,以应对低威胁情况下的多样化任务。下面对高技术水面战斗舰船的特点进行简要介绍。

1. 信息化技术

信息化舰船主要是依据军事信息技术统合其他技术而建立起来的。现在信息化舰船只是人们脑中的构想。军事信息技术是用于信息的获取、传输、处理、应用的技术。各分项技术的发展趋势如下:

1) 信息获取技术

利用雷达、声呐、磁探仪和光电设备等技术手段对舰船周围水下、海面及空中各类目标进行探测并确定其距离、方位和俯仰角等参数的技术。主要包括雷达探测技术、水声探测技术、磁探测技术和光电探测技术等。主要发展方向是扩展获取信息的途径,如利用新物理场(舰船电场、舰船尾流场等),增加多目标、远距离处理的能力。

2) 通信技术

用于舰船内部、舰船与舰船、舰船与飞机、舰船与岸基指挥所等之间作战指挥和日常勤务信息传递的技术。按使用范围分为舰船内部通信、舰船对外通信和量子通信。按通信手段分为有线电通信、无线电通信、光通信、海军信号通信和水声通信。舰船通信技术既有军事通信技术所共有的特点,较之其他军种、兵种的通信又突出地反映了海上作战指挥所提出的特殊要求。

(1) 电磁兼容性能要求高。舰船上各种电子设备密集,电磁环境恶劣,要求具有较强的电磁兼容性。

(2) 自然环境恶劣,防潮、防腐、抗震性能要求很高。

(3) 天线安装平台狭小、密集,收发信条件极为不利。

(4) 舰船活动范围很大,相应地要求有远距离通信的能力。

(5) 频率覆盖范围宽。海军通信装备复杂多样,无线电通信频率范围从超低频至极高频几乎覆盖全部无线电频段;部分情况下,还使用水声通信和光通信。

(6) 潜艇通信技术手段特殊。对于潜艇通信,岸上需建立规模庞大、技术复杂的对潜通信体系,潜艇需装有特殊天线和收信设备。潜艇对外通信使用猝发通信等特殊通信技术。

(7) 舰船通信需建立可靠的海上遇险通信系统,以满足对战损、失事的舰船、飞机及遇险人员的及时救援需求。

未来舰船通信技术将广泛采用数字信号处理技术、微电子技术、光电子技术、综合交换传输技术、通信抗干扰技术、软件无线电技术等。在频谱应用领域,将向极高频卫星通信、极低频对潜通信、蓝绿激光对潜通信、中微子对潜通信等方向发展。

3) 处理与应用技术

随着计算机、卫星导航定位、卫星侦察、卫星通信以及舰上探测与通信等技术的飞速发展,形成了一种集海上导航、通信、探测、航行控制、监控为一体的集成系统。它将舰船上的各种信息源、操作控制和避碰等设备有机地组合,利用计算机、现代控制、信息处理等技术自动完成作战和训练时舰船各种信息获取和控制。系统的主要特点是具有完善的综合导航、自动操舰、自动避碰、电子海图、通信和航行管理控制自动化等多种功能。系统的主要使命是实现舰船装备高度自动化,提高舰船的作战能力和航行的安全性、经济性、有效性。

2. 新船型技术

根据前面章节内容,我们了解到舰船有排水型船、滑行艇、气垫船、冲翼艇、水翼艇等多种类型,但是绝大部分的舰船还是排水型。

排水型船按其浮体的数量可分成单体、双体、三体、五体等类型。目前多体船的航行性能得到了极大的改善,少量双体、三体船已投入使用,五体船还在研究之中。它们的特点是航行时的吃水与在静水中漂浮时的吃水无明显差别,承载能力大。单体船低速时经济性好,但在耐波性和快速性等性能的提高上受到一定限制;多体船高速性能、耐波性较好。船舯部靠后的横剖面具有较大的斜升角(一般在 18°～30°之间),使船在波浪中的冲击力大为减小,并使横摇阻尼增大,可提高舰船适航性、航向稳定性和操纵性;在风浪中航行兴波阻力小,有利于在高级别海况下做中远海高速航行。多体船是将两个以上的船体连成一个整体的船只,有三体船、五体船等船型。每个单独船体称为片体,其形状可以与普通船体形状相同,也可与潜艇形状相同。多体船性能特点与双体船类似,在同等排水量下,多体船比普通船的上层建筑和甲板面积宽大,稳性好;片体是瘦形船体,可减小兴波阻力;同时可通过合理布置各片体相对位置,使各片体兴起的波浪产生有益叠加,减小兴波阻力。利用多体船较大的甲板面积(见图 6-18)和片体间的空间,可更好地安排居住舱室和布置各种设备、仪器等。混合船型是把两种以上船型组合为一个整体的船型,其具有多种高性能船型的优点。其形式有:水翼半潜双体船、水翼双体船、气垫双体船、气垫双体水翼船、小水线面双体船和双体与水翼混合型船等。这些船型还在继续发展,其发展方向包括减少振动、优化流体动力性能等,从而扩展其用途。

气垫船是利用船上的大功率风机,产生高于大气压的空气压入船底,与水面或地面之间形成气垫,使船体全部或大部脱离地面或水面而高速航行的船只,是 20 世纪 50 年代末期出现的一种新船型。按航行状态,分全垫升气垫船和侧壁式气垫船。船上装有:产生气垫的装置,包括风机和围裙(或刚性侧壁);推进装置,全垫升气垫船一般采用空气螺旋桨,侧壁式气垫船一般采用水螺旋桨或喷水推进器。通常满载排水量为 10～500 t,航速为 20～100 kn。气垫船在军事上广泛用作登陆艇、扫雷艇、导弹快艇和巡逻艇等。

除以上船型之外,无人有缆潜水器(ROV)、无人无缆潜水器(UUV)、自主潜水器(AUV)、无人飞机等也是舰船研究中的热门,这些设备的上舰会大大扩展舰船的能力。如图 6-19 所示的无人直升机可承担多种任务,能在许多舰船上降落。另外一些跨界船型也许会投入实用,如

图 6-18　美国三体船(濒海战斗舰)的直升机起降平台

多航态船、会飞的潜艇(见图 6-20)。

图 6-19　无人直升机

图 6-20　会飞的潜艇

3. 综合电力推进技术

舰船综合电力推进技术的基础是舰船综合电力系统技术(IPS,integrated power system),

它是研究电能的产生、输送、分配、变换及利用电能实现舰船电力推进和高能武器发射的技术。舰船综合电力系统是将舰船日常用电、推进供电、高能武器发射供电、大功率探测供电综合为一体的电力系统。随着激光武器、电磁炮、电热化学炮、电磁弹射器等新概念高能装备的研制和发展，为合理控制能量的配置使用，既保证推进时的充足动力，又能提供战斗状态下的高能电力，科学地分配、控制动力系统中推进、武器装备和其他设备电力，综合电力系统方案应运而生。英美海军首先确立了综合全电力推进(integrated full electric propulsion)系统的设计思想，在 20 世纪 90 年代中期发展出综合电力系统的设计思想。在潜艇动力系统中，电力推进方式的应用稍显广泛，但随着综合电力系统研究的不断深入以及舰船电力设备技术的进步，普遍采用综合电力系统设计方案成为未来舰船动力系统发展的趋势。

图 6-21 是舰船综合电力系统的一种典型结构示意图。其中 $G_1,G_2,\cdots,G_n$ 为集成化发电模块，外框线表示环形馈线式电力网络。其主要包括五个部分：电能产生模块、输配电网络结构模块、电能分配管理模块、电力推进模块和高能武器电能变换模块，各模块之间有机结合形成系统的整体。因此，舰船综合电力系统技术包括：高功率密度集成化发电技术、电力系统网络结构技术、电能智能化监控管理技术、电力推进技术和大容量电能变换技术等五大技术。

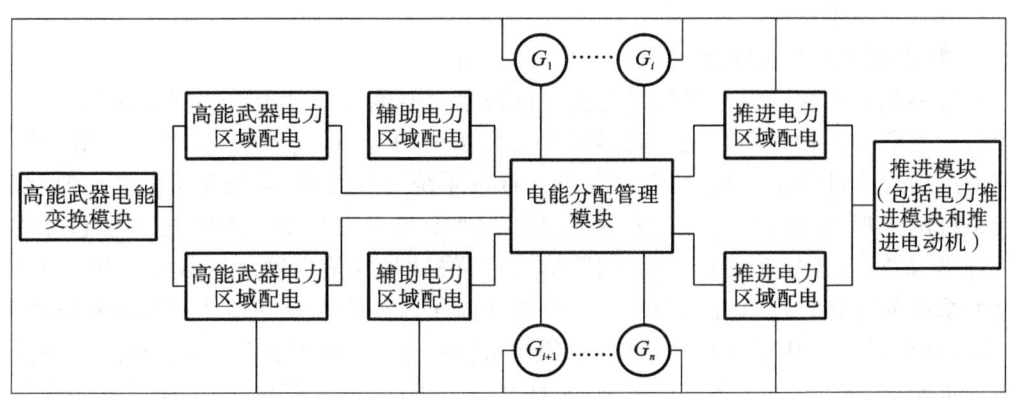

图 6-21　舰船综合电力系统典型结构示意图

1) 高功率密度集成化发电技术

高功率密度集成化发电技术指的是电能产生技术。电能产生模块主要由发电机组、电站控制系统等组成。随着舰船作战对电力系统的要求不断提高，高品质和高功率密度成为电力系统最关键的性能。在综合电力系统中采用高功率密度集成化发电技术，是实现高品质、高功率密度要求的关键技术途径。集成化改变了传统的技术思想，实现了原动机、发电机、变流装置、励磁控制和保护等环节的一体化。一般而言，发电机组由原动机与发电机构成。舰船原动机目前有核动力汽轮机、蒸汽动力汽轮机、柴油机和燃气轮机等。其中柴油机的功率相对较小，一般可用于军辅船的主、辅发电机组或战斗舰艇的辅助发电机组。汽轮机具有转速高、功率大的优点，技术比较成熟。其缺点是体积、重量较大，效率比较低，占用舰船面积大，布置困难。特别是用于发电机组将导致构成的整个发电机组功率密度降低。另外，汽轮机的转速比较高，如果采用 50 Hz 的交流电网，需要采用笨重的齿轮箱进行降速，这样也会增加推进系统的噪声。而直流电网则不受转速的限制，并且转速越高，动力系统的功率密度越高，电能品质越好。因此如果采用汽轮发电机组，最好采用核动力装置，并且配接高速发电机组，采用直流电网。燃气轮机发电机组是综合电力系统的重要发展趋势，目前国外的大多数综合电力系统方案都选择以燃气轮机作为原动机。综合电力系统中发电机可以选择的方案主要有电励磁同步发电机、高速同步交流整流型发电机、永磁同步发电机以及高速感应高功率密度发电机等常用的几种发电机。电励磁同步发电机的技术成熟,但是,电励磁同步发电机的转速相对较低,只适用于 50 Hz 的交流电网方案,功率密度不高成为它的重大缺点。高速交流整流型发电机和高速高功率密度发电机的功率密度相对较高,所以就集成化发电系统而言,未来综合电力系统舰船有可能结合直流中压电网,采用高速高功率密度交流整流型发电模块或高功率密度蒸发冷却高速感应整流型发电模块。交直流电力集成双绕组发电机解决了核潜艇交流电网和直流推进同时发供电的重大技术难题,成为又一种高性能的交直流发电机。永磁发电机既可以适应低频的交流电网方案,也可以适应直流(交流整流)电网方案。所以永磁发电机也是一种可靠的综合电力系统用发电机。

2) 电力系统网络结构技术

电力系统网络结构技术指的是输配电网络技术。输配电网络结构模块主要包括电力系统网络、配电控制系统等。适用于综合电力系统的网络结构主要有环形供电区域配电网络、网状输配电网络和分布式区域配电网络。至于哪种网络结构最适合用于综合电力系统还有待研究,需要从输电的能力、供电连续性、电力系统的保护、故障后重构技术以及是否便于能量优化管理的实现等方面来确定。

3) 电能智能化监控管理技术

电能智能化监控管理技术指的是电能分配技术。电能分配管理模块用于在舰船综合电力系统中构建复杂的能量管理系统。舰船综合电力系统的应用,使得电站容量、电站等级、电力系统网络结构形式都发生了变化,尤其是电力推进系统、高能武器系统和飞机电磁弹射系统等高耗能系统的出现,使电能的产生、输送、分配、管理变得异常复杂。因此在综合电力系统中,运用综合集成技术,通过现场总线(控制网络)、计算机网络(信息网络)、数据库构建大型舰船综合电力系统的能量管理系统成为必需。电能智能化监控管理技术是能量管理系统的支撑技术,研究计算机网络及其支持技术、数据采集与监控技术、能量调度(包括发电控制、能量调度和故障后重构)技术、电力网络分析控制(包括潮流分析计算、负荷预测、电能质量检测与控制、故障监测与实时诊断)技术等。

4) 电力推进技术

目前电力推进技术主要可以分为两大技术:推进电动机技术和控制技术。研究和发展主要集中在先进感应电动机及其控制技术、直流推进电动机技术、多相交流推进控制技术、多相永磁电动机及其控制技术、吊舱式推进技术、超导电动力推进技术和电磁流体推进技术等方面。

5) 大容量电能变换技术

大容量电能变换技术涉及电能变换模块、电力推进模块的变频调速装置、储能系统。储能系统有燃料电池储能系统、超导储能系统、飞轮储能系统和电容器储能系统等。超级电容器储能系统因具有容量大、功率高、大电流快速充电特性好、使用温度范围宽、循环使用寿命长、无污染、真正免维护、不需冷却、不需要其他附属设备等优点而备受青睐。在小容量、低电压的独立电力系统(例如舰船的供电系统)中,其有着广泛的应用前景,在综合电力系统的电网控制中可采用超级电容器储能方式实现调峰和电能质量的控制。飞轮储能装置由于储能密度越来越大,效率和寿命也在不断提高,预计可以在电磁炮、电磁弹射器上使用。

综合电力系统强调以电能作为舰船的主要能量,将传统的动力系统与电力系统结合成统一的动力系统,形成新的动力平台形式。综合电力技术涉及从电能的产生分配、管理调度、功率变换、舰载设备用电到电力推进的各个方面,强调进行全局优化和系统研究。采用舰船综合电力技术有利于舰船总体设计的优化,可以实现动力装备的灵活布置,使舰船总体结构更加合理,并为解决舰船速度选择和推进系统设计之间的相互制约和平衡的问题提供条件。

4. 隐身技术

舰船隐身是为应对敌方的探测,改变舰船内部物理场源和舰船的反射特性,通过隔离信息传播、改变信息传播方向、减弱和对消相应的物理场等方法,来达到使敌方难以探测的目的。舰船隐身技术是一项复杂的综合技术,涉及多类专门技术,可以从降低舰船自身磁场特性,降低电磁波、声波反射特性和减振降噪等方面提高舰船的隐身性能。

1)降低舰船自身磁场特性

对舰船内部的电磁辐射,采取设置屏蔽墙门等措施进行屏蔽;对舰船内部的磁场,利用舰内或外加的磁场对舰船进行消磁,同时尽量采用低磁和非磁材料,以及减弱涡流磁场和杂散磁场。

2)降低舰船电磁波和声波反射特征

对雷达波的照射及反射,采用吸波材料和不向原方向反射技术,以及采用自适应阻抗加载技术,在舰体金属表面接阻抗元件,改变表面的电流分布,使其产生附加辐射,与雷达波相抵消;在潜艇上贴消声瓦以减少艇体发射或反射声波;在水面舰船上涂有吸收电磁波的材料,但这些材料只对某一特定频谱的电磁波效果明显。

3)降低舰船红外特性

对红外辐射,采用低散热量主机,在烟囱里加装水喷淋设备或引入冷空气,降低废气温度,或用全舰性的水幕,改变舰船的热场。

4)采取减振降噪措施

对固体振动,采用双层隔振、机械弹簧和气垫等隔离设备;对舰船艉部振动,采用吸振穴,加装吸振设备;对空气振动,如柴油机等主机振动源用隔声罩。降噪的方法是:设计出噪声较小的设备,如大侧斜五叶桨,比三叶桨等噪声要下降很多。

5)采用隐身外形设计

把水面舰船的上层建筑设计成倾斜式,使反射波反射到不同于入射波的方向去,这种方法仅适合于防单站式雷达,对多站式雷达无效。

另外,针对可见光反射,可在舰船的外表面涂迷彩色,降低舰船与背景的对比;针对舰船水压场(尾流场)等物理场的探测,现在还没有成熟的隐身措施。

舰船隐身是一种综合性技术,每一种技术的运用要受到多方面的限制。舰船隐身设计的综合性体现在:舰船与环境的综合、舰船多种物理场的隐身综合、舰船各种性能(包括隐身性能)之间的综合。如据报道,美"海影号"隐身试验船因采用大量的隐身技术,使雷达波反射信号较弱,与海平面的反射差别较大,从而易暴露。因此,虽然降低物理场是主要的目标,但要注意合理性;舰船物理场有很多,在同一处考虑多种效果时要抓住主要矛盾,如对于水面舰船上层建筑烟囱处涂料,降低雷达波和降低红外辐射两种性能要进行恰当的协调;舰船隐身设计是在舰船平台上施展的,必然受到舰船的空间、重量、材料多种特性要求、费用等多方面的限制,如现役舰船的雷达反射剖面积(RCS)远没有降到满意的程度,但隐身措施的使用受到限制。图 6-22 是美国 DDG78 导弹驱逐舰与"海影"号试验舰的侧壁倾斜的对照图,DDG78 的倾斜角度是综合考虑多种性能要求而设计的。美国的第四代导弹驱逐舰 DDG1000 牺牲布置空间等其他因素,更注重隐身能力,其外形变得更加科幻,如图 6-23 所示。

(a)   (b)

图 6-22　侧壁倾斜的对照图

(a)DDG78 导弹驱逐舰；(b)"海影"号试验舰

图 6-23　美国 DDG1000 导弹驱逐舰

5. 武器发展

现有的导弹、火炮、鱼雷等武器会继续向着提高精度、反应速度、威力、射程等方向发展，注重对陆攻击武器的研制。探索新概念武器，因新概念武器实现发现、攻击、毁伤几乎同时完成，一旦装舰会改变现有的作战形式。

新概念武器主要包括定向能武器、动能武器和军用机器人。

定向能武器的能量是沿着一定方向传播的，并且在一定距离内，该定向能武器有杀伤破坏作用，在其他方向就没有杀伤破坏作用，如激光武器、微波武器和粒子束武器。激光武器目前已取得击毁靶弹的试验成果。

动能武器指的是一类能够发射高速（5 倍声速）弹头，利用弹头的动能直接撞毁目标的武器，主要有动能拦截弹（分为反卫星动能拦截弹、反导弹动能拦截弹两种）、电热化学炮、电磁炮（分为线圈炮、轨道炮和重接炮三种）、群射火箭等。动能拦截弹是一种自主寻的，利用其与目标直接碰撞的巨大动能来杀伤目标的飞行器，现多国正在研究，图 6-24 所示的高超声速武器即是一种动能拦截弹。电热化学炮和电磁轨道炮技术在最近十多年里取得了重大进展，美国的电磁发射技术的研究已从演示验证阶段进入武器型号研制阶段（图 6-25 所示为电磁轨道炮发射试验）。

军用机器人（具有某种仿人功能的自动机器的总称）可以用于执行战斗任务、侦察情报、实施工程保障等。

图 6-24　高超声速武器

图 6-25　电磁轨道炮发射试验

6.2.2　潜艇的发展趋势与特点

潜艇在水中航行,能利用水层做掩护,因此隐蔽性好,生存能力强;但是相对于水面舰船,潜艇的有效载荷相对少,搜索、通信能力低,自我保障要求高。在水、空越来越"透明"的今天,为了突出潜艇的隐身性能优势、增强其作战能力,在艇型上更注重水下特性,在总体性能上更注重隐身性能,注意增强潜艇的搜索与自我保障能力。下面分艇型、隐身技术、大型化、其他关键技术的研究等四个方面来说明其发展趋势。

1. 潜艇艇型的可能变化

现在潜艇的主流艇型是水滴型或拉长的水滴型,随着水下航行的要求提高,不仅更多的潜艇采用水滴型或拉长的水滴型,并会减小上层建筑,尤其是指挥台围壳。图 6-26 所示为一种小上层建筑与小指挥台围壳艇型的设想图。当然,小指挥台围壳的极限是无指挥台围壳。图 6-27 所示是美国 Forward PASS 研究组设计的新一代潜艇,该型艇艇长 156 m,耐压壳直径为 10.35 m,非耐压壳体直径为 12.8 m,正常排水量为 10 200 t,装载 72 枚"战斧"导弹、12 枚重型鱼雷、2 台无人潜水器,无指挥台围壳装置,采用 X 型艇艉,并采用了综合电力推进系统、艇艏共形声呐阵列、先进的信号控制系统。这种艇型由于没有指挥台围壳,潜艇水流的伴流场比较均匀,产生的噪声相对较小,并且潜艇机动时受到的不均匀力也小。指挥台围壳一般用于安装通气管、雷达、通信、舰桥等装备,是为了水面航行、停靠码头、近水面时所用,取消指挥台围壳,必须要增加水面航行的辅助装置,以保证潜艇在水面时的一些必要性能。对上层建筑与指挥台围壳如何处理,需要很好地进行权衡。

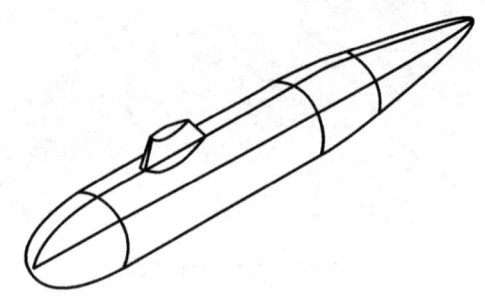

图 6-26　"沙丘型"指挥台围壳

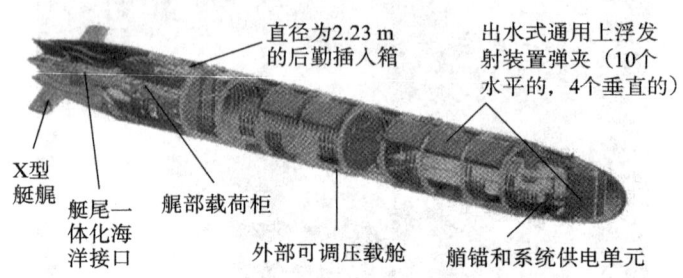

图 6-27　美国 Forward PASS 研究组设计的新一代潜艇

　　由于声探测与潜艇的声反射剖面有很大的关系,为了提高舰船的隐身性能,有人设想了扁平式潜艇的概念,扁平潜艇的内部耐压结构一般为横"8"字形。耐压结构外设有一些耐压与非耐压结构来布置附体与装置,使潜艇表面具有良好的线型。图 6-28 所示为美国电船公司推出的扁平潜艇设想图。该型艇完全采用扁平外形,保留指挥台围壳并与艇体融为一体,采用外挂式武器发射装置及垂直发射系统,采用 X 型艉翼。图 6-29 是美国 Forward PASS 研究组提出的扁平概念潜艇设想图。该型艇呈扁平状,取消了指挥台围壳,艇艏设有共形声呐列阵,艉操纵面上设有两组垂直艉翼/方向舵,采用双壳体结构(并列三圆柱壳体),武器发射系统全部外置,并采用抛出式发射武器弹夹装置,以降低武器发射时的暴露率。图 6-30 是俄罗斯的扁平型潜艇设想图。该潜艇的内部结构有点特别,它的耐压壳体是球形+环形结构。该型艇的主尺度为 58 m×49 m×17 m,排水量在 3 000～5 000 t 之间。

　　英国宇航公司还推出了一种采用吊舱型喷水推进器的新概念潜艇,吊舱型喷水推进器与布置较低的舵相配合,同时采用了艇艏鸭嘴形声呐阵和艉翼阵,以达到超安静型标准,图 6-31 是其设想图。英国的 BMT 防务公司推出了 SSGT 概念潜艇,它第一次将燃气轮机应用于潜艇,有着接近核潜艇的水下机动性,造价和噪声却比核潜艇低。从动力系统上看,它是潜艇设计史上的一个突破,图 6-32 是其半潜状态效果图,图 6-33 是其外形示意图。SSGT 艇长 80.8 m,艇宽11.4 m,耐压壳体直径为 7.6 m,水面排水量为 3 700 t,水下排水量为 4 195 t,水下最大航速为 30 kn,通气管最大航速为 20 kn,燃料电池 AIP 的最大持续速度为 10 kn。航速为 20 kn 时最大续航力为 6 000 n mile,航速为 10 kn 时最大续航力为 13 000 n mile。水下航速为 5 kn 时水下续航力不小于 3 360 n mile。自给力为 60 昼夜,人员编制为 25 人。

　　法国DCN公司设计了 SMX 系列的新概念潜艇,图 6-34 是 SMX-22 子母潜艇示意图。在

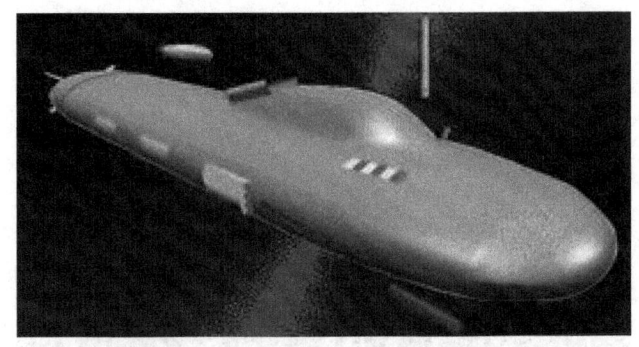

图 6-28 美国电船公司推出的扁平潜艇设想图

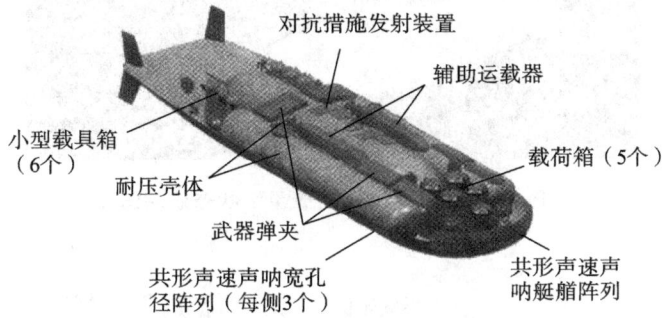

图 6-29 美国 Forward PASS 的扁平潜艇设想图

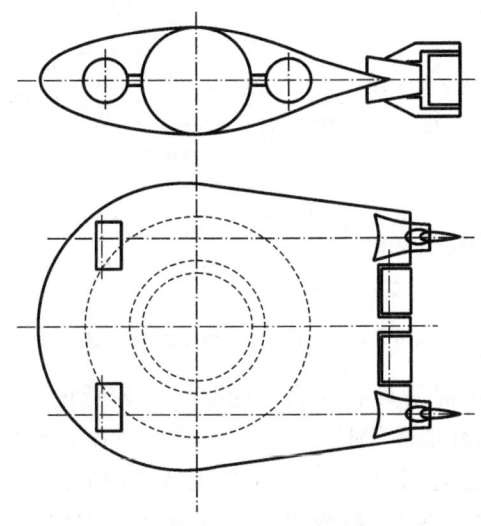

图 6-30 俄罗斯的扁平型潜艇设想图

2005 年夏初荷兰阿姆斯特丹举办的水下防御技术(UDT)欧洲技术展览会上,SMX-22 子母潜艇概念被首次提出。它是一种多用途潜艇,可以执行对陆攻击、海上攻击、布放水雷、搜集情报、反潜作战、特种作战以及特种部队的部署等各种任务。该潜艇最吸引人眼球的地方在于它的多平台概念。它实际上是三艘潜艇的组合,包括一艘大型网络中心站母艇和两艘小型高效作战子艇。进行作战部署时,母艇和子艇作为一个作战单元航渡到作战海区。到达作战区后,子艇脱离母艇单独执行作战活动,母艇则停留在后方相对安全的海域中。母艇起到水下航空

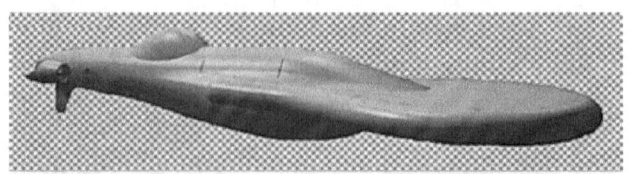

图 6-31 英国宇航公司的新概念潜艇

图 6-32 SSGT 概念潜艇半潜状态效果图

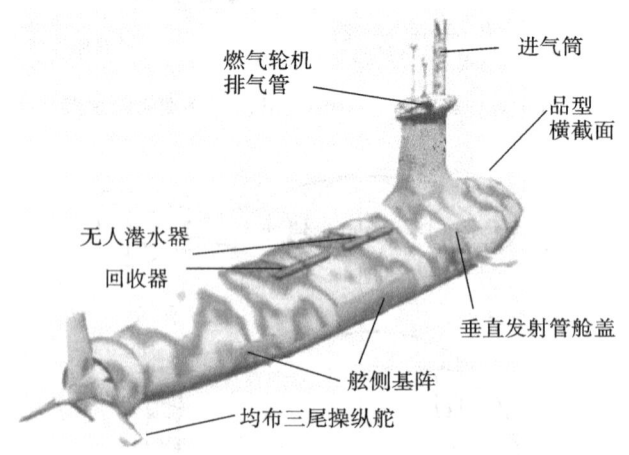

图 6-33 SSGT 概念潜艇外形示意图

母舰的作用,子艇在特定的情况下具有较高的稳定性和较低的航速。SMX-22 潜艇的结构设计为其提供了相当高的机动性能。SMX-22 潜艇长度为 84.3 m,最大宽度为 18.6 m,水面排水量为 3 660 t,最大下潜深度超过 250 m,水下航速为 15 kn 以上。以 8 kn 航速航行时,续航力为 7 000 n mile,海上自给力在 50 昼夜以上。根据作战需要,可以配置各种不同的有效负载,装备 18~30 枚鱼雷或水雷,还可携带水下无人运载器或带有深潜系统的特种作战部队等。图 6-35 是 SMX-26 小型潜艇的运动效果图。其排水量为 1 000 t,长 40 m,宽和高均为 15 m。该型潜艇可携带武器装备以高速驶向目标,也可保持在浅海的海床较长时间,以持续观察周围环境。由于具有双螺旋桨和 4 部易操纵、可回收推进吊舱,该潜艇具有较强的机动性,能够在恶劣海况下保持在海底或水面航行。图 6-36 所示 SMX-25 潜艇也是一种小型潜艇,其指挥台稍高,兼顾了水面的使用要求。

　　上述多种新概念艇还处于概念探索阶段,在可预见的未来,潜艇的主流艇型还会是水滴型

图 6-34 SMX-22 子母潜艇示意图

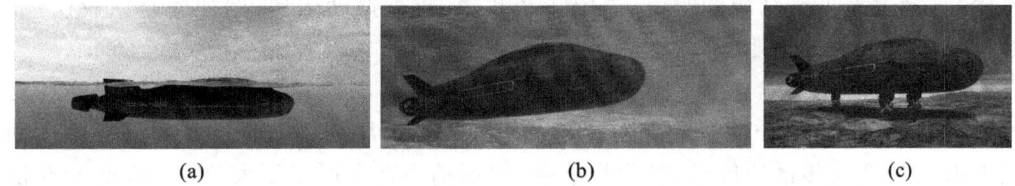

(a) (b) (c)

图 6-35 SMX-26 小型潜艇在水面、水下、海底运动时的效果图

(a)在水面运动;(b)在水下运动;(c)在海底运动

图 6-36 SMX-25 小型潜艇

或长水滴型。另外,为了改善潜艇的水下航行及声辐射性能,减少储备排水量,提高声辐射频率,更多潜艇会选择单壳体,如日本的潜艇从 1998 年的亲潮级即采用了单壳体。

2. 潜艇隐身技术

潜艇的声场、磁场、电场、水压场、尾流场和声波反射场等已经被水中武器作为近炸引信(非触发引信)和制导的目标信号,也已被各种探测设备用作侦察潜艇的重要目标信号。潜艇隐身技术主要包括声隐身技术、磁隐身技术、电场隐身技术、水压场隐身技术和尾流场隐身技术,难点是各部分技术间的耦合问题。

1)声隐身技术

声隐身技术研究的目的是控制舰船辐射噪声,降低被动声呐、水中兵器被动声探测和制导系统的探测距离;降低舰船目标声反射特征,等等。一般通过降低辐射噪声和提高声反射能力两个方面实现声隐身。声隐身技术主要包括如下几项技术。

（1）水动力噪声控制技术　其控制途径是合理设计船体外形（包括线型、过渡区和附体等），使环绕船体的湍流噪声最小；从总体着手继续优化推进组合体，使螺旋桨噪声达到最小。

（2）螺旋桨噪声控制技术　螺旋桨噪声包括螺旋桨在运转过程中直接产生的噪声（唱音和空泡噪声）和激励其他部位产生的振动噪声。其控制途径是合理选择螺旋桨类型和参数，以及研究新的推进形式等。如采用七叶大侧斜螺旋桨、泵喷技术等可以使螺旋桨噪声总声级下降数分贝，采用无轴推进技术可以解耦推进与机械振动间的相互激励，降低噪声。

（3）机械振动噪声控制技术　机械振动噪声包括舰船内部的机械振动通过舰船壳体的传播形成的噪声和舰船管路系统噪声，其控制途径是：合理地选用和布置低噪声机械设备；以各种隔振、减振手段控制振动传播；改变舰船结构几何参数，降低舰船结构的振动传导程度和机械振动噪声；通过降低激励源的幅值、避免管系共振、减小振动传递、增加管路系统阻尼、减小压力脉动等措施来降低舰船管路系统噪声。

（4）消声瓦降噪技术　消声瓦是贴敷在船体（主要是潜艇）外部的以类似橡胶的材料为基、含有空气夹杂的人造介质，能将弹性体内传播的拉伸-压缩声波在空气腔的自由表面上变换为切变波。切变波传播速度低、被吸性能强，因而消声瓦在厚度不大（10～70 mm）时能取得很好的消声效果。消声瓦也可以减少艇体结构的声辐射，并使入射声波产生较强的衰减，从而降低舰船的声反射能力。现在研究的重点是振动、各部分噪声的耦合问题，希望通过系统化研究，掌握振动、噪声的传播规律，提高潜艇声隐身能力。

2）磁隐身技术

舰船磁场是由于钢铁的船体、安装在舰船上的钢铁的机械设备和武器装备在地磁场中被磁化而产生的。磁隐身技术的研究目的是通过减弱舰船的磁场、降低舰船遭受装有磁引信的水中兵器袭击和被磁性探测系统（如航空探潜系统等）探测的可能性。磁隐身技术的研究内容主要包括：

（1）优化非磁性材料和低磁性材料选择与研究。

（2）舰船消磁技术深化研究。舰船的磁性通常可分解为固定磁性和感应磁性。固定磁性是在舰船建造时期形成的，在一定时期内，可视为不变；感应磁性是舰船在航行过程中，受地磁场感应磁化形成的。舰船消磁有临时线圈消磁法（抵消舰船的固定磁性）和固定线圈消磁法（抵消舰船的感应磁性）。

3）电场隐身技术

静止或运动的舰船都存在电场，根据舰船电场产生的类型，电隐身技术分为两类。

（1）降低舰船静电场的技术。降低舰船静电场的主要方法有：在船体不同材料之间设置绝缘装置，阻断腐蚀电流，减小腐蚀静电场；对外加电流阴极保护系统进行优化设计，合理选择参比电极和辅助阳极或牺牲阳极的位置，在有效保护船体的前提下，减小防腐静电场。

（2）降低舰船轴频电场技术。轴频电场由舰船轴系转动调制螺旋桨防腐电流而产生，降低该电场的主要技术有：安装被动轴接地系统，通过滑环、电刷将转轴和船壳相连，减小转轴和船壳间的电阻，达到减小轴频调制电流的目的，但抑制轴频电场效果欠佳；安装有源轴接地系统（见图 6-37），通过轴上的集电环测得主轴与船壳之间的电压，该电压经放大后，控制电流源输出电流，该电流通过另一个集电环加在船壳和螺旋桨之间，构成负反馈系统，使流经主轴的电流基本维持不变，从而减小海水中的极低频电磁场；使螺旋桨及主轴与船体绝缘，阻断螺旋桨的腐蚀和防腐电流，从根本上降低流经舰船主轴的电流，从而降低其脉动产生的轴频电场，并使用绝缘材料制造舰船推进主轴与船体之间的轴承，使用绝缘材料制造船用主机与主轴之间的离合器,再辅以流经舰船主轴的脉动电流的自动调整,将取得较好的消轴频电场效果;工频及其倍频电场主要来自外加电流阴极保护系统,通过使用线性电源或开关电源取代原来的电源,能有效减小输出保护电流中的工频及其倍频电场。

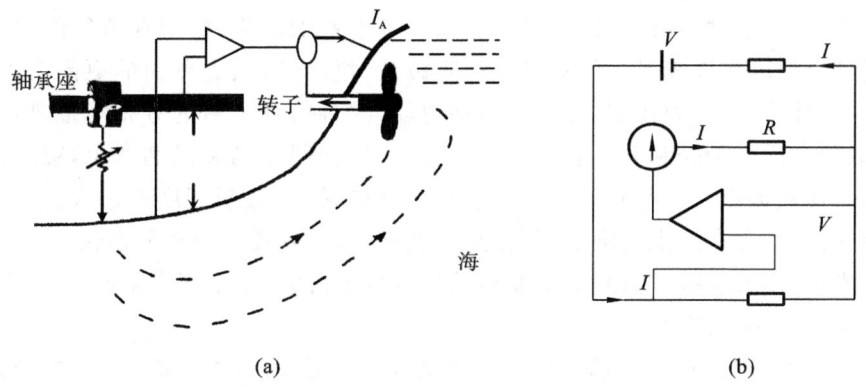

图 6-37　有源轴接地系统原理图

(a)有源轴接地系统工作示意图;(b)有源轴接地系统工作原理

4) 水压场和尾流场隐身技术

水压场隐身技术是通过改变水压场特征来实现舰船隐身的技术。尾流场隐身技术是通过改变尾流场来实现舰船隐身的技术。尾流场按物理特征可分为声尾流、磁尾流、热尾流和光尾流等。降低舰船尾流场影响的主要途径是优化船体(对潜艇还包括指挥台围壳及其他附件)线型、优化螺旋桨设计、控制舰船航速、改进推进系统(如使用喷水推进器)、在尾流场中投放物品改变尾流场结构等。

3. 潜艇的大型化

随着电子设备、隐身装置的大量装舰,高性能常规动力攻击型潜艇的排水量一再刷新纪录。日本的"苍龙"级潜艇是目前此类潜艇中排水量最大的。表 6-1 所示是日本潜艇排水量的变化情况。由于潜艇的噪声降低、探测能力的增加等关键的性能远没有达到所预想的状态,在动力等性能获得提升的条件下,高性能常规潜艇排水量的继续增大是可以预期的。核潜艇的排水量较大,弹道导弹核潜艇更在万吨以上。由于大规模战争的可能性下降,在深海中遨游的核潜艇要适应近海的环境,所以核潜艇的排水量可能维持在现有的状态。

表 6-1　日本潜艇的排水量与各级第一艘的服役年份

序号	艇级	年份	排水量/t	备　注
1	亲潮号	1955	1 100	主要用于技术测试,1 艘
2	早潮级	1962	750	为近岸潜艇,4 艘,其中后 2 艘稍有变化
3	大潮级	1965	1 600	双壳构造,1 艘
4	朝潮级	1966	1 650	双壳构造,4 艘
5	涡潮级	1971	1 850	水下排水量超 2 000 t,采用水滴型艇型、双壳,7 艘
6	汐潮级	1980	2 250	水下排水量约 2 450 t,AN/BQR-15 拖曳阵,10 艘
7	春潮级	1990		水下排水量约 2 700 t,ZYQ-1 拖曳声呐在艇内,7 艘
8	亲潮级	1998		水下排水量约 3 500 t,单壳体,11 艘
9	苍龙级	2009		水下排水量约 4 200 t,采用 AIP 系统,X 艉舵

4. 其他关键技术的研究与发展

1）潜艇水动力关键技术

潜艇水动力技术研究主要涉及快速性（含推进快速性）、操纵性以及隐身性能等。经过近半个世纪研究，潜艇水动力技术已较为成熟，取得了丰硕的成果，但现在流行的单轴单桨推进形式和水滴型艇型已难以满足人们对潜艇在隐蔽性、机动性、火力方面的更高要求，因此一些新概念，如隐身外形、非常规控制（如静力与动力联合控制）及灵活的分布式推进控制、无轴推进等，以及取消指挥台围壳和升降装置，采用柔性表皮控制流场和涡的产生，减少航行阻力和流噪声等思想便被提出。这些新概念新思想涉及面非常广、实现难度非常大。如低目标特征强度的扁鱼状潜艇、分布式推进潜艇、低稳定裕度潜艇等，其技术内涵分别包括：新概念潜艇操纵性设计技术；采用矢量推进方式的潜艇运动控制技术；低稳定裕度潜艇操纵控制技术等。

2）新类型动力系统技术

此项关键技术涉及动力源、动力的组合布置形式。在动力源方面，除继续研究传统核动力、柴电动力、四种形式的 AIP 系统外，还要进一步研究纯电源、小核反应堆、联合动力装置等。英国 BMT 防务公司在 SSGT 潜艇上采用了一种新颖的组合推进形式，即燃气轮机交流发电机、燃料电池和钠氯化镍电池相结合推进。在动力的组合布置形式上，采用分布式推进系统，这样就不需要穿透耐压壳的轴，可去掉减速齿轮装置和推进轴系，使潜艇整个艉部（占约40％总长）的振动联系减弱，从而提高了潜艇的操纵性。分布式推进器可采用无轴推进技术、吊舱推进等形式。目前在这方面的研究已取得进展。

3）新型发射储存装置和有效负载技术

突破传统潜艇武器主要布置在耐压壳内的方式，新概念潜艇多采用耐压壳外部储存和发射装置，用于取代传统发射管和垂直发射系统。类似于轰炸机弹仓装备释放航空炸弹，使用该装置时只需将武器舱门打开即可，同时该装置还具备能自由选择武器尺寸及利于无人潜水器利用等突出优势。由于不占用艇内的空间，这种系统也可以使潜艇艇体尺寸大大减小，建造成本也更低。另外，由于战略核力量的缩减，对潜射核导弹部署的需要减少，而射程短、体积较小的常规导弹更加适合海军的作战需求，因此未来战略弹道导弹和战术弹道导弹可以分别装备不同的弹道导弹核潜艇，或混装在同一艇上，这样弹道导弹核潜艇可以承担多种作战使命。此外，适应未来信息化海战需要，新概念潜艇均以潜艇来充当各种潜水器的搭载平台。美国洛克希德-马丁公司正在开发一种潜艇携带的多功能无人驾驶飞机，该装备能视其所装备仪器的类型而灵活执行侦察和打击任务。

除了水动力、隐身、动力系统、有效负载、信息化等方面技术外，新概念潜艇关键技术还包括：潜艇主动防空技术，采用水下发射的防空导弹为潜艇提供与反潜飞机对抗的手段；潜艇超高频多功能天线技术，使潜艇能在潜望镜深度实现高数据率卫星通信；低剖面天线技术，从拖曳浮标上部署低剖面天线，使潜艇可在潜望镜深度以下实现高数据率的双路卫星通信；艇体极低频（ELF）接收天线技术，发展安装于艇体上可接收 ELF 信号，并且在潜艇加速和深潜时仍有效的天线；声场监视技术和先进的声传感器技术（以提供低成本光纤阵和多线阵），发展小直径阵设计和安装于艇体的声传感器；鱼雷制导和控制技术，发展鱼雷传感器和信息处理技术，以改善潜艇的浅水战性能，提高其混响抑制效果和增强反对抗能力；高速鱼雷动力系统技术，研制先进的鱼雷能源，包括锂基羟推进剂和用于未来武器的新型能源；长续航无人潜水器（UUV）动力系统，发展适合于 UUV 的长续航低功率电源，包括电动机和锂／钴二氧化物可充电电池；UUV 静寂技术，发展 UUV 用的通信、导航和自动控制技术，以及用于 UUV 和减少鱼雷信号特征的技术；发展战斗部炸药和引信技术，水下战斗部和爆破器材，以提高水下攻防武器性能。

6.2.3　其他舰船发展趋势与特点

在信息化的浪潮中，水雷战舰艇、两栖舰艇和辅助舰船等水面舰船也通过各种新技术、新装备的应用体现了现代科技的发展特色。各非传统军事国家也在大力发展用于近中海作战的辅助舰船和军辅船，以保护本国海洋权益。

1. 水雷战舰艇的发展

水雷战舰艇依然是各国发展的重点，强国主要通过发展新型、改装升级水雷战舰艇，小国主要通过改装升级或购买二手舰艇等方式加强近海作战能力。在新建的舰艇上，新技术新装备的使用范围都在扩大，舰艇功能得到增强。在一些改进的船型中，将装备更先进的探雷与猎雷声呐系统、精确导航定位系统、猎雷作战情报系统、水下摄像系统等电子设备，其中无人系统的地位将显著提高。以下是一些典型的新技术新装备。

（1）挪威海军装备的休金 1000-MR 水雷战无人潜水器，其排水量 750 kg，长 4.5 m，直径为 75 cm，由耐压锂离子电池供电，能以 1 400 m²/h 的速度进行扫雷，最大续航力为 24 h，可以搭载在"卡姆依"号和"辛诺依"号扫雷艇上。

（2）荷兰皇家海军引入的新型 SAM3 无人扫雷艇，该艇由非永磁复合材料制成，采用双体船型，长 14.4 m，宽 6~7 m，由 2 台 190 马力的柴油发动机提供动力，可以在荷兰皇家海军的"阿尔克马尔"级猎雷艇上进行遥控，也可以完全自主地执行扫雷任务。

（3）芬兰海军在"尤尔姆"级攻击型海岸登陆快艇上装备的"海上保护者"小口径稳定遥控武器站。该武器站可装配 MH2B12-7 mm 口径重机枪，与芬兰陆军使用的 M151"保护者"系统采用同一种电光传感器系统，该系统由萨基姆公司 MATTSSP 中波段水冷式热像仪、VingH 彩色电视摄像机和激光测距机组成；此外，该武器站还配备了传感器清洗系统和自动跟踪系统。

（4）印度购自澳大利亚的自供电系统（AMAS）。

（5）俄罗斯高度信息化的综合舰桥与新型自动扫雷控制装置。

（6）瑞典的遥控猎雷器（ROV-S）。

2. 两栖战舰艇的发展

在第二次世界大战前，两栖战舰艇只有几种登陆艇和少量运输舰。在第二次世界大战期间两栖战舰艇有较大发展，改装了大量大型运输舰，研制了坦克登陆舰和登陆艇运输舰，改装了专用的登陆指挥舰和登陆火力支援舰。第二次世界大战中的登陆舰船速度低、功能单一，在战场上非常脆弱，难以满足登陆部队的要求，如坦克登陆舰被戏称为大型慢速靶标（因美国坦克登陆反舰种的代码（LST, tank landing ship）与大型慢速靶标（LST, large slow target）的缩写相同。20 世纪 50 年代中期，运输直升机进入人们视野，在"垂直登陆"理论指导下人们对轻型航空母舰进行改装，两栖攻击舰应运而生；50 年代末 60 年代初期，美海军提出了"发展 20 kn 登陆战舰艇"的计划，要求所有登陆战舰的航速和担任护航任务的战斗舰艇的巡航速度相适应，使整个登陆编队的航速达到 20 kn，1969 年 6 月其创新的"新港"级大型坦克登陆舰首舰服役，该舰航速为 20 kn。中国 20 世纪 70 年代研制的"072"型大型登陆舰航速也达 20 kn 以上。70 年代,在"均衡装载"理论指导下,人们又研制了综合登陆运输舰,开发了气垫登陆艇。21 世纪初中国研制的"071"综合登陆运输舰采用现代新技术,具有先进的性能;2012 年 8 月美国海军联合高速运输舰首舰"先锋"号(JHSV-1)服役,由 21 名在编的非军人船员驾驶,最高航速在 40 kn 以上,用于在战区内快速运输部队、军用车辆和装备。

两栖战舰艇的发展趋势是:进一步实现均衡装载,使舰艇同时具有实施平面登陆和垂直登陆的能力;提高舰艇装载卸载的能力和速度;进一步提高航速和改善对空对海的防御能力;进一步提高气垫登陆艇的装载量,并大力发展气垫登陆艇。

3. 辅助舰船的发展

辅助舰船是保障海军舰艇作战能力的重要力量,尤其关系到海军的远洋作战能力。辅助舰船的发展主要集中在美、英、法、俄等主要海权国家,以近海防御为主的小国发展不多。21 世纪初,美国海军拥有勤务舰船 464 艘,总吨位为 5.5×10^6 ;俄罗斯海军有勤务舰船 500 艘,总吨位为 2.1×10^6 t;英国海军有勤务舰船 155 艘,总吨位为 5.3×10^4 t;日本海上自卫队有勤务舰船 133 艘,总吨位为 1.8×10^4 t。中国海军也拥有多种勤务舰船,初步构成海上勤务保障体系,可在中远海为海上编队实施综合保障,并有效地配合完成各种研究试验和人员训练。为适应海上各种勤务保障的需要,各国新建造的勤务舰船在性能上和设备上都有明显提高和改进。

1) 维修供应舰

维修供应舰修理设施齐全,又可携带大量补给品,能为一至数艘舰艇进行旁靠维修和补给物品,堪称"浮动基地",其中美国海军"黄石"级驱逐舰维修供应舰满载排水量达 2.1×10^4 t,设备较为先进。

2) 医疗救护船

医疗救护船装备有较先进的救治战伤人员,包括被新型武器伤害人员的设备,以及救治潜水病人员等的专用设备,舰上还载有接送伤员的直升机。如:俄罗斯海军现役的"鄂毕河"级医院船,满载排水量为 1.1×10^4 t,航速为 19 kn,有 500 张病床;美国海军用油船改装的"仁慈"级医院船,满载排水量为 6.9×10^4 t,航速为 16.5 kn,有 1 000 张病床;中国 2008 年建成的万吨级"和平方舟"号(866)医院船,船上携带有 6 艘救护艇,设有 500 多个床位。

3) 打捞救生船

打捞救生船装备有救生、打捞、拖带以及潜水等类专用设备。如:美国海军 20 世纪 70 年代建成的"鸽子"号潜艇救生船,满载排水量为 3 410 t,采用双体船型,利用深潜救生艇营救失事潜艇,是世界上第一艘潜艇救生船;苏联海军于 20 世纪 80 年代初建成的潜艇救生船"厄尔布鲁士"号,满载排水量为 2.25×10^4 t,航速达 20 kn,有破冰型舰艏,可在冰区航行和实施救援作业。

4) 工程船

工程船装备有较先进的海上或海底作业机械和设备,如英国海军 1984 年建成的海底作业支援舰"挑战者"号,满载排水量为 7 185 t,可布放支援饱和潜水系统和水面支持的潜水设备,布放、支援拖曳式深潜器,以进行海底作业、搜寻、观察,以及回收海底物体等。

5) 试验支援船

试验支援船上装有先进的雷达、惯性导航系统、计算机和卫星终端,以及遥控遥测、水下探测和测量电子设备,信号数据处理系统等设备。如美国海军 1967 年建成的"红石"号航天测控船,电子设备较为齐全。

　6）侦察监视船

　　侦察监视船上装有先进的电子侦察设备、信号数据处理系统、对空对海警戒设备、拖曳式声呐基阵反潜系统等。如：俄罗斯海军"海滨"级电子侦察船，满载排水量达 5 000 t；美国"壮健"级海洋监视船装备的"索塔斯"声呐系统，能与卫星实时传送数据，用于水下固定监视系统无法实施监视的对潜预警海域。

　7）训练舰

　　训练舰装备有能进行多学科多专业训练用的设备，如：瑞典海军于 1982 年建造的"卡尔斯克罗纳"号训练舰，是世界上较新的综合训练舰，平时用于训练，兼作指挥舰或目标舰，战时则可作为布雷舰；英国海军 1987 年改装成的飞机训练舰，可在海上训练垂直/短距起落飞机和直升机的飞行员；中国于 1986 年建造完成的远洋航海训练舰"郑和"号，满载排水量大于 6 000 t，航速为 18 kn，可同时容纳 200 名专业学员进行远航训练等。

　　在辅助舰船中，各国依然将战略海运船（包括远洋补给舰）作为发展重点，通过新建，或者在维修中进行升级改造的方式，不断提升其作战支援能力。其中美国"刘易斯与克拉克"级干货弹药船的持续建造尤为引人注目。同时，海上测量及相关船只得到一定程度的重视。

6.2.4　未来舰船的发展选择实例

1. 现代战争模式的转变及其对舰船发展的影响

　　自 20 世纪 50 年代以信息技术为核心的信息装备开始应用以来，舰船的面貌在不断改变。在海战场相关理论方面，各国相继提出了导弹战、导弹化舰船，网络中心战与多维空间一体化作战，以及不接触战争与无人机、无人舰船等新概念。这些新概念有的已经或正在变为现实。信息化的军队具有更小的规模、更灵活的机制，实现着更高的作战效能，如：第三次中东战争中埃及"蚊子"级导弹快艇击沉了以色列吨位更大的火炮驱逐舰；在第四次中东战争中以色列的二代导弹快艇击败了阿拉伯世界的"蚊子"、"黄蜂"级等一代导弹快艇；而在海湾战争、科索沃战争、阿富汗战争、伊拉克战争、利比亚战争中，以美国为首的西方世界更是相继进行了一场场无悬念的对抗战争。据统计，标志性的信息装备——精确制导武器的使用，在海湾战争占 7.7%，在科索沃战争中占 29.8%、在阿富汗战争中占 60.4%、在伊拉克战争中占 70%，而到了 2011 年的利比亚战争，西方联军通过飞机、舰船在敌方武器的有效射程外发射的武器几乎全部是精确制导武器。在未来，局部战争的形式将更多地转变为不接触战争，因此，远程、高精度、无人或智能化武器等信息化装备会得到极大的发展。

　　美国拥有世界上最强大的核武库，也有最强大的常规力量，从对军队的毁伤来说其常规武器的作战效能甚至超过了核武器的作战效能。由于常规武器的使用门槛低，能定点清除，附带损害小，高技术的一方会把常规高技术武器作为战争工具的首选，也就是把武器的发展重点放在高技术的常规武器上，以此来拉大与其他国家的技术距离，在常规作战效能上占据绝对优势。从舰船装备来讲，美国第四代导弹驱逐舰 DDG1000 于 2015 年服役，第三代"提康德罗加"级巡洋舰、"阿利·伯克"级驱逐舰经过改装可作为战区导弹防御的支点，成为三代半的舰船；其他世界强国海军一般以三代舰船为骨干，辅以大量的二代舰船；小国或欠发达国家的海军充斥着二代、一代，甚至更旧的舰船，差别非常大。除美国以外的其他世界强国，会把核武器与常规武器统一起来均衡地发展，通过维持核武器的威慑作用，在常规武器的某些方面拉大差距，获得相对可靠的军事安全；小国与弱国由于军事技术装备的不足，难以依靠自身的军事力量去与强国竞争,相对于强国的军事安全应该依赖于全球的安全体系,相对于不强的邻国需要军事力量获得安全保证;在极端情况下,个别弱势的、被边缘化的国家会把致命的、大规模杀伤性武器作为首选,以求获得国家安全的最低保证,这样舰船等军事装备的发展形成了四种模态:

(1)最强的国家主要发展常规武器,在技术水平上拉开档次,在战略上建立绝对优势地位;其次根据弱小国家的具体情况,发展前沿存在的、灵活的、多任务的中型舰船,低强度威慑他国。

(2)次强的大国一般会均衡发展战略导弹核潜艇、其他常规武器舰船。

(3)一般的小国、弱国会发展与其周围环境相适应的常规舰船,舰船的技术水平一般会比最先进的晚 1~2 代。

(4)个别的弱小国家会通过发展非对称武器、大杀伤性武器,如微型潜艇、特种水雷等,谋求对强国的一定威慑能力。

2. 美国舰船发展的选择实例

美国在完成"尼米兹"级核动力航空母舰第 10 艘"乔治·布什"号后,为确保航母的世界领先地位,从 2007 年开始建造第三代核动力航母"杰尔德·福特"号核动力航空母舰。该航空母舰是新一代信息化航空母舰,其特点是采用隐身设计、创新动力系统、电磁弹射、舰载无人机作战等新技术,计划共造 3 艘,将成为美国海军舰队的骨干。"尼米兹"级核动力航空母舰仍是目前作战能力最强的舰船,美国发展第三代航空母舰是为了拉开技术距离,赢得绝对优势。

濒海战斗舰的研制遵循的另外一种思路。濒海战斗舰是美国 20 世纪 90 年代开始发展的新一代低成本多功能水面舰船,它主要用于执行护航、水面巡逻、反潜、反水雷等任务。"阿利·伯克级"驱逐舰服役后,与"提康德罗加"级巡航舰一同构成了新世纪美国海军水面舰船的主力,接下来"佩里"级护卫舰这样的二线舰艇的替代计划就被提上日程。最初美国人提出的是FF-21 型护卫舰计划,FF-21 基本上就是一型按"迷你宙斯盾"舰艇来设计的。它计划装备舰载相控阵雷达、32 单元 MK48 垂直发射系统,以及 RAM 近程舰空导弹、MK15"密集阵"近程防御系统和 OTO76 舰炮、MK46 反潜鱼雷,并搭载一架 SH-60 级别的直升机。但是这个设计最终没有成为现实,美国海军放弃了 FF-21 计划,其根本原因就在于冷战后的战略转型。随着苏联的解体,红海军也不复存在,因此美国海军的作战环境及战略也有了巨大的变化。根据美国人的统计,目前 70% 的政治经济中心距离海岸线不足 200 km,这样通过加强近海与近岸作战能力就会对潜在的对手形成强有力的威胁,这就是美国的"由海上陆"的整体战略。美国海军认为随着红海军的消失,在可以预见的将来不会再有如此大规模的海上威胁,但是潜在的作战对象会发展"非对称"作战能力,包括利用近岸、近海复杂的地形环境部署常规潜艇,配备先进舰舰导弹的小型攻击快艇,以及大规模布放水雷等手段来对抗美国海军。在这种情况下,使用"宙斯盾"舰艇进行作战的效费比反而较低,"提康德罗加"级巡航舰在海湾被伊拉克水雷炸伤就是一个例子。从 FF-21 的配置来看,它的低成本也只是相对而言的,并且它的作战设想还是停留在冷战时期大规模远洋海战阶段,因此其效费比也比较有限。所以美国海军希望能够拥有一种低成本、多功能的舰艇来执行这种环境下的作战任务,这就是濒海战斗舰研制的目的。

3. 世界上其他大国的舰船发展选择

俄罗斯新建的 22350 型护卫舰,满载排水量约为 4 500 t,能在远洋执行反舰、反潜、防空等多种任务;2010 年下水的第四代 885 型"北德文斯克"号攻击核潜艇和 2013 年服役的 955

型"北风之神"级战略核潜艇都具有世界先进水平。"北风之神"可携带"布拉瓦"战略导弹,其射程达 8 000 km。日本"日向"号驱逐舰 2009 年开始服役;同年同类舰"伊势"号下水,该舰标准排水量为 1.395×10^4 t;2013 年 8 月排水量更大的"出云"号护卫舰下水。韩国 2007 年建成"独岛"号多用途大型两栖船坞运输舰,满载排水量 1.88×10^4 t,类似直升机母舰,可搭载直升机 10 架,主要用于机动运输、登陆指挥、海空控制、防空作战、反潜警戒支援等。

一些国家还建成了航天测量船、卫星通信船、武器试验船、综合补给船、海洋调查船和电子侦察船等,在技术上也有新的发展。燃气轮机在大中型舰船和快艇上普遍得到运用;新一代隐身驱逐舰、护卫舰已陆续装备部队;水翼、气垫和地效翼技术在小型舰艇中已被采用;双体船、三体船等新型船型技术及模块化舰船技术日趋完善。

本 章 小 结

舰船的演变要受到需求的牵引、技术与经济的制约,因此,现代舰船在复杂的社会背景下呈现出多种多样的发展轨迹。本章介绍了现代舰船的典型特点,并借助于主要舰船技术发展,分析了水面舰船、潜艇以及其他舰船的发展趋势与特点,结合各国的部分发展规划,探讨了未来舰船的发展情况。

思 考 题

1. 影响舰船发展的因素是什么?

2. 水面舰船的发展趋势是什么? 特点是什么?

3. 为什么美国 DDG1000 导弹驱逐舰的建造数量一而再、再而三地压缩? 而 DDG51 导弹驱逐舰在 DDG1000 建造时,还将继续建造?

4. 发展濒海战斗舰的意义是什么?

5. 潜艇的发展趋势是什么?

6. 目前世界上所提出的新概念潜艇有哪些?

7. 潜艇指挥台的作用与问题是什么?

8. 常规潜艇排水量增大的原因是什么?

9. 简述两栖舰艇发展的趋势。

10. 试说明水雷战舰艇发展的重点。

11. 试说明辅助舰船发展的重点。

12. 说明"基洛"级潜艇对越南的意义。

参 考 文 献

[1] 唐志拔.水面舰船设计[M].北京:国防工业出版社,1993.
[2] 顾敏童.船舶设计原理[M].2版.上海:上海交通大学出版社,2001.
[3] 包慎良.潜艇设计学[M].武汉:海军工程学院出版社,1982.
[4] 中国舰船研究院《舰船概论》编写组.舰船概论[M].北京:北京科学技术出版社,1983.
[5] 黄祥兵.舰船概论[M].武汉:海军工程大学出版社,2004.
[6] 金仲达.船舶概论[M].哈尔滨:哈尔滨工程大学出版社,2002.
[7] 李玉昌,左德勤,邢继峰.潜艇装置与系统[M].武汉:海军工程学院出版社,1990.
[8] 陈益年,吴邦汉.现代舰艇武器装备[M].武汉:海军工程大学出版社,2003.
[9] 盛振邦,刘应中.船舶原理[M].上海:上海交通大学出版社,2003.
[10] 殷沐德.舰船建造与维修[M].武汉:海军工程大学出版社,2000.
[11] 仲晨华,毕毅.舰船概论[M].武汉:海军工程大学出版社,2006.
[12] 张德孝.船舶概论[M].北京:化学工业出版社,2010.
[13] 朱英富.水面舰船设计新技术[M].哈尔滨:哈尔滨工程大学出版社,2004.